证券业从业资格考试辅导丛书

证券交易

命题点解读与模拟试卷

证券业从业资格考试命题研究专家组　主编

中国石化出版社

内 容 提 要

本书为证券业从业资格考试科目“证券交易”的辅导用书，是依据最新证券业从业资格考试大纲编写。全书共分为两个部分：第一部分为“命题点解读”，各章节内容逻辑结构与指导教材保持一致，是有关专家在总结历年命题规律的基础上，以表格的形式将考试大纲要求掌握的全部考点列出并进行全面解读，同时精选了近年考试真题，并进行深度解析。第二部分为“模拟试卷”，是专家在把握历年命题方向的基础上，针对常考、必考的知识点编写了四套模拟试题，并对试题答案进行了详尽的解析。本书可让考生在短时间内掌握考试的重点难点，而且讲练结合的形式可以帮助考生加深记忆、熟悉题型，拓展解题思路，达到事半功倍的复习效果。

本书适用于参加证券业从业资格考试的考生，也可供高等院校金融学专业的师生参考。

图书在版编目(CIP)数据

证券交易命题点解读与模拟试卷/ 证券业从业资格考试命题研究专家组主编. —北京：中国石化出版社，2011. 8

(证券业从业资格考试辅导丛书)

ISBN 978 - 7 - 5114 - 1096 - 2

Ⅰ. ①证… Ⅱ. ①证… Ⅲ. ①证券交易 - 资格考试 - 自学参考资料 Ⅳ. ①F830. 91

中国版本图书馆 CIP 数据核字(2011)第 146161 号

中国石化出版社出版发行

地址：北京市东城区安定门外大街 58 号

邮编：100011　电话：(010)84271850

读者服务部电话：(010)84289974

http://www. sinopec-press. com

E-mail：press@ sinopec. com. cn

北京宏伟双华印刷有限公司印刷

全国各地新华书店经销

*

787 × 1092 毫米 16 开本 14. 5 印张 339 千字

2011 年 8 月第 1 版　2011 年 8 月第 1 次印刷

定价：32. 00 元

《证券业从业资格考试辅导丛书》

编　委　会

前　言

1995年，国务院证券委发布了《证券从业人员资格管理暂行规定》，开始在我国推行证券业从业资格管理制度。根据这个规定，我国于1999年首次举办证券业从业资格考试。考试分为基础科目(即“证券市场基础知识”)和专业科目(包括“证券发行与承销”、“证券交易”、“证券投资分析”、“证券投资基金”)。基础科目为必考科目，专业科目为自选科目。

为了帮助考生在短时间内有的放矢地复习应考，我们特组织有关专家编写了此套证券业从业资格考试辅导用书。本丛书分为五册：

(1) 证券市场基础知识命题点解读与模拟试卷

(2) 证券发行与承销命题点解读与模拟试卷

(3) 证券交易命题点解读与模拟试卷

(4) 证券投资分析命题点解读与模拟试卷

(5) 证券投资基金命题点解读与模拟试卷

本丛书紧扣最新证券业从业资格考试大纲，从考生的实际需要出发，每册书分为两个部分。第一部分为“命题点解读”，各章节内容逻辑结构与指导教材保持一致，是有关专家在总结历年命题规律的基础上，以表格的形式将考试大纲要求掌握的全部考点列出并进行全面解读，同时精选了近年考试真题，并进行深度解析。第二部分为“模拟试卷”，是专家在把握历年命题方向的基础上，针对常考、必考的知识点编写了四套模拟试题，并对试题答案进行了详尽的解析。

本丛书不仅能使考生在短时间内掌握考试的重点难点和命题规律，而且讲练结合的形式可以加深记忆、熟悉题型，扩展解题的思维，巩固复习效果。

由于本书涵盖内容广泛，虽经全体编者反复修改，但由于时间和水平有限，书中难免有疏漏和不当之处，敬请读者指正。最后对支持本书成稿的各界人士和所有编审人员表示诚挚的感谢。

目　录

第一部分　命题点解读

第二部分　模拟试卷

备考须知

一、考试介绍

证券业从业资格考试是由中国证券业协会负责组织的全国统一考试。我国于 1999 年首次举办该项考试。凡年满 18 周岁，具有高中以上文化程度和完全民事行为能力的境内外人士都可以报名参加。

1. 考试科目

基础科目：证券市场基础知识

专业科目：证券发行与承销、证券交易、证券投资分析、证券投资基金

基础科目为必考科目，专业科目为自选科目。通过基础科目及任意一门专业科目考试的，即取得证券业从业资格。

2. 考试时间

考试时间由证券协会每年统一确定，一般每年举行四次。2011 年下半年的考试时间为 9 月 24 日、25 日以及 11 月 26 日、27 日。

3. 考试题型

证券业从业资格考试试题全部为客观题，包括单项选择题、多项选择题和判断题三种题型。其中单项选择题 60 道，多项选择题 40 道，判断题 60 道。

目前，考试已全部采用网上报名形式，采取全国统考、闭卷及计算机考试方式进行，单科考试时间为 120 分钟。

二、备考策略

证券业从业资格考试的报名起点为高中水平，整体考试难度并不太大，但是考题点多面广、时间紧、题量大、单题分值小，且近年来考试难度有加大的趋势，因此要想顺利通过考试也并非轻而易举，仍需要掌握相关的复习技巧。

1. 吃透考纲，通读教材

考试大纲是考生了解考试命题趋势和动态的重要“窗口”，因此，考生应认真、反复阅读考试大纲的内容，吃透考试大纲要求掌握的考试范围和要点，在通读教材的过程中最好将考纲要求“掌握”、“熟悉”、“了解”的内容用不同的符号或不同颜色的笔迹在考试指定教材中做好标记，以便在学习中能准确把握知识点的重点等级。

2. 精读教材，把握重点

通读教材后，接下来就需要精研细读，循序渐进，认真做好笔记。对每章节的内容，要根据不同笔迹的标识有分寸地把握，比如哪些问题需要掌握，哪些内容只需一般了解，哪些要点要熟练精通。要通过此次复习做到全面掌握重点内容。

3. 善于归纳，掌握联系

从近年的考试真题中不难看出，考试中不仅对基础知识进行考核，而且越来越侧重对综合知识的考核。因此，这就要求考生在复习过程中，不仅要全面理解单个知识点的内容，还要注意不同章节内容的内在联系，要对各个章节的相同类似之处进行归集整理，加深对知识的综合掌握。

4. 研透真题，总结规律

反复研究历年考试真题是考生了解考试命题规律的重要途径。证券业从业资格考试至今已举办了10多年，因此会出现一些高频考点，考生需了解这些真题尤其是最近两年的考试真题，学会从这些试题中整理出常考、必考和少考的内容。建议考生在指定教材中找到每一题的出处，同时标记考题的年份，最终总结出近年考试的规律及发生的一些细微变化。

5. 全真模拟，实战演练

模拟题是考试的试金石，通过模拟练习，可以查漏补缺，对自己所欠缺的知识点能做到心中有数。同时，在做模拟题时应按照考试规定的时限进行答题，以便了解考试进程，合理分配时间。需要注意的是，证券业从业考试是从题库随机抽题，考试难度与模拟试题可能有所差别。

三、应试技巧

证券业从业资格考试五个科目的试卷题型结构相同，均为客观题(单项选择题、多项选择题、判断题)，共160道，需在120分钟内完成，平均每道题用时不到1分钟。因此，考生要想在考试时间内完成答题，需要掌握相应的技巧。下面简单介绍这三种客观题型的答题技巧。

1. 单项选择题

这种题型一般给出题干和四个备选项，要求考生选择最恰当的选项，正确的只有一项。

从历年考试真题中可以看出，单项选择题考核的内容一般是基础的知识点，如概念、常识、计算题等。

(1) 概念、常识题

这种题比较容易，可以说是考试的得分题。要答好这样的题，考生需要加强对教材基本概念的识记，重点背诵考纲要求掌握的相关概念及一些常识性的内容。例如：

持有人对公司的财产有直接分配处理权的证券，称之为(　　)。【2011年3月真题】

A. 证权证券　　B. 设权证券　　C. 物权证券　　D. 债权证券

这道题考核的知识点是物权证券的概念。只要记住教材内容即可选出正确答案为C。

(2) 计算题

相对于上一种单项选择题，这种题难度要大很多，因为考生不仅要记住相关公式，而且还要熟练运用，并且确保结果正确无误。要答好这样的题记住公式是基础，合理控制时间是关键，不要因为一个计算题而影响整体的答题速度。例如：

假设某基金持有的某三种股票的数量分别为10万股、50万股和100万股，每股的收盘价分别为30元、20元和10元，银行存款为1000万元，对托管人或管理人应付未付的报酬为500万元，应付税金为500万元，则基金资产净值总额为(　　)万元。【2011年3月真题】

A. 2200　　　　B. 2250　　　　C. 2300　　　　D. 2350

本题考核的是基金资产净值总额的计算。考生只有掌握基金资产净值的计算公式，才能计算出其具体数值。根据教材内容可知，基金资产净值是指基金资产总值减去负债后的价值，即基金资产净值=基金资产总值-基金负债。由题中数据可知，基金资产总值=$10\times30+50\times20+100\times10+1000=3300$（万元）；基金负债=$500+500=1000$（万元）。所以，基金资产净值总额=$3300-1000=2300$（万元）。所以，本题的正确答案为C。

需要提醒的是，作答这种类型的题目时，考生要注意控制时间，在无法直接选出正确选项时，可以采用排除法迅速选择。实在不能作答的，也千万不要空缺，因为即使答错也不扣分，所以可以凭感觉选择出一个选项，也有选对的可能性。

2. 多项选择题

这种题型给出题干和四个备选答案，要求考生选择最恰当的选项，正确的选项为两个或两个以上，多选、少选、错选均不得分。

从历年考试真题可以看出，这种题型既考核单个知识点，也考核一个知识点的几个面，或者将前后有关联的知识点融合成一个题目进行考查，尤其是经常将考生容易混淆的知识点融合进行考查。因此，要答好这类题，考生不仅要记住单一的知识点，还要清楚知识点之间的联系或区别。

需要特别提醒的是，考生在审题过程中要注意选项之间的差别，不选模棱两可的选项。实在不会也可以猜测，拿捏不准时尽量少选而不多选。例如：

在国际市场上，按照发行时证券的性质，可转换证券的主要类型是（　　）。【2011年3月真题】

A. 可转换基金　　B. 可转换债券　　C. 可转换普通股票　D. 可转换优先股票

这个题考核的是可转换证券的主要类型。该题考核的是单一的知识点，因此，只要记住教材内容即可选出正确答案为BD。

又例如：

下列有关企业债券和公司债券的陈述，正确的是（　　）。【2011年3月真题】

A. 公开发行公司债券后，发行人累计债券余额不超过公司净资产的40%

B. 企业发行企业债券的总面额不得大于该企业的自有资产净值

C. 企业债券每份面值为100元，以1000元人民币为一个认购单位

D. 公开发行公司债券筹集的资金，必须用于核准的用途，不得用于非生产性支出，但可用于弥补亏损

这个题考核企业债券和公司债券的相关知识。考生在审题过程中应注意本题考核的不是一个知识点。因此，在熟记教材内容的基础上，可知D项是不正确的，根据《证券法》第十六条规定，公开发行公司债券筹集的资金，必须用于核准的用途不得用于弥补亏损和非生产性支出。故正确答案为ABC。

3. 判断题

这种题型一般给出一句或几句话，要求考生作出正误判断。正确的用A表示，错误的用B表示。

从历年考试真题中可以发现这种题型一般考查概念知识和相关规定，或将概念延展、运用，要求考生作出判断。考生要答好这一类型的题目，不仅要熟记教材内容，在审题时务必仔细，因为出题者往往在题干上设置不明显的陷阱，使正确说法与错误说法之间仅有一个字

或一个词的差别，所以需要考生注意的是，在记忆教材内容时，应逐字逐句，对知识点的掌握要精确到字、词，切忌模糊。例如：

参加证券业从业资格考试的人员，违反考察纪律，扰乱考场秩序的，3 年内不得参加资格考试。(　　)【2011 年 3 月真题】

这个题考核的是对参加证券业从业资格考试的人员违反规定的处罚。只要记住教材内容即可知，根据《证券业从业人员资格管理办法》规定，参加证券业从业人员资格考试的人员，违反考察纪律，扰乱考场秩序的，2 年内不得参加资格考试。故题干的说法不正确。

第一部分　命题点解读

第一章　证券交易概述

【命题点规律】

对近年考试的命题进行研究可以发现，本章的命题规律体现在以下几个方面：

1. 证券交易的定义、特征和原则是重要的命题采分点。

2. 证券交易场所的含义是本章重要的考核点。

3. 证券公司设立的条件和可以开展的业务、证券交易所和证券登记结算公司的职能是必考的知识点。

4. 证券交易所会员的资格、权利和义务是重要的命题点。

5. 证券交易所会员的日常管理和对证券交易所会员违规行为的处分规定是需要熟记的内容。

6. 证券交易所交易席位、交易单元的含义、种类和管理办法是需要熟记的知识点。

【命题点解读】

命题点1　证券交易的概念、基本要素和交易机制

1.1　证券交易的概念、特征、发展历程和原则

表1－1　证券交易的概念、特征、发展历程和原则

项　目	内　　容
概念	证券交易是指已发行的证券在证券市场上买卖的活动。与证券发行有着密切的关系，两者相互促进、相互制约
特征	证券的流动性、收益性和风险性
发展历程	新中国证券交易市场的建立始于1986年。当年8月，沈阳开始试办企业债券转让业务；9月，上海开办了股票柜台买卖业务。 1990年12月19日和1991年7月3日，上海证券交易所和深圳证券交易所先后正式开业。1992年初，人民币特种股票（B股）在上海证券交易所上市。同一时期，证券投资基金的交易转让也逐步开展。 1999年7月1日，《中华人民共和国证券法》（以下简称《证券法》）正式开始实施，标志着维系证券交易市场运作的法规体系趋向完善。 2004年5月，中国证券监督管理委员会（以下简称“中国证监会”）批准了深圳证券交易所在主板市场内开设中小企业板块，并核准了中小企业板块的实施方案

续表

项　目	内　容
发展历程	2005 年 4 月底，我国开始启动股权分置改革试点工作。 2009 年 10 月 30 日，创业板在深圳证券交易所开市。 2010 年 3 月 31 日，上海证券交易所和深圳证券交易所开始接受融资融券交易的申报。 2010 年 4 月 16 日，我国股指期货开始上市交易
原则	（1）公开原则 又称信息公开原则，指证券交易是一种面向社会的、公开的交易活动，其核心要求是实现市场信息的公开化。 （2）公平原则 是指参与交易的各方应当获得平等的机会。它要求证券交易活动中的所有参与者都有平等的法律地位，各自的合法权益都能得到公平保护。 （3）公正原则 是指应当公正地对待证券交易的参与各方，以及公正地处理证券交易事务

1.2　证券交易基本要素

表 1-2　证券交易的种类

项　目	内　容
股票交易	股票是一种有价证券，是股份有限公司签发的证明股东所持股份的凭证。股票交易就是以股票为对象进行的流通转让活动。股票交易可以在证券交易所进行，也可以在场外交易市场进行
债券交易	债券也是一种有价证券，是社会各类经济主体为筹集资金而向债券投资者出具的、承诺按一定利率定期支付利息并到期偿还本金的债权债务凭证。债券交易就是以债券为对象进行的流通转让活动。根据发行主体的不同，债券主要有政府债券、金融债券和公司债券三大类
基金交易	证券投资基金是指通过公开发售基金份额募集资金，由基金托管人托管、由基金管理人管理和运用资金、为基金份额持有人的利益以资产组合方式进行证券投资活动的基金。因此，它是一种利益共享、风险共担的集合证券投资方式。 基金交易是指以基金为对象进行的流通转让活动。从基金的基本类型看，一般可以分为封闭式与开放式两种。 对于封闭式基金来说，在成立后，基金管理人可以申请基金在证券交易所上市。对于开放式基金来说，有非上市的开放式基金和上市的开放式基金之分。此外，我国证券市场上还有交易型开放式基金
金融衍生工具交易	（1）权证交易 权证是基础证券发行人或其以外的第三人发行的，约定持有人在规定期间内或特定到期日，有权按约定价格向发行人购买或出售标的的证券，或以现金结算方式收取结算差价的有价证券。 （2）金融期货交易 是指以金融期货合约为对象进行的流通转让活动。金融期货合约是指买卖双方在有组织的交易所内以公开竞价的形式达成的，在将来某一特定时间交收标准数量特定金融工具的协议。在实践中，金融期货主要有外汇期货、利率期货、股权类期货三种类型。 （3）金融期权交易 是指以金融期权合约为对象进行的流通转让活动。 （4）可转换债券交易 是指其持有者可以在一定时间内按一定比例或价格将之转换成一定数量的另一种证券的债券。可转换债券交易就是以这种债券为对象进行的流通转让活动

表 1－3　证券交易的方式

<table>
<tr><th colspan="2">项　　目</th><th>内　　　　　容</th></tr>
<tr><td colspan="2">现货交易</td><td>是指证券买卖双方在成交后就办理交收手续，买入者付出资金并得到证券，卖出者交付证券并得到资金。所以，现货交易的特征是“一手交钱，一手交货”，即以现款买现货方式进行交易</td></tr>
<tr><td rowspan="3">远期交易和期货交易</td><td>远期交易</td><td>是双方约定在未来某一时刻(或时间段内)按照现在确定的价格进行交易</td></tr>
<tr><td>期货交易</td><td>是在交易所进行的标准化的远期交易，即交易双方在集中性的市场以公开竞价方式所进行的期货合约的交易</td></tr>
<tr><td>两者异同</td><td>(1) 相同点
都是现在定约成交，将来交割。
(2) 不同点
① 远期交易是非标准化的，在场外市场进行；期货交易则是标准化的，有规定格式的合约，一般在场内市场进行。
② 现货交易和远期交易以通过交易获取标的物为目的。而期货交易在多数情况下不进行实物交收，而是在合约到期前进行反向交易、平仓了结</td></tr>
<tr><td colspan="2">回购交易</td><td>就是指债券买卖双方在成交的同时，约定于未来某一时间以某一价格双方再进行反向交易的行为。
在债券回购交易中，当债券持有者有短期的资金需求时，就可以将持有的债券作质押或卖出而融进资金；反过来，资金供应者则因在相应的期间内让渡资金使用权而得到一定的利息回报</td></tr>
<tr><td colspan="2">信用交易</td><td>是投资者通过交付保证金取得经纪商信用而进行的交易，也称为融资融券交易。
这一交易的主要特征在于经纪商向投资者提供了信用，即投资者买卖证券的资金或证券有一部分是从经纪商借入的</td></tr>
</table>

表 1－4　证券投资者

项　　目	内　　　　　容
含义	证券投资者是买卖证券的主体，他们可以是自然人，也可以是法人。 我国证券市场的投资者不再局限于是境内的自然人和法人，还出现了境外的自然人和法人，但是对境外投资者的投资范围有一定的限制。所谓合格境外机构投资者，是指符合中国证监会、中国人民银行和国家外汇管理局发布的《合格境外机构投资者境内证券投资管理办法》规定的条件，经中国证监会批准投资于中国证券市场，并取得国家外汇管理局额度批准的中国境外基金管理机构、保险公司、证券公司以及其他资产管理机构
种类	证券投资者可以分为个人投资者和机构投资者两大类。其中，机构投资者主要有政府机构、金融机构、企业和事业法人及各类基金等
购买途径	(1) 直接进入交易场所自行买卖证券，如投资者在柜台市场上与对方直接交易。 (2) 委托经纪商代理买卖证券
限制条件	我国《证券法》规定，证券交易所、证券公司和证券登记结算机构的从业人员、证券监督管理机构的工作人员以及法律、行政法规禁止参与股票交易的其他人员，在任期或者法定限期内，不得直接或者以化名、借他人名义持有、买卖股票，也不得收受他人赠送的股票

表1－5　证券公司

项　目	内　　　容
定义	在我国，证券公司是指依照《中华人民共和国公司法》（以下简称《公司法》）规定和经国务院证券监督管理机构审查批准的、经营证券业务的有限责任公司或者股份有限公司
设立条件	（1）有符合法律、行政法规规定的公司章程。 （2）主要股东具有持续盈利能力，信誉良好，最近3年无重大违法违规记录，净资产不低于人民币2亿元。 （3）有符合《公司法》规定的注册资本。 （4）董事、监事、高级管理人员具备任职资格，从业人员具有证券业从业资格。 （5）有完善的风险管理与内部控制制度。 （6）有合格的经营场所和业务设施。 （7）法律、行政法规规定的和经国务院批准的国务院证券监督管理机构规定的其他条件
经营范围	（1）证券经纪。 （2）证券投资咨询。 （3）与证券交易、证券投资活动有关的财务顾问。 （4）证券承销与保荐。 （5）证券自营。 （6）证券资产管理。 （7）其他证券业务。 其中，证券公司经营上述第（1）项至第（3）项业务的，注册资本最低限额为人民币5000万元；经营上述第（4）项至第（7）项业务之一的，注册资本最低限额为人民币1亿元；经营上述第（4）项至第（7）项业务中两项以上的，注册资本最低限额为人民币5亿元。证券公司的注册资本应当是实缴资本。国务院证券监督管理机构根据审慎监管原则和各项业务的风险程度可以调整注册资本最低限额，但不得少于上述规定的限额

表1－6　证券交易场所

项　目		内　　　容
含义		证券交易场所是供已发行的证券进行流通转让的市场
作用		（1）为各种类型的证券提供便利而充分的交易条件。 （2）为各种交易证券提供公开、公平、充分的价格竞争，以发现合理的交易价格。 （3）实施公开、公正和及时的信息披露。 （4）提供安全、便利、迅捷的交易与交易后服务
分类	证券交易所	（1）含义 证券交易所是为证券集中交易提供场所和设施，组织和监督证券交易，实行自律管理的法人。 （2）职能 ① 提供证券交易的场所和设施。 ② 制定证券交易所的业务规则。 ③ 接受上市申请、安排证券上市。 ④ 组织、监督证券交易。

续表

<table>
<tr><th colspan="2">项　目</th><th>内　　　容</th></tr>
<tr><td rowspan="2">分类</td><td>证券交易所</td><td>⑤ 对会员进行监管。
⑥ 对上市公司进行监管。
⑦ 设立证券登记结算机构。
⑧ 管理和公布市场信息。
⑨ 中国证监会许可的其他职能
(3) 证券交易所不得直接或者间接从事的事项有:
① 以营利为目的的业务。
② 新闻出版业。
③ 发布对证券价格进行预测的文字和资料。
④ 为他人提供担保。
⑤ 未经中国证监会批准的其他业务。
(4) 组织形式
证券交易所的组织形式有会员制和公司制两种。我国上海证券交易所和深圳证券交易所都采用会员制,设会员大会、理事会和专门委员会</td></tr>
<tr><td>其他交易场所</td><td>其他交易场所是指证券交易所以外的证券交易市场,也称为“场外交易市场”,包括分散的柜台市场和一些集中性市场。
在证券交易市场发展的早期,柜台市场(又称为“店头市场”)是一种重要的形式。
1997 年 6 月,中国人民银行发出通知,决定在全国银行间同业拆借中心开办银行间债券交易业务。
在现阶段,银行间债券市场的参与者有境内商业银行、非银行金融机构、非金融机构、可经营人民币业务的外国银行分行等。主要交易的方式包括债券现货交易和债券回购。全国银行间同业拆借中心为参与者的债券报价、交易提供中介及信息服务。
债券交易实行双边谈判成交、逐笔结算</td></tr>
</table>

表 1-7　证券登记结算机构

项　目	内　　　容
定义	证券登记结算机构是为证券交易提供集中登记、存管与结算服务,不以营利为目的的法人。设立证券登记结算机构必须经国务院证券监督管理机构批准
职能	(1) 证券账户、结算账户的设立和管理。 (2) 证券的存管和过户。 (3) 证券持有人名册登记和权益登记。 (4) 证券和资金的清算交收及相关管理。 (5) 受发行人的委托派发证券权益。 (6) 依法提供与证券登记结算业务有关的查询、信息、咨询和培训服务。 (7) 中国证监会批准的其他业务

1.3 证券交易机制

表1-8 证券交易机制

项目		内容
从交易时间的连续特点划分	定期交易	在定期交易中，成交的时点是不连续的。在某一段时间到达的投资者的委托订单并不是马上成交，而是要先存储起来，然后在某一约定的时刻加以匹配。其具有以下一些特点： （1）批量指令可以提供价格的稳定性。 （2）指令执行和结算的成本相对比较低
	连续交易	在连续交易中，并非意味着交易一定是连续的，而是指在营业时间里订单匹配可以连续不断地进行。因此，两个投资者下达的买卖指令，只要符合成交条件就可以立即成交，而不必再等待一段时间定期成交。其特点有： （1）市场为投资者提供了交易的即时性。 （2）交易过程中可以提供更多的市场价格信息
从交易价格的决定特点划分	指令驱动	指令驱动是一种竞价市场，也称为"订单驱动市场"。其具有以下特点： （1）证券交易价格由买方和卖方的力量直接决定。 （2）投资者买卖证券的对手是其他投资者
	报价驱动	报价驱动是一种连续交易商市场，或称"做市商市场"。其具有以下特点： （1）证券成交价格的形成由做市商决定。 （2）投资者买卖证券都以做市商为对手，与其他投资者不发生直接关系
目标		（1）流动性 证券的流动性是证券市场生存的条件。其包括两个方面的要求，即成交速度和成交价格。 （2）稳定性 证券市场的稳定性是指证券价格的波动程度。其可以用市场指数的风险度来衡量。 （3）有效性 证券市场的有效性包含两个方面的要求：一是证券市场的高效率；二是证券市场的低成本

命题点2 证券交易所的会员、席位和交易单元

2.1 会员制度

表1-9 会员的资格、权利与义务及会员资格的申请与审批

项目	内容
会员资格	证券公司要成为会员应具备一定的条件。一般来说，证券交易所是从证券公司的经营范围、承担风险和责任的资格及能力、组织机构、人员素质等方面规定入会的条件。上海证券交易所和深圳证券交易所对此的规定基本相同，主要有： （1）经中国证监会依法批准设立并具有法人地位的证券公司。 （2）具有良好的信誉、经营业绩和一定规模的资本金或营运资金。 （3）组织机构和业务人员符合中国证监会和证券交易所规定的条件。 （4）承认证券交易所章程和业务规则，按规定缴纳各项会员经费。 （5）证券交易所要求的其他条件

续表

项　目	内　　容
权利	(1) 参加会员大会。 (2) 有选举权和被选举权。 (3) 对证券交易所事务的提议权和表决权。 (4) 参加证券交易所组织的证券交易，享受证券交易所提供的服务。 (5) 对证券交易所事务和其他会员的活动进行监督。 (6) 按规定转让交易席位等
义务	(1) 遵守国家的有关法律法规、规章和政策，依法开展证券经营活动。 (2) 遵守证券交易所章程、各项规章制度，执行证券交易所决议。 (3) 派遣合格代表入场从事证券交易活动(深圳证券交易所无此项规定)。 (4) 维护投资者和证券交易所的合法权益，促进交易市场的稳定发展。 (5) 按规定缴纳各项经费和提供有关信息资料以及相关的业务报表和账册。 (6) 接受证券交易所的监督等。 对于不履行义务的会员，证券交易所有权根据情节的轻重给予一定的处分
会员资格的申请与审批	证券公司申请成为证券交易所的会员，首先要将一系列相关材料报送证券交易所，如申请书、设立的批准文件、经营证券业务许可证、企业法人营业执照、章程及主要业务规章制度等。证券公司申请文件齐备的，证券交易所予以受理，并自受理之日起 20 个工作日内作出是否同意接纳为会员的决定。证券交易所同意接纳的，向该证券公司颁发会员资格证书，并予以公告

表 1-10　证券交易所会员的日常管理与监督检查和纪律处分

项　目	内　　容
证券交易所会员的日常管理	证券交易所会员应当设会员代表 1 名，组织、协调会员与证券交易所的各项业务往来。会员代表由会员高级管理人员担任。会员应当设会员业务联络人 1 ~ 4 名，根据授权代位履行会员代表职责。 证券交易所会员应当向证券交易所履行下列定期报告义务：每月前 7 个工作日内报送上月统计报表及风险控制指标监管报表，每年 4 月 30 日前报送上年度经审计财务报表和证券交易所要求的年度报告材料，每年 4 月 30 日前报送上年度会员交易系统运行情况报告，证券交易所规定的其他定期报告义务。 证券交易所会员应当按照规定的收费项目、收费标准与收费方式，按时缴纳相关费用
监督检查	证券交易所对会员的证券交易行为实行实时监控，重点监控会员可能影响证券交易价格或者证券交易量的异常交易行为。 证券交易所可根据监管需要，采用现场和非现场的方式对会员证券业务活动中的风险管理、交易及相关系统安全运行等情况进行监督检查。 证券交易所在会员监管过程中，对存在或者可能存在问题的会员，可以根据需要采取下列措施：口头警示；书面警示；要求整改；约见谈话；专项调查；暂停受理或者办理相关业务；提请中国证监会处理
纪律处分	证券交易所会员应承担相应的义务，如果违反证券交易所业务规则，证券交易所责令其改正，并视情节轻重单处或者并处下列纪律处分措施： (1) 在会员范围内通报批评。 (2) 在中国证监会指定媒体上公开谴责。

续表

项　目	内　　　　容
纪律处分	(3) 暂停或者限制交易。 (4) 取消交易权限。 (5) 取消会员资格。 证券交易所会员董事、监事、高级管理人员对会员违规行为负有责任的，证券交易所责令改正，并视情节轻重处以下列纪律处分措施： (1) 在会员范围内通报批评。 (2) 在中国证监会指定媒体上公开谴责

表 1-11　特别会员的资格、权利和义务

项　目	内　　　　容
含义	境外证券经营机构设立的驻华代表处，若符合条件，经申请可以成为我国上海证券交易所和深圳证券交易所的特别会员
资格	境外证券经营机构驻华代表处申请成为证券交易所特别会员的条件是： (1) 依法设立且满 1 年。 (2) 承认证券交易所章程和业务规则，接受证券交易所监管。 (3) 其所属境外证券经营机构具有从事国际证券业务经验，且有良好的信誉和业绩。 (4) 代表处及其所属境外证券经营机构最近 1 年无因重大违法违规行为而受主管当局处罚的情形
权利	(1) 列席证券交易所会员大会。 (2) 向证券交易所提出相关建议。 (3) 接受证券交易所提供的相关服务
义务	(1) 遵守国家相关法律法规、规章和证券交易所章程、规则及其他相关规定。 (2) 执行证券交易所决议，接受证券交易所年度检查和临时检查，提交年度工作报告和其他重大事项变更报告。 (3) 及时协调、联络所属境外证券经营机构与证券交易所有关的业务与事务。 (4) 按证券交易所规定交纳特别会员费及相关费用

2.2　交易席位和交易单元

表 1-12　证券交易所交易席位的含义、权利和转让

项　目	内　　　　容
含义	在传统意义上，交易席位是证券公司在证券交易所交易大厅内进行交易的固定位置，其实质还包括了交易资格的含义，即取得了交易席位后才能从事实际的证券交易业务
权利	根据我国证券交易所现行制度的规定，证券交易所会员应当至少取得并持有一个席位。证券交易所会员可以向证券交易所提出申请购买席位，也可以在证券交易所会员之间转让席位。 证券交易所会员取得席位后，享有下列权利(以深圳证券交易所为例)： (1) 进入证券交易所参与证券交易。 (2) 每个席位自动享有一个交易单元的使用权。 (3) 每个席位自动享有一个标准流速的使用权。 (4) 每个席位每年自动享有交易类和非交易类申报各 2 万笔流量的使用权。 (5) 证券交易所章程、业务规则规定享有的其他权利

续表

项　目	内　容
转让	证券交易所为了保证证券交易正常、有序地进行，要对会员取得的交易席位实施严格管理。证券交易所会员不得共有席位，席位也不得退回证券交易所。未经证券交易所同意，会员不得将席位出租、质押，或将席位所属权益以其他任何方式转给他人。 交易席位可以转让，但转让席位必须按照证券交易所的有关规定。根据现行制度：席位只能在会员间转让；会员转让席位的，应当将席位所属权益一并转让；会员转让席位，应当签订转让协议，并向证券交易所提出申请。证券交易所自受理之日起5个工作日内对申请进行审核，并作出是否同意的决定。对存在欠费或不履行证券交易所规定义务的会员，证券交易所可不受理其席位转让申请

表1－13　交易单元的含义、权限和功能

项　目	内　容
含义	交易单元是指证券交易所会员取得席位后向证券交易所申请设立的、参与证券交易所证券交易与接受证券交易所监管及服务的基本业务单位
权限（以深圳证券交易所为例）	（1）一类或多类证券品种或特定证券品种的交易。 （2）大宗交易。 （3）协议转让。 （4）交易性开放式指数基金（ETF）、上市开放式基金（LOF）及非上市开放式基金等的申购与赎回。 （5）融资融券交易。 （6）特定证券的主交易商报价。 （7）其他交易或业务权限
提供功能	（1）申报买卖指令及其他业务指令。 （2）获取实时及盘后交易回报。 （3）获取证券交易即时行情、证券指数、证券交易公开信息等交易信息及相关新闻公告。 （4）配置相应的通信通道等通信资源，接入和访问交易所交易系统。 （5）获取交易所交易系统提供的其他服务权限

【经典真题详解】

一、单项选择题（以下备选答案中只有一项最符合题目要求）

1. 证券交易的特征主要表现在（　　）方面。【2011年3月真题】

A. 流动性、效率性和风险性　　B. 流动性、收益性和稳定性

C. 流动性、收益性和风险性　　D. 公正性、收益性和流动性

【答案】C　证券交易的特征主要表现在三个方面，分别为证券的流动性、收益性和风险性。

2. 从《资金申购上网定价公开发行股票实施办法》和《沪市股票上网发行资金申购实施办法》规定的内容看，主要是采用了（　　）制度。【2011年3月真题】

A. 会员分级管理　　B. 新股发行现金申购

C. 客户交易结算资金监管　　D. 客户交易结算资金第三方存管

【答案】B　2006 年 5 月 19 日，深圳证券交易所和中国结算公司共同发布《资金申购上网定价公开发行股票实施办法》；2006 年 5 月 20 日，上海证券交易所和中国结算公司共同发布《沪市股票上网发行资金申购实施办法》。2009 年 6 月，深圳证券交易所、上海证券交易所和中国结算公司对这两个文件又作了进一步修订。从这两个文件规定的内容看，主要是采用了新股发行现金申购制度。

3. 下列关于交易席位的说法正确的是(　　)。【2011 年 3 月真题】

A. 可以将席位质押

B. 交易席位不可以转让

C. 交易席位可以退回证券交易所

D. 会员转让席位的，应当将席位所属权益一并转让

【答案】D　证券交易所会员不得共有席位，席位也不得退回证券交易所。未经证券交易所同意，会员不得将席位出租、质押，或将席位所属权益以其他任何方式转给他人。交易席位可以转让，但转让席位必须按照证券交易所的有关规定。根据现行制度：席位只能在会员间转让；会员转让席位的，应当将席位所属权益一并转让；会员转让席位，应当签订转让协议，并向证券交易所提出申请。

4. 关于可转换债券，下列表述不正确的是(　　)。【2010 年 12 月真题】

A. 可转换债券具有债权和期权的双重特性

B. 可转换债券持有者可自行选择是否转股

C. 可转换债券持有者必须持有至期满才可以获得利息

D. 可转换债券持有者可将可转换债券转换为股票

【答案】C　可转换债券是指其持有者可以在一定时期内按一定比例或价格将之转换成一定数量的另一种证券的债券。在通常情况下，可转换债券转换成普通股票，因此它具有债权和期权的双重特性。可转换债券在发行时是一种债券，债券持有者拥有债权，持有期间可以获得利息，如果持有债券至期满还可以收回本金；可转换债券持有者也可以在规定的转换期间内选择有利时机，要求发行公司按规定的价格和比例，将可转换债券转换为股票。

5. 下列不属于证券交易所特别会员应承担的义务的是(　　)。【2010 年 12 月真题】

A. 列席证券交易所会员大会

B. 按证券交易所规定交纳特别会员费及相关费用

C. 接受证券交易所年度检查和临时检查

D. 及时协调、联络所属境外证券经营机构与证券交易所有关的业务与事务

【答案】A　证券交易所特别会员应承担的义务有：(1)遵守国家相关法律法规、规章和证券交易所章程、规则及其他相关规定；(2)执行证券交易所决议，接受证券交易所年度检查和临时检查，提交年度工作报告和其他重大事项变更报告；(3)及时协调、联络所属境外证券经营机构与证券交易所有关的业务与事务；(4)按证券交易所规定交纳特别会员费及相关费用。A 项属于特别会员享有的权利之一。

6. 下列关于交易型开放式指数基金(ETF)说法不正确的是(　　)。【2010 年 12 月真题】

A. 投资者进行证券交易所 ETF 的申购和赎回，采用份额申购、份额赎回的方式

B. ETF 不可以在证券交易所上市交易

C. 是一篮子股票的投资组合，追踪的是实际的股价指数

D. 认购 ETF 的方式有场内现金认购(网上)、场外现金认购(网下)、网上组合证券认购和网下组合证券认购

【答案】B　交易型开放式指数基金代表的是一篮子股票的投资组合，追踪的是实际的股价指数。对于投资者而言，交易型开放式指数基金可以在证券交易所挂牌上市交易，并同时进行基金份额的申购和赎回。故 B 项说法错误。

二、多项选择题(以下备选答案中有两项或两项以上符合题目要求)

1. 证券交易必须遵循的原则包括(　　)。【2011 年 3 月真题】

A. 公平原则　　B. 公开原则　　C. 公正原则　　D. 高效原则

【答案】ABC　为了保障证券交易功能的发挥，以利于证券交易的正常运行，证券交易必须遵循“公开、公平、公正”三个原则。

2. 下列属于证券交易所的职能有(　　)。【2011 年 3 月真题】

A. 对上市公司进行监管　　B. 设立证券登记结算机构

C. 制定证券交易所的业务规则　　D. 接受上市申请、安排证券上市

【答案】ABCD　证券交易所的职能有：(1)提供证券交易的场所和设施。(2)制定证券交易所的业务规则。(3)接受上市申请、安排证券上市。(4)组织、监督证券交易。(5)对会员进行监管。(6)对上市公司进行监管。(7)设立证券登记结算机构。(8)管理和公布市场信息。(9)中国证监会许可的其他职能。

3. 我国证券交易所会员可享有下列(　　)权利。【2011 年 3 月真题】

A. 参加会员大会

B. 按规定提供席位

C. 有选举权和被选举权

D. 参加证券交易所组织的证券交易，享受证券交易所提供的服务

【答案】ACD　证券交易所会员可享有的权利包括：(1)参加会员大会。(2)有选举权和被选举权。(3)对证券交易所事务的提议权和表决权。(4)参加证券交易所组织的证券交易，享受证券交易所提供的服务。(5)对证券交易所事务和其他会员的活动进行监督。(6)按规定转让交易席位等。

4. 下列(　　)行为违反了证券交易的公开原则。【2010 年 12 月真题】

A. 证券交易中的欺诈行为

B. 上市的股份公司财务报表未及时公开

C. 上市公司董事长发生职务变动未向社会披露

D. 上市公司的一些重大事项未及时向社会公布

【答案】BCD　证券交易的公开原则又称信息公开原则，指证券交易是一种面向社会的、公开的交易活动，其核心要求是实现市场信息的公开化。根据这一原则的要求，证券交易参与各方应依法及时、真实、准确、完整地向社会发布有关信息。例如，上市的股份公司财务报表、经营状况等资料必须依法及时向社会公开，股份公司的一些重大事项也必须及时向社会公布等。

三、判断题(正确的用 A 表示，错误的用 B 表示)

1. 1990 年 12 月 19 日和 1991 年 7 月 3 日，深圳证券交易所和上海证券交易所先后正式开业。(　　)【2011 年 3 月真题】

【答案】B　1990 年 12 月 19 日和 1991 年 7 月 3 日，上海证券交易所和深圳证券交易所先后正式开业。

2. 我国证券市场的建立始于1986年。当年8月，郑州开始试办企业债券转让业务。(　　)【2011年3月真题】

【答案】B　新中国证券交易市场的建立始于1986年。当年8月，沈阳开始试办企业债券转让业务；9月，上海开办了股票柜台买卖业务。

3. 从目前我国证券市场的实际情况来看，我国是禁止信用交易的。(　　)【2010年12月真题】

【答案】B　我国过去是禁止信用交易的。2005年10月重新修订后的《证券法》取消了证券公司不得为客户交易融资融券的规定。

4. 证券交易所特别会员享有对证券交易所事务的提议权和表决权。(　　)【2010年12月真题】

【答案】B　证券交易所特别会员享有的权利有：(1)列席证券交易所会员大会。(2)向证券交易所提出相关建议。(3)接受证券交易所提供的相关服务。对证券交易所事务的提议权和表决权属于普通会员的权利。故题目说法不正确。

5. 证券登记结算机构是为证券交易提供集中登记、托管与服务，以营利为目的的法人。(　　)【2010年12月真题】

【答案】B　我国《证券法》规定，证券登记结算机构是为证券交易提供集中登记、存管与结算服务，不以营利为目的的法人。

第二章　证券交易程序

【命题点规律】

根据对近年考试大纲及考试命题进行总结发现，本章的命题规律具体表现在以下几点：

1. 证券交易的基本程序是常考的知识点。

2. 证券账户的种类、开立证券账户的基本原则和要求是需要掌握的内容。

3. 证券托管和证券存管的概念、我国证券托管制度的内容是命题采分点。

4. 委托指令的内容、证券委托的形式、委托受理的手续和过程、委托执行的申报原则和申报方式、委托指令撤销的条件和程序是常考的知识点。

5. 证券交易的竞价原则和竞价方式、证券买卖中交易费用的种类、各类交易费用的含义和收费标准是需要熟记的内容。

6. 证券公司与客户之间的清算与交收程序是需要了解的内容。

【命题点解读】

命题点 1　证券交易程序的含义和基本过程

表 2－1　证券交易程序的含义和基本过程

项　目		内　容
含义		所谓证券交易程序，就是投资者在二级市场上买进或卖出已上市证券所应遵循的规定过程
基本过程	开户	（1）开立证券账户 证券账户用来记载投资者所持有的证券种类、数量和相应的变动情况。 （2）开立资金账户 用来记载和反映投资者买卖证券的货币收付和结存数额
	委托	在证券交易所市场，除了证券交易所会员的自营业务，投资者买卖证券是不能直接进入交易所办理的，而必须通过证券交易所的会员。换而言之，投资者需要通过证券经纪商（证券经纪商职能一般由证券公司行使）的代理才能在证券交易所买卖证券。在这种情况下，投资者向经纪商下达买进或卖出证券的指令，称为“委托”。委托指令有多种形式，可以按照不同的依据来分类，主要有以下几种： （1）从各国（地区）情况看，一般根据委托订单的数量，有整数委托和零数委托。 （2）根据买卖证券的方向，有买进委托和卖出委托。 （3）根据委托价格限制，有市价委托和限价委托。 （4）根据委托时效限制，有当日委托、当周委托、无期限委托、开市委托和收市委托等。 证券交易所在证券交易中接受报价的方式主要有口头报价、书面报价和电脑报价三种。目前，我国通过证券交易所进行的证券交易均采用电脑报价方式

续表

项目		内容
基本过程	成交	证券交易所交易系统接受申报后，要根据订单的成交规则进行撮合配对。符合成交条件的予以成交，不符合成交条件的继续等待成交，超过了委托时效的订单失效。 在成交价格确定方面，一种情况是通过买卖双方直接竞价形成交易价格；另一种情况是交易价格由交易商报出，投资者接受交易商的报价后即可与交易商进行证券买卖。 在订单匹配原则方面，根据各国（地区）证券市场的实践，优先原则主要有：价格优先原则、时间优先原则、按比例分配原则、数量优先原则、客户优先原则、做市商优先原则和经纪商优先原则等。其中，各证券交易所普遍以价格优先原则为第一优先原则。我国采用价格优先和时间优先原则
	结算	证券交易成交后，首先需要对买方在资金方面的应付额和在证券方面的应收种类和数量进行计算，同时也要对卖方在资金方面的应收额和在证券方面的应付种类和数量进行计算。这一过程属于清算，包括资金清算和证券清算。清算结束后，需要完成证券由卖方向买方转移和对应的资金由买方向卖方转移。这一过程属于交收。清算和交收是证券结算的两个方面。 对于记名证券而言，完成了清算和交收，还有一个登记过户的环节。完成了登记过户，证券交易过程才告结束

命题点 2　证券账户和证券托管

2.1　证券账户管理

表 2－2　证券账户的含义及种类

项目		内容
含义		证券账户是指中国结算公司为申请人开出的记载其证券持有及变更的权利凭证。开立证券账户是投资者进行证券交易的先决条件。 根据《证券账户管理规则》的规定，中国结算公司对证券账户实施统一管理，投资者证券账户由中国结算公司上海分公司、深圳分公司及中国结算公司委托的开户代理机构负责开立。其中，开户代理机构是指中国结算公司委托代理证券账户开户业务的证券公司、商业银行及中国结算公司境外 B 股结算会员
种类	按照交易场所划分	证券账户可以划分为上海证券账户和深圳证券账户，分别用于记载在上海证券交易所和深圳证券交易所上市交易的证券以及中国结算公司认可的其他证券
	按照账户用途划分	（1）人民币普通股票账户 简称"A 股账户"，其开立仅限于国家法律法规和行政规章允许买卖 A 股的境内投资者和合格境外机构投资者。 A 股账户按持有人分为自然人证券账户、一般机构证券账户、证券公司自营证券账户和基金管理公司的证券投资基金专用证券账户。 A 股账户是我国目前用途最广、数量最多的一种通用型证券账户，既可用于买卖人民币普通股票，也可用于买卖债券、上市基金、权证等各类证券。

续表

项目		内容
种类	按照账户用途划分	(2) 人民币特种股票账户 简称"B 股账户"，是专门为投资者买卖人民币特种股票(即 B 股，也称"境内上市外资股")而设置的。B 股账户按持有人可以分为境内投资者证券账户和境外投资者证券账户。 (3) 证券投资基金账户 简称"基金账户"，是用于买卖上市基金的一种专用型账户。基金账户是随着我国证券投资基金的发展，为方便投资者买卖证券投资基金而专门设置的

表 2-3　开立证券账户的基本原则与流程和规定

项目		内容
基本原则		(1) 合法性原则 是指只有国家法律允许进行证券交易的自然人和法人才能开立证券账户。对国家法律法规不准许开户的对象，中国结算公司及其开户代理机构不得予以开户。 一个自然人、法人可以开立不同类别和用途的证券账户。对于同一类别和用途的证券账户，原则上一个自然人、法人只能开立一个。 (2) 真实性原则 是指投资者开立证券账户时所提供的资料必须真实有效，不得有虚假隐匿。目前，投资者在我国证券市场上进行证券交易时采用实名制
流程和规定	流程	投资者通过开户代理机构开立证券账户的流程是： (1) 开户代理机构受理投资者申请，申请材料审核合格后实时向中国结算公司上海分公司和深圳分公司上传开户申请。 (2) 中国结算公司上海分公司和深圳分公司收到后进行审核，对于合规的申请予以配号，并实时将审核结果返回各开户代理机构。 (3) 开户代理机构对已配号的申请，使用中国结算公司上海分公司和深圳分公司统一制作的证券账户纸卡，打印证券账户卡交申请人
	规定	证券公司和基金管理公司等特殊法人机构开立证券账户，由中国结算公司上海分公司和深圳分公司直接受理。 目前，上海证券账户当日开立，次一交易日生效。深圳证券账户当日开立，当日即可用于交易

2.2　证券托管与存管

表 2-4　证券托管和证券存管的概念

项目	内容
证券托管	一般指投资者将持有的证券委托给证券公司保管，并由后者代为处理有关证券权益事务的行为
证券存管	一般指证券公司将投资者交给其保管的证券以及自身持有的证券统一交给证券登记计算机构保管，并由后者代为处理有关证券权益事务的行为

表 2－5　我国目前的证券托管制度

项　　目	内　　容
上海证券交易所交易证券的托管制度	对于在上海证券交易所交易的证券，其托管制度是和指定交易制度联系在一起的，指定交易制度于 1998 年 4 月 1 日起推行。 所谓指定交易，是指凡在上海证券交易所市场进行证券交易的投资者，必须事先指定上海证券交易所市场某一交易参与人，作为其证券交易的唯一受托人，并由该交易参与人通过其特定的交易单元参与交易所市场证券交易的制度
深圳证券交易所交易证券的托管制度	深圳证券交易所交易证券的托管可以概括为：自动托管，随处通买，哪买哪卖，转托不限。深圳证券市场的投资者持有的证券需在自己选定的证券营业部托管，由证券营业部管理名下明细证券资料。投资者也可以将其托管证券从一家证券营业部转移到另一家证券营业部托管，称为“证券转托管”。转托管可以是一只证券或多只证券，也可以是一只证券的部分或全部

命题点 3　委托买卖

3.1　委托形式

表 2－6　委托形式

<table>
<tr><th colspan="2">项　　目</th><th>内　　容</th></tr>
<tr><td colspan="2">柜台委托</td><td>是指委托人亲自或由其代理人到证券营业部交易柜台，根据委托程序和必需的证件采用书面方式表达委托意向，由本人填写委托单并签章的形式</td></tr>
<tr><td rowspan="3">非柜台委托</td><td>人工电话委托或传真委托</td><td>人工电话委托是指客户将委托要求通过电话报给证券经纪商，证券经纪商根据电话委托内容向证券交易所交易系统申报。
传真委托是指客户填写委托内容后，采用传真的方式表达委托要求，证券经纪商接到传真委托书后，将委托内容输入交易系统申报进场</td></tr>
<tr><td>自助和电话自动委托</td><td>这里的自助方式是自助终端委托，即客户通过证券营业部设置的专用委托电脑终端，凭证券交易磁卡和交易密码进入电脑交易系统委托状态，自行将委托内容输入电脑交易系统，以完成证券交易。
电话自动委托是指证券经纪商把电脑交易系统和普通电话网络连接起来，构成一个电话自动委托交易系统；客户通过普通电话，按照该系统发出的指示，借助电话机上的数字和符号键输入委托指令</td></tr>
<tr><td>网上委托</td><td>是指证券公司通过基于互联网或移动通讯网络的网上证券交易系统，向客户提供用于下达证券交易指令、获取成交结果的一种服务方式，包括需下载软件的客户端委托和无需下载软件、直接利用证券公司网站的页面客户端委托。网上委托的上网终端包括电子计算机、手机等设备</td></tr>
</table>

3.2　委托内容

表 2－7　委托指令的基本要素

项　　目	内　　容
证券账号	客户在买卖上海证券交易所上市的证券时，必须填写在中国结算公司上海分公司开设的证券账户号码；买卖深圳证券交易所上市的证券时，必须填写在中国结算公司深圳分公司开设的证券账户号码

续表

项　目	内　容
日期	即客户委托买卖的日期，填写年、月、日
品种	指客户委托买卖证券的名称，也是填写委托单的第一要点。 填写证券名称的方法有全称、简称和代码三种（有些证券品种没有全称和简称的区别，仅有一个名称）。通常的做法是填写代码及简称，这种方法比较方便快捷，且不容易出错
买卖方向	客户在委托指令中必须明确表明委托买卖的方向，即是买进证券还是卖出证券
数量	这是指买卖证券的数量，可分为整数委托和零数委托。 整数委托是指委托买卖证券的数量为1个交易单位或交易单位的整数倍。1个交易单位俗称“1手”。 零数委托是指客户委托证券经纪商买卖证券时，买进或卖出的证券不足证券交易所规定的1个交易单位。目前，我国只在卖出证券时才有零数委托
价格	这是指委托买卖证券的价格。在我国上海证券交易所和深圳证券交易所的交易制度中，涉及委托买卖证券价格的内容包括委托价格限制形式、证券交易的计价单位、申报价格最小变动单位、债券交易报价组成等方面
时间	这是指客户填写委托单的具体时点，也可由证券经纪商填写委托时点，即上午×时×分或下午×时×分。这是检查证券经纪商是否执行时间优先原则的依据
有效期	这是指委托指令的有效期间。如果委托指令未能成交或未能全部成交，证券经纪商应继续执行委托。委托有效期满，委托指令自然失效。委托指令有效期一般有当日有效与约定日有效两种。 当日有效是指从委托之时起至当日证券交易所营业终了之时止的时间内有效；约定日有效是指委托人与证券公司约定，从委托之时起到约定的营业日证券交易所营业终了之时止的时间内有效。如不在委托单上特别注明，均按当日有效处理。 我国现行规定的委托期为当日有效
签名	客户签名以示对所作的委托负责。若预留印鉴，则应盖章
其他内容	其他内容涉及委托人的身份证号码、资金账号等

表2－8　上海、深圳证券交易所证券买卖申报数量的规定

<table>
<tr><th>项　目</th><th>内　容</th></tr>
<tr><td>证券交易所竞价交易的证券买卖申报数量</td><td>证券交易所竞价交易的证券买卖申报数量
<table>
<tr><th>交易内容</th><th>上海证券交易所</th><th>深圳证券交易所</th></tr>
<tr><td>买入股票、基金、权证</td><td>100股（份）或其整数倍</td><td>100股（份）或其整数倍</td></tr>
<tr><td>卖出股票、基金、权证</td><td>余额不足100股（份）的部分应一次性申报卖出</td><td>余额不足100股（份）的部分应一次性申报卖出</td></tr>
<tr><td>买入债券</td><td>1手或其整数倍</td><td>10张或其整数倍</td></tr>
<tr><td>卖出债券</td><td>1手或其整数倍</td><td>余额不足10张部分，应当一次性申报卖出</td></tr>
<tr><td>债券质押式回购交易</td><td>100手或其整数倍</td><td>10张或其整数倍</td></tr>
<tr><td>债券买断式回购交易</td><td>1000手或其整数倍</td><td></td></tr>
</table>
注：上海证券交易所的债券交易和债券买断式回购交易以人民币1000元面值债券为1手，债券质押式回购交易以人民币1000元标准券为1手。深圳证券交易所的债券交易以人民币100元面值为1张，债券质押式回购以100元标准券为1张</td></tr>
</table>

续表

<table>
<tr><th>项　目</th><th>内　　容</th></tr>
<tr><td>证券交易所竞价交易的单笔申报最大数量</td><td>证券交易所竞价交易的单笔申报最大数量<table>
<tr><th>交易内容</th><th>上海证券交易所</th><th>深圳证券交易所</th></tr>
<tr><td>股票、基金、权证交易</td><td>不超过100万股(份)</td><td>不超过100万股(份)</td></tr>
<tr><td>债券交易</td><td>不超过1万手</td><td>不超过10万张</td></tr>
<tr><td>债券质押式回购交易</td><td>不超过1万手</td><td>不超过10万张</td></tr>
<tr><td>债券买断式回购交易</td><td>不超过5万手</td><td></td></tr>
</table></td></tr>
</table>

表2-9　上海、深圳证券交易所证券买卖申报价格的规定

项　目	内　　容
委托价格限制形式	从委托价格的限制形式看，可以将委托分为市价委托和限价委托。 市价委托是指客户向证券经纪商发出买卖某种证券的委托指令时，要求证券经纪商按证券交易所内当时的市场价格买进或卖出证券。 限价委托是指客户要求证券经纪商在执行委托指令时，必须按限定的价格或比限定价格更有利的价格买卖证券，即必须以限价或低于限价买进证券，以限价或高于限价卖出证券。 上海证券交易所和深圳证券交易所都规定，客户可以采用限价委托或市价委托的方式委托会员买卖证券。同时，证券交易所也接受会员的限价申报和市价申报。不过，市价申报只适用于有价格涨跌幅限制证券连续竞价期间的交易。在市价申报类型方面，上海证券交易所和深圳证券交易所不完全相同
证券交易的计价单位	上海证券交易所和深圳证券交易所都规定，股票交易的报价为每股价格，基金交易为每份基金价格，权证交易为每份权证价格，债券交易(指债券现货买卖)为每百元面值债券的价格，债券质押式回购为每百元资金到期年收益，债券买断式回购为每百元面值债券的到期购回价格
申报价格最小变动单位	《上海证券交易所交易规则》规定：A股、债券交易和债券买断式回购交易的申报价格最小变动单位为0.01元人民币，基金、权证交易为0.001元人民币，B股交易为0.001美元，债券质押式回购交易为0.005元人民币。 《深圳证券交易所交易规则》规定：A股交易的申报价格最小变动单位为0.01元人民币，基金债券、债券质押式回购交易为0.001元人民币，B股交易为0.01港元。另外，根据市场需要，我国证券交易所可以调整各类证券单笔买卖申报数量和申报价格的最小变动单位
债券交易报价组成	从交易价格的组成看，债券交易有两种：全价交易和净价交易。全价交易是指买卖债券时，以含有应计利息的价格申报并成交的交易。净价交易是指买卖债券时，以不含有应计利息的价格申报并成交的交易。在净价交易的情况下，成交价格与债券的应计利息是分解的，价格随行就市，应计利息则根据票面利率按天计算。 从2002年3月25日开始，国债交易率先采用净价交易。实行净价交易后，采用净价申报和净价撮合成交，报价系统和行情发布系统同时显示净价价格和应计利息额。 上海证券交易所和深圳证券交易所目前公司债券的现货交易也采用净价交易方式

3.3 委托受理、委托执行与委托撤销

表2-10 委托受理、委托执行与委托撤销

<table>
<tr><th colspan="2">项　目</th><th>内　　容</th></tr>
<tr><td colspan="2">委托受理</td><td>证券经纪商在收到客户委托后，应对委托人身份、委托内容、委托卖出的实际证券数量及委托买入的实际资金余额进行审查。经审查符合要求后，才能接受委托。
（1）验证与审单
验证主要是对客户委托时递交的相关证件（如身份证件等）进行核实，审单主要是检查客户填写的委托单。
（2）查验资金及证券
在不采用信用交易的情况下，投资者必须用自己账户上的资金买入证券，或者卖出自己账户上实际存在的证券。因此，证券经纪商在受理客户委托买卖证券时，要查验证实客户的资金及证券</td></tr>
<tr><td rowspan="3">委托执行</td><td>申报原则</td><td>证券经纪商接受客户委托后应按“时间优先、客户优先”的原则进行申报竞价。
时间优先是指证券经纪商应按受托时间的先后次序为委托人申报。客户优先是指当证券公司自营买卖申报与客户委托买卖申报在时间上相冲突时，应让客户委托买卖优先申报</td></tr>
<tr><td>申报方式</td><td>（1）由证券经纪商的场内交易员进行申报。
（2）由客户或证券经纪商营业部业务员直接申报</td></tr>
<tr><td>申报时间</td><td>上海证券交易所和深圳证券交易所都规定，交易日为每周一至周五。国家法定假日和证券交易所公告的休市日，证券交易所市场休市。
关于申报时间，上海证券交易所规定，接受会员竞价交易申报的时间为每个交易日9:15~9:25、9:30~11:30、13:00~15:00。每个交易日9:20~9:25的开盘集合竞价阶段，上海证券交易所交易主机不接受撤单申报。
深圳证券交易所则规定，接受会员竞价交易申报的时间为每个交易日9:15~11:30、13:00~15:00。每个交易日9:20~9:25、14:57~15:00，深圳证券交易所交易主机不接受参与竞价交易的撤销申报。每个交易日9:25~9:30，交易主机只接受申报，不对买卖申报或撤销申报作处理</td></tr>
<tr><td rowspan="2">委托撤销</td><td>撤单的条件</td><td>在委托未成交之前，客户有权变更和撤销委托。证券营业部申报竞价成交后，买卖即告成立，成交部分不得撤销</td></tr>
<tr><td>撤单的程序</td><td>在委托未成交之前，客户变更和撤销委托，在采用证券经纪商场内交易员进行申报的情况下，证券经纪商营业部业务员须即刻通知场内交易员，经场内交易员操作确认后，立即将执行结果告知客户。
在采用客户或证券经纪商营业部业务员直接申报的情况下，客户或证券经纪商营业部业务员可直接将撤单信息通过电脑终端输入证券交易所交易系统，办理撤单。对客户撤销的委托，证券经纪商须及时将冻结的资金或证券解冻</td></tr>
</table>

命题点4　竞价与成交

4.1　竞价原则及方式

表2-11　竞价原则及方式

项　目	内　容
原则	(1) 价格优先 较高价格买入申报优先于较低价格买入申报，较低价格卖出申报优先于较高价格卖出申报。 (2) 时间优先 买卖方向、价格相同的，先申报者优先于后申报者。先后顺序按证券交易所交易主机接受申报的时间确定
方式	(1) 集合竞价 是指对在规定的一段时间内接受的买卖申报一次性集中撮合的竞价方式。根据我国证券交易所的相关规定，集合竞价确定成交价的原则为： ① 可实现最大成交量的价格。 ② 高于该价格的买入申报与低于该价格的卖出申报全部成交的价格。 ③ 与该价格相同的买方或卖方至少有一方全部成交的价格。 (2) 连续竞价 是指对买卖申报逐笔连续撮合的竞价方式。连续竞价阶段的特点是，每一笔买卖委托输入交易自动撮合系统后，当即判断并进行不同的处理：能成交者予以成交；不能成交者等待机会成交；部分成交者则让剩余部分继续等待。连续竞价时，成交价格的确定原则为： ① 最高买入申报与最低卖出申报价位相同，以该价格为成交价。 ② 买入申报价格高于即时揭示的最低卖出申报价格时，以即时揭示的最低卖出申报价格为成交价。 ③ 卖出申报价格低于即时揭示的最高买入申报价格时，以即时揭示的最高买入申报价格为成交价

4.2　竞价申报时的有效申报价格范围

表2-12　竞价申报时的有效申报价格范围

项　目	内　容
实行涨跌幅限制的证券的有效申报价格范围	竞价申报时还涉及证券价格的有效申报范围。根据现行制度规定，无论买入或卖出，股票(含A、B股)、基金类证券在1个交易日内的交易价格相对上一交易日收市价格的涨跌幅度不得超过10%，其中ST股票和*ST股票价格涨跌幅度不得超过5%。涨跌幅价格的计算公式为(计算结果四舍五入至价格最小变动单位)： 涨跌幅价格=前收盘价×(1±涨跌幅比例) 另外，如果涨跌幅限制价格与前收盘价之差的绝对值低于价格最小变动单位的，以前盘价增减一个价格最小变动单位为涨跌幅限制价格。 买卖有价格涨跌幅限制的证券，在价格涨跌幅限制内的申报为有效申报，超过涨跌幅限制的申报为无效申报

续表

项目		内容
	首个交易日不实行价格涨跌幅限制的情形	上海证券交易所规定，属于下列情形之一的，首个交易日不实行价格涨跌幅限制： （1）首次公开发行上市的股票和封闭式基金。 （2）增发上市的股票。 （3）暂停上市后恢复上市的股票。 （4）证券交易所认定的其他情形 深圳证券交易所规定，属于下列情形之一的，首个交易日不实行价格涨跌幅限制： （1）首次公开发行股票上市的。 （2）暂停上市后恢复上市的。 （3）中国证监会或证券交易所认定的其他情形。
不实行涨跌幅限制的证券的有效申报价格范围	上海证券交易所的规定	根据上海证券交易所的规定，买卖无价格涨跌幅限制的证券，集合竞价阶段的有效申报价格应符合下列规定： （1）股票交易申报价格不高于前收盘价格的900%，并且不低于前收盘价格的50%。 （2）基金、债券交易申报价格最高不高于前收盘价格的150%，并且不低于前收盘价格的70%。 集合竞价阶段的债券回购交易申报无价格限制。 在上海证券交易所买卖无价格涨跌幅限制的证券，连续竞价阶段的有效申报价格应符合下列规定： （1）申报价格不高于即时揭示的最低卖出价格的110%且不低于即时揭示的最高买入价格的90%；同时不高于上述最高申报价与最低申报价平均数的130%且不低于该平均数的70%。 （2）即时揭示中无买入申报价格的，即时揭示的最低卖出价格、最新成交价格中较低者视为前项最高买入价格。 （3）即时揭示中无卖出申报价格的，即时揭示的最高买入价格、最新成交价格中较高者视为前项最低卖出价格。 当日无交易的，前收盘价格视为最新成交价格
	深圳证券交易所的规定	深圳证券交易所无涨跌幅限制证券的交易按下列方法确定有效竞价范围： （1）股票开盘集合竞价的有效竞价范围为即时行情显示的前收盘价的900%以内，连续竞价、盘中临时停牌复牌集合竞价、收盘集合竞价的有效竞价范围为最近成交价的上下10%。 （2）债券上市首日开盘集合竞价的有效竞价范围为发行价的上下30%，连续竞价、收盘集合竞价的有效竞价范围为最近成交价的上下10%；非上市首日开盘集合竞价的有效竞价范围为前收盘价的上下10%，连续竞价、收盘集合竞价的有效竞价范围为最近成交价的上下10%。 （3）债券质押式回购非上市首日开盘集合竞价的有效竞价范围为前收盘价的上下100%，连续竞价、收盘集合竞价的有效竞价范围为最近成交价的上下100%。 无价格涨跌幅限制的证券在开盘集合竞价期间没有产生成交的，连续竞价开始时，按下列方式调整有效竞价范围： （1）有效竞价范围内的最高买入申报价高于即时行情显示的前收盘价或最近成交价的，以最高买入申报价为基准调整有效竞价范围。 （2）有效竞价范围内的最低卖出申报价低于即时行情显示的前收盘价或最近成交价的，以最低卖出申报价为基准调整有效竞价范围

4.3 竞价结果

表 2－13 竞价结果

项 目	内 容
全部成交	委托买卖全部成交，证券经纪商应及时通知客户按规定的时间办理交收手续
部分成交	客户的委托如果未能全部成交，证券经纪商在委托有效期内可继续执行，直到有效期结束
不成交	客户的委托如果未能成交，证券经纪商在委托有效期内可继续执行，等待机会成交，直到有效期结束。对客户失效的委托，证券经纪商须及时将冻结的资金或证券解冻

4.4 交易费用

表 2－14 交易费用

项 目	内 容
佣金	佣金是投资者在委托买卖证券成交后按成交金额一定比例支付的费用，是证券经纪商为客户提供证券代理买卖服务收取的费用。此项费用由证券公司经纪佣金、证券交易所手续费及证券交易监督费等组成。 佣金的收费标准因交易品种、交易场所的不同而有所差异
过户费	过户费是委托买卖的股票、基金成交后，买卖双方为变更证券登记所支付的费用。这笔收入属于中国结算公司的收入，由证券经纪商在同投资者清算交收时代为扣收。 上海证券交易所和深圳证券交易所在过户费的收取上略有不同。在上海证券交易所，A 股的过户费为成交面额的 1‰，起点为 1 元；深圳证券交易所的过户费包括在交易经手费中，不向投资者单独收取。 对于 B 股，虽然没有过户费，但中国结算公司要收取结算费。在上海证券交易所，结算费是成交金额的 0.5‰；在深圳证券交易所，称为“结算登记费”，是成交金额的 0.5‰，但最高不超过 500 港元。 基金交易目前不收过户费
印花税	印花税是根据国家税法规定，在 A 股和 B 股成交后对买卖双方投资者按照规定的税率分别征收的税金。我国税收制度规定，股票成交后，国家税务机关应向成交双方分别收取印花税。为保证税源，简化缴款手续，现行的做法是由证券经纪商在同投资者办理交收过程代为扣收；然后，在证券经纪商同中国结算公司的清算、交收中集中结算；最后，由中国结算公司统一向征税机关缴纳。 2008 年 9 月 19 日，证券交易印花税只对出让方按 1‰税率征收，对受让方不再征收

命题点 5 交易结算

表 2－15 证券公司与客户之间的证券和资金的清算交收

项 目	内 容
概述	目前我国证券市场采用的是法人结算模式。法人结算是指由证券公司以法人名义在证券登记结算机构开立证券交收账户和资金交收账户，其接受客户委托代理的证券交易的清算交收均通过此账户办理。 证券公司与其客户之间的资金清算交收由证券公司自行负责完成。证券公司作为结算参与人与客户之间的清算交收，是整个结算过程不可缺少的环节

续表

<table>
<tr><th colspan="2">项　目</th><th>内　　容</th></tr>
<tr><td colspan="2">证券公司与客户之间的证券清算交收</td><td>实践中，对于证券公司与客户之间的证券清算交收，是委托中国结算公司根据成交记录按照业务规则代为办理。证券交收结果等数据由中国结算公司每日传送至证券公司，供其对账和向客户提供余额查询等服务。证券公司根据中国结算公司数据，记录客户清算交收结果</td></tr>
<tr><td rowspan="2">证券公司与客户之间的资金清算交收</td><td>证券公司和指定商业银行在资金清算交收中的职责</td><td>在“客户交易结算资金第三方存管”制度框架下，证券公司与客户之间的资金清算交收，需要由证券公司与指定商业银行(即与证券公司及其客户建立客户交易结算资金三方存管关系，签订客户交易结算资金存管合同的商业银行。简称“指定商业银行”)配合完成：
(1) 证券公司负责根据中国结算公司发送的结算数据和指定商业银行发送的客户资金存取数据完成客户资金的清算，更新客户资金账户的余额，并向指定商业银行发送客户证券交易清算数据及资金账户余额。
(2) 指定商业银行负责根据客户资金的存取数据和证券公司向其发送的证券交易清算数据完成客户管理账户余额的更新，并进行客户资金账户余额与客户管理账户余额的核对，将核对结果发送证券公司。
(3) 证券公司根据核对无误的清算结果向指定商业银行发送资金划付指令，指定商业银行根据证券公司的资金划付指令及时办理资金划付，完成客户证券交易的资金交收</td></tr>
<tr><td>资金存取及结算流程</td><td>在客户交易结算资金第三方存管模式下，证券公司与客户之间的资金存取、清算与交收过程可简要概括如下：
(1) 客户从其银行结算账户向资金账户存入交易结算资金，可以通过存管银行提供的电话银行、网上银行、柜面服务、多媒体自助终端等方式发出转账指令，也可以通过证券公司提供的电话委托、网上交易、自助委托等方式发出转账指令；指定商业银行系统根据客户转账指令启动客户资金转账交易。该交易启动后，银行将减少客户银行结算账户余额，相应增加客户管理账户余额和证券公司客户交易结算资金汇总账户余额，证券公司同步更新客户管理账户对应的资金账户余额。
(2) 客户证券交易由证券公司单方发起。客户通过证券公司的资金账户及密码，采用证券公司提供的委托手段进行交易。
(3) 证券公司接到客户委托买卖指令后对客户账户内资金和证券进行校验。校验通过后证券公司向交易所报送交易指令。
(4) 中国结算公司根据交易所当日成交数据生成清算交收文件，并将清算交收文件发给证券公司。
(5) 证券公司根据中国结算公司提供的清算交收数据及指定商业银行提供的客户交易结算资金存取数据，完成客户资金的清算，更新客户资金账户的余额。并向指定商业银行发送客户证券交易清算数据及资金账户余额。
(6) 指定商业银行根据客户资金的存取数据和证券公司向其发送的证券交易清算数据完成客户管理账户余额的更新，并进行客户资金账户余额与客户管理账户余额的核对，将核对结果发送证券公司。
(7) 证券公司根据核对无误的清算结果制作资金划付指令发送给指定商业银行。
(8) 指定商业银行根据证券公司的资金划付指令办理交收资金划付。
(9) 客户证券交易结算资金的取出，只能通过转账的方式转入其在存管银行开立的同名银行结算账户，再通过银行结算账户办理资金的提取或划转。指定商业银行系统根据客户转账指令启动客户资金转账交易，通过指定商业银行与证券公司联网系统获取证券公司对客户取出资金的校验结果。如双方校验通过，指定商业银行将减少客户管理账户余额和证券公司客户交易结算资金汇总账户余额，相应增加客户银行结算账户余额，证券公司同步更新客户管理账户对应的资金账户余额</td></tr>
</table>

【经典真题详解】

一、单项选择题(以下备选答案中只有一项最符合题目要求)

1. 下列(　　)不属于证券交易中接受报价的方式。【2011 年 3 月真题】

A. 电脑报价　　B. 间接报价　　C. 书面报价　　D. 口头报价

【答案】B　证券交易所在证券交易中接受报价的方式主要有口头报价、书面报价和电脑报价三种。

2. 我国上海证券交易所于(　　)年起开始实行指定交易制度。【2011 年 3 月真题】

A. 1992　　B. 1998　　C. 1999　　D. 2009

【答案】B　对于在上海证券交易所交易的证券，其托管制度是和指定交易制度联系在一起的，指定交易制度于 1998 年 4 月 1 日起推行。

3. 下列不属于证券交易委托指令的基本要素的是(　　)。【2011 年 3 月真题】

A. 签名　　B. 有效期　　C. 买卖方向　　D. 交易地点

【答案】D　证券交易委托指令的基本要素主要包括：(1)证券账号；(2)日期；(3)品种；(4)买卖方向；(5)数量；(6)价格；(7)时间；(8)有效期；(9)签名；(10)其他内容。

4. 有甲、乙、丙、丁四个投资者，均申请报卖出 Y 股票，申报价格和申报时间分别为：甲的卖出价为 9. 80 元，时间是 14：35；乙的卖出价为 9. 75 元，时间是 14：40；丙的卖出价为 9. 85 元，时间是 14：25；丁的卖出价为 9. 75 元，时间是 14：39。则四位投资者交易的优先顺序为(　　)。【2011 年 3 月真题】

A. 丁、乙、甲、丙　　B. 丁、乙、丙、甲

C. 丙、甲、丁、乙　　D. 丙、甲、乙、丁

【答案】A　证券交易所内的证券交易按“价格优先、时间优先”原则竞价成交。成交时价格优先的原则为：较高价格买入申报优先于较低价格买入申报，较低价格卖出申报优先于较高价格卖出申报。成交时时间优先的原则为：买卖方向、价格相同的，先申报者优先于后申报者。先后顺序按证券交易所交易主机接受申报的时间确定。由此可知，这四位投资者交易的优先顺序为丁、乙、甲、丙，故选 A。

5. 下列(　　)是填写委托单的第一要点。[2010 年 12 月真题]

A. 价格　　B. 品种　　C. 证券账号　　D. 交割日期

【答案】B　委托指令的基本要素中的品种是指客户委托买卖证券的名称，也是填写委托单的第一要点。

6. 证券公司同时接受两个以上委托人买进与卖出相同种类、数量、价格的委托时，下列说法正确的是(　　)。【2010 年 12 月真题】

A. 可以自行对冲　　B. 分别向交易所申报竞价

C. 与委托人协商对冲　　D. 报交易所批准后对冲

【答案】B　我国现行的法规规定，证券经纪商不得接受代替客户决定买卖证券数量、种类、价格及买入或卖出的全权委托，也不得将营业场所延伸到规定场所以外。同一证券公司在同时接受两个以上委托人就相同种类、相同数量的证券按相同价格分别作委托买入和委托卖出时，不得自行对冲成交，必须分别进场申报竞价成交。

二、多项选择题(以下备选答案中有两项或两项以上符合题目要求)

1. 关于开立证券账户，下列表述正确的有(　　)。【2011 年 3 月真题】

A. 开立证券账户应坚持合法性、真实性原则

B. 投资者开立证券账户时所提供的资料必须真实有效，不得有虚假隐匿

C. 一个自然人只能开立一个上海 A 股账户，但能开立多个深圳 A 股账户

D. 对于同一类别和用途的证券账户，原则上一个自然人、法人只能开立一个

【答案】ABD　《证券账户管理规则》规定，一个自然人、法人可以开立不同类别和用途的证券账户。对于同一类别和用途的证券账户，原则上一个自然人、法人只能开立一个。故 C 项表述错误。

2. 下列关于上海证券交易所交易证券的托管制度的表述正确的有(　　)。【2011 年 3 月真题】

A. 其交易证券的托管制度可概括为：自动托管，随处通买，哪买哪卖，转托不限

B. 其托管制度和指定交易制度联系在一起

C. 投资者在办理指定交易时，须通过其委托的交易参与人向上海证券交易所交易系统申报证券账户的指定交易指令，申报经上海证券交易所交易系统确认后即时生效

D. 未办理指定交易的投资者的证券暂由中国结算公司上海分公司托管，其红利、股息、债息、债券兑付款在办理指定交易后可领取

【答案】BCD　深圳证券交易所交易证券的托管制度可概括为：自动托管，随处通买，哪买哪卖，转托不限。A 项不符合题意。

3. 下列买入股票、基金、权证的申报数量属于有效申报的有(　　)。【2010 年 12 月真题】

A. 600 股　　B. 2080 股　　C. 350 股　　D. 1400 股

【答案】AD　证券交易所竞价交易中，买入股票、基金、权证的申报数量必须为 100 股(份)或其整数倍；而卖出股票、基金、权证，余额不足 100 股(份)的部分应一次性申报卖出。

三、判断题(正确的用 A 表示，错误的用 B 表示)

1. 个人投资者可以用化名开设资金账户。(　　)【2011 年 3 月真题】

【答案】B　投资者开立证券账户时所提供的资料必须真实有效，不得有虚假隐匿。目前，投资者在我国证券市场上进行证券交易时采用实名制。

2. 在深圳证券交易所证券交易的托管制度下，投资者在一家证券营业部买入证券后，可以利用同一证券账户在任意一家证券营业部卖出该证券。(　　)【2011 年 3 月真题】

【答案】B　深圳证券交易所交易证券的托管制度可概括为：自动托管，随处通买，哪买哪卖，转托不限。投资者可以利用同一证券账户在国内任意一家证券营业部买入证券。投资者要卖出证券，必须到证券托管营业部方能进行(在哪里买入就在哪里卖出)。

3. 委托人在委托有效期内有权变更或撤销原来的委托指令。(　　)【2010 年 12 月真题】

【答案】B　在委托未成交之前，客户有权变更和撤销委托。证券营业部申报竞价成交后，买卖即告成立，成交部分不得撤销。

4. 根据现行制度规定，A 股的佣金根据成交金额按比例收取，起点为 10 元。(　　)【2010 年 12 月真题】

【答案】B　佣金是投资者在委托买卖证券成交后按成交金额一定比例支付的费用，是证券经纪商为客户提供证券代理买卖服务收取的费用。A 股、证券投资基金每笔交易佣金

不足 5 元的，按 5 元收取；B 股每笔交易佣金不足 1 美元或 5 港元的，按 1 美元或 5 港元收取。

5. 证券交易交收的实质是依据清算结算结果实现证券与价款的收付，从而结束整个交易过程。(　　)［2010 年 12 月真题］

【答案】A

6. 过户费是委托买卖的股票、基金成交后，买卖双方为变更股权登记所支付的费用，这笔收入属于证券公司的收入。(　　)［2010 年 12 月真题］

【答案】B　过户费是委托买卖的股票、基金成交后，买卖双方为变更证券登记所支付的费用。这笔收入属于中国结算公司的收入，由证券经纪商在同投资者清算交收时代为扣收。

7. 委托人的委托如果未能成交，证券公司在委托有效期内可以继续执行，等待机会成交，直到有效期结束。对委托人失效的委托，证券公司须及时将冻结的资金或证券解冻。(　　)【2010 年 10 月真题】

【答案】A

第三章　特别交易事项及其监管

【命题点规律】

根据对近年考试大纲及考试命题进行总结发现，本章的命题规律具体表现在以下几点：

1. 上海证券交易所大宗交易和深圳证券交易所综合协议交易平台业务的有关规定是常考的内容。

2. 回转交易制度、股票交易特别处理规定、中小企业板股票暂停上市、终止上市特别规定、证券交易所上市证券挂牌、摘牌、停牌与复牌的规则是本章的命题采分点。

3. 开盘价、收盘价的产生方式、证券除权(息)的处理办法和除权(息)参考价的计算方法，证券交易所关于交易行为监督的规定是重要的考核点。

4. 证券交易异常情况的处理规定；固定收益证券综合电子平台的交易规定是需要了解的内容。

5. 证券交易所交易信息发布及管理规则、合格境外机构投资者证券交易管理的有关规定是需要熟记的内容。

【命题点解读】

命题点1　特别交易规定与交易事项

1.1　特别交易规定

表3-1　大宗交易

项　目	内　　容
含义	大宗交易是指单笔数额较大的证券买卖。 我国现行有关交易制度规定，如果证券单笔买卖申报达到一定数额的，证券交易所可以采用大宗交易方式进行交易。按照规定，证券交易所可以根据市场情况调整大宗交易的最低限额
上海证券交易所大宗交易	上海证券交易所交易规则规定，在上海证券交易所进行的证券买卖符合以下条件的，可以采用大宗交易方式： (1) A股单笔买卖申报数量应当不低于50万股，或者交易金额不低于300万元人民币。 (2) B股单笔买卖申报数量应当不低于50万股，或者交易金额不低于30万元美元。 (3) 基金大宗交易的单笔买卖申报数量应当不低于300万份，或者交易金额不低于300万元人民币。 (4) 国债及债券回购大宗交易的单笔买卖申报数量应当不低于1万手，或者交易金额不低于1000万元人民币。

续表

项　目	内　　容
上海证券交易所大宗交易	(5) 其他债券单笔买卖申报数量应当不低于1000手，或者交易金额不低于100万元人民币。 大宗交易的申报包括意向申报和成交申报。 买方和卖方就大宗交易达成一致后，买卖双方的成交申报分别通过各自委托会员的席位进行。 大宗交易的成交申报须经证券交易所确认。 大宗交易不纳入证券交易所即时行情和指数的计算，成交量在大宗交易结束后计入当日该证券成交总量。 2008年5月，上海证券交易所还推出了大宗交易系统专场业务
深圳证券交易所综合协议交易平台业务	深圳证券交易所为提高大宗交易市场效率，丰富交易服务手段，自2009年1月12日起，启用综合协议交易平台(以下简称"协议平台")，取代原有大宗交易系统。协议平台是指交易所为会员和合格投资者进行各类证券大宗交易或协议交易提供的交易系统。 (1) 根据《深圳证券交易所综合协议交易平台业务实施细则》的规定，下列交易可以通过协议平台进行： ① 权益类证券大宗交易，包括A股、B股、基金等。 ② 债券大宗交易，包括国债、企业债券、公司债券、分离交易的可转换公司债券、可转换公司债券和债券质押式回购等。 ③ 专项资产管理计划收益权份额协议交易(简称"专项资产管理计划协议交易")。 ④ 交易所规定的其他交易。 (2) 根据《深圳证券交易所交易规则》的规定，在深圳证券交易所进行的证券买卖符合以下条件的，可以采用大宗交易方式： ① A股单笔交易数量不低于50万股，或者交易金额不低于300万元人民币。 ② B股单笔交易数量不低于5万股，或者交易金额不低于30万元港币。 ③ 基金单笔交易数量不低于300万份，或者交易金额不低于300万元人民币。 ④ 债券单笔现货交易数量不低于5000张(以100元人民币面额为1张)，或者交易金额不低于50万元人民币。 ⑤ 债券单笔质押式回购交易数量不低于50000张(以人民币100元面额为1张)，或者交易金额不低于50万元人民币。 ⑥ 多只A股合计单向买入或卖出的交易金额不低于500万元人民币，且其中单只A股的交易数量不低于20万股。 ⑦ 多只基金合计单向买入或卖出的交易金额不低于500万元人民币，且其中单只基金的交易数量不低于100万份。 ⑧ 多只债券合计单向买入或卖出的交易金额不低于100万元人民币，且其中单只债券的交易数量不低于2000张。 协议平台接受交易用户申报的时间为每个交易日9:15～11:30、13:00～15:30。申报当日有效。当天全天停牌的证券，协议平台不接受其有关申报。 协议平台接受交易用户申报的类型包括意向申报、定价申报、双边报价、成交申报和其他申报。 (3) 协议平台按不同业务类型分别确认成交。 (4) 协议平台对申报价格和数量一致的成交申报和定价申报进行成交确认。 (5) 交易所每个交易日通过协议平台、交易所网站等方式对外发布协议平台交易信息

表 3－2　回转交易

项　　目	内　　　　　　　　容
概念	证券的回转交易是指投资者买入的证券，经确认成交后，在交收完成前全部或部分卖出
相关规定	根据我国现行有关交易制度规定，债券竞价交易和权证交易实行当日回转交易，即投资者可以在交易日的任何营业时间内反向卖出已买入但未完成交收的债券和权证；B 股实行次交易日起回转交易。深圳证券交易所对专项资产管理计划收益权份额协议交易也实行当日回转交易

表 3－3　股票交易的特别处理

项　　目	内　　　　　　　　容
警示存在终止上市风险的特别处理	退市风险警示的处理措施包括： （1）在公司股票简称前冠以“＊ST”字样，以区别于其他股票。 （2）股票报价的日涨跌幅限制为 5%。 上市公司出现以下情形之一的，证券交易所对其股票交易实行退市风险警示： （1）最近 2 年连续亏损（以最近 2 年年度报告披露的当年经审计净利润为依据）。 （2）因财务会计报告存在重大会计差错或虚假记载，公司主动改正或被中国证监会责令改正，对以前年度财务会计报告进行追溯调整，导致最近 2 年连续亏损。 （3）因财务会计报告存在重大会计差错或虚假记载，被中国证监会责令改正，在规定期限内未改正，且公司股票已停牌 2 个月。 （4）在法定期限内未披露年度报告或者中期报告，且公司股票已停牌 2 个月。 （5）因出现股权分布发生变化导致连续 20 个交易日不具备上市条件的情形，公司在规定期限内提出股权分布问题解决方案，经证券交易所同意其实施。 （6）出现可能导致公司解散的情形。 （7）法院受理公司破产案件，可能依法宣告公司破产。 （8）证券交易所认定的其他存在退市风险的情形。 上市公司应当在股票交易实行退市风险警示之前 1 个交易日发布公告。公告应当包括以下内容： ① 股票的种类、简称、证券代码以及实行退市风险警示的起始日。 ② 实行退市风险警示的主要原因。 ③ 公司董事会关于争取撤销退市风险警示的意见及具体措施。 ④ 股票可能被暂停或终止上市的风险提示。 ⑤ 实行退市风险警示期间公司接受投资者咨询的主要方式。 ⑥ 中国证监会和证券交易所要求的其他内容。 当上市公司消除退市风险的情形后，证券交易所可撤销其退市风险警示；否则，公司将面临终止上市风险
其他特别处理	其他特别处理的处理措施包括： （1）在公司股票简称前冠以“ST”字样，以区别于其他股票。 （2）股票报价的日涨跌幅限制为 5%。 上市公司出现以下情形之一的，证券交易所对其股票交易实行其他特别处理： （1）最近一个会计年度的审计结果显示其股东权益为负。 （2）最近一个会计年度的财务会计报告被注册会计师出具无法表示意见或否定意见的审计报告。

续表

项目	内容
其他特别处理	(3) 上市公司因2年连续亏损而实行退市风险警示，以后亏损情形消除，于是按规定申请撤销退市风险警示并获准，但其最近一个会计年度的审计结果显示主营业务未正常运营，或扣除非经常性损益后的净利润为负值。 (4) 公司生产经营活动受到严重影响且预计在3个月以内不能恢复正常。 (5) 公司主要银行账号被冻结。 (6) 公司董事会无法正常召开会议并形成董事会决议。 (7) 公司向控股股东或其关联方提供资金或违反规定程序对外提供担保且情形严重的。 (8) 中国证监会或证券交易所认定为状况异常的其他情形
中小企业板股票的退市风险警示处理	中小企业板上市公司出现下列情形之一的，深圳证券交易所对其股票交易实行退市风险警示： (1) 最近一个会计年度的审计结果显示其股东权益为负值。 (2) 最近一个会计年度被注册会计师出具否定意见的审计报告，或者被出具了无法表示意见的审计报告而且深圳证券交易所认为情形严重的。 (3) 最近一个会计年度的审计结果显示公司对外担保余额(合并报表范围内的公司除外)超过1亿元且占净资产值的100%以上(主营业务为担保的公司除外)。 (4) 最近一个会计年度的审计结果显示公司违法违规为其控股股东及其他关联方提供的资金余额超过2000万元或者占净资产值的50%以上。 (5) 公司受到深圳证券交易所公开谴责后，在24个月内再次受到深圳证券交易所公开谴责。 (6) 连续20个交易日，公司股票每日收盘价均低于每股面值。 (7) 连续120个交易日内，公司股票通过深圳证券交易所交易系统实现的累计成交量低于300万股
创业板股票的退市风险警示和其他风险警示处理	1. 创业板上市公司出现以下情形之一的，深圳证券交易所对其股票交易实行退市风险警示： (1) 最近2年连续亏损(以最近2年年度报告披露的当年经审计净利润为依据)。 (2) 因财务会计报告存在重要的前期差错或者虚假记载，公司主动改正或者被中国证监会责令改正，对以前年度财务会计报告进行追溯调整，导致最近2年连续亏损。 (3) 最近一个会计年度的财务会计报告显示当年经审计净资产为负。 (4) 因财务会计报告存在重要的前期差错或者虚假记载，被中国证监会责令改正但未在规定期限内改正，且公司股票已停牌2个月。 (5) 未在法定期限内披露年度报告或者中期报告。 (6) 最近一个会计年度的财务会计报告被注册会计师出具否定意见或者无法表示意见的审计报告。 (7) 出现可能导致公司解散的情形。 (8) 因出现股权分布或股东人数发生变化导致连续20个交易日不具备上市条件的情形，公司在规定期限内提出股权分布或股东人数问题解决方案，经深圳证券交易所同意其实施。 (9) 公司股票连续120个交易日通过深圳证券交易所交易系统实现的累计成交量低于100万股。 (10) 法院依法受理公司重整、和解或者破产清算申请。 (11) 深圳证券交易所认定的其他存在退市风险的情形。

续表

项　目	内　容
创业板股票的退市风险警示和其他风险警示处理	创业板上市公司也应当在股票交易实行退市风险警示之前一个交易日发布公告。 2. 创业板上市公司出现以下情形之一的，深圳证券交易所有权对股票交易实行其他风险警示处理： （1）按照有关规定申请并获准撤销退市风险警示的公司或者按照规定申请并获准恢复上市的公司，其最近一个会计年度的审计结果显示主营业务未正常运营或者扣除非经常性损益后的净利润为负值。 （2）公司生产经营活动受到严重影响且预计在3个月以内不能恢复正常。 （3）公司主要银行账号被冻结。 （4）公司董事会无法正常召开会议并形成董事会决议。 （5）中国证监会或者深圳证券交易所认定的其他情形

1.2　特殊交易事项

表3-4　开盘价和收盘价

项　目		内　容
开盘价		证券交易所证券交易的开盘价为当日该证券的第一笔成交价。证券的开盘价通过集合竞价方式产生。不能产生开盘价的，以连续竞价方式产生。按集合竞价产生开盘价后，未成交的买卖申报仍然有效，并按原申报顺序自动进入连续竞价
收盘价	上海证券交易所	上海证券交易所证券交易的收盘价为当日该证券最后一笔交易前1分钟所有交易的成交量加权平均价（含最后一笔交易）。当日无成交的，以前收盘价为当日收盘价
	深圳证券交易所	深圳证券交易所证券的收盘价通过集合竞价的方式产生。收盘集合竞价不能产生收盘价的，或未进行收盘集合竞价的，以当日该证券最后一笔交易前1分钟所有交易的成交量加权平均价（含最后一笔交易）为收盘价。当日无成交的，也以前收盘价为当日收盘价

表3-5　上市证券挂牌、摘牌、停牌与复牌

项　目	内　容
挂牌	挂牌是指证券被列入证券牌价表，并允许进行交易。在我国，证券交易所对上市证券实施挂牌交易
摘牌	摘牌是指将证券从证券牌价表中剔除，不允许再进行交易。证券上市期届满或依法不再具备上市条件的，证券交易所要终止其上市交易，予以摘牌
停牌与复牌	停牌是指证券仍然位于证券牌价表中，但停止进行交易。 复牌是指处于停牌中的证券恢复进行交易。 股票、封闭式基金交易出现异常波动的，证券交易所可以对相关证券实施停牌。证券交易所还可以对涉嫌违法违规交易的证券实施特别停牌予以公告，相关当事人应按照证券交易所的要求提交书面报告。停牌及复牌的时间和方式由证券交易所决定，此外，证券交易所也可以按规定针对出现的特定的证券交易情形，实施盘中临时停牌措施。 证券停牌时，证券交易所发布的行情中包括该证券的信息；证券摘牌后，行情信息中无该证券的信息

1.3 证券除权(息)和除权(息)价

表3-6 证券除权(息)和除权(息)价

项　目	内　容
证券除权(息)	当上市公司实施送股、配股或诉息时，每股股票所代表的企业实际价值(每股净资产)就可能减少，因此需要在发生该事实之后股票市场价格中剔除这部分因素。因送股或配股而形成的剔除行为称为"除权"，因派息而引起的剔除行为称为"除息"
除权(息)价	除权(息)日该证券的前收盘价改为除权(息)日除权(息)价。除权(息)价的计算公式为： 除权(息)价=[(前收盘价-现金红利)+配股价格×股份变动比例]÷(1+股份变动比例)

表3-7 交易异常情况的处理

项　目	内　容
含义	证券交易所交易异常情况是指导致或可能导致证券交易所证券交易全部或者部分不能正常进行的情形。 证券交易所证券交易全部或者部分不能正常进行是指无法正常开始交易、无法连续交易、交易结果异常、交易无法正常结束等情形
异常情况的处理	交易异常情况出现后，证券交易所将及时向市场公告，并可视情况需要单独或者同时采取技术性停牌、临时停市、暂缓进入交收等措施。证券交易所采取这些措施，要及时报告中国证监会。对技术性停牌或临时停市的决定，证券交易所要通过网站及相关媒体及时予以公告。技术性停牌或临时停市原因消除后，证券交易所可以决定恢复交易，并向市场公告

1.4 固定收益证券综合电子平台

表3-8 固定收益证券综合电子平台

项　目	内　容
含义	固定收益平台主要进行固定收益证券的交易，包括交易商之间的交易和交易商与客户之间的交易两种
交易商	上海证券交易所固定收益平台的交易商有两种： (1) 交易商 指经过上海证券交易所核准，取得固定收益平台交易参与资格的证券公司、基金管理公司、财务公司、保险资产管理公司及其他机构。 (2) 一级交易商 指经过上海证券交易所核准，在固定收益平台交易中持续提供双边报价及对询价提供成交报价(以下简称"做市")的交易商。显然，对一级交易商的要求会更高，必须具备做市能力
固定收益证券交易	固定收益平台的交易时间为9:30~11:30、13:00~14:00。 交易商参加固定收益平台交易前，应通过固定收益平台注册可用于交易的证券账户。 在固定收益平台进行的固定收益证券现券交易实行净价申报，申报价格变动单位为0.001元，申报数量单位为手(1手为1000元面值)。交易价格实行涨跌幅限制，涨跌幅比例为10%。涨跌幅价格计算公式为： 涨跌幅价格=前一交易日参考价格×(1±10%) 固定收益平台交易采用报价交易和询价交易两种方式。报价交易中，交易商可以匿名或实名方式申报；询价交易中，交易商须以实名方式申报。 固定收益平台对外公开发布确定报价信息和成交行情

命题点2　交易信息和交易行为的监督与管理

2.1　交易信息

表3-9　交易信息

<table>
<tr><th colspan="2">项　目</th><th>内　　容</th></tr>
<tr><td colspan="2">即时行情</td><td>上海证券交易所规定，开盘集合竞价期间，即时行情内容包括：证券代码、证券简称、前收盘价格、虚拟开盘参考价格、虚拟匹配量和虚拟未匹配量。
深圳证券交易所规定，开盘、收盘集合竞价期间的即时行情内容包括：证券代码、证券简称、集合竞价参考价格、匹配量和未匹配量等。
连续竞价期间，上海证券交易所和深圳证券交易所的即时行情内容包括：证券代码、证券简称、前收盘价格、最新成交价格、当日最高成交价格、当日最低成交价格、当日累计成交数量、当日累计成交金额、实时最高5个买入申报价格和数量、实时最低5个卖出申报价格和数量。
对于首次上市证券在上市首日的前收盘价格，上海证券交易所规定，首次上市证券上市首日，其即时行情显示的前收盘价格为其发行价(证券交易所另有规定的除外)。深圳证券交易所则规定，首次上市股票、债券上市首日，其即时行情显示的前收盘价为其发行价，基金为其前一日基金份额净值(四舍五入至0.001元)</td></tr>
<tr><td colspan="2">证券指数</td><td>上海证券交易所和深圳证券交易所都编制综合指数、成分指数、分类指数等证券指数，以反映证券交易总体价格或某类证券价格的变动和走势，随即时行情发布。
证券指数的编制遵循公开透明的原则。证券指数设置和编制的具体方法由证券交易所规定。
上海证券交易所目前公布的股票价格指数有样本指数类、综合指数类和分类指数类三大类。样本指数类包括上证成分股指数、上证50指数、上证红利指数等；综合指数类包括上证综合指数、新上证综合指数；分类指数类包括A股指数、B股指数及工业类指数、商业类指数、地产类指数、公用事业类指数、综合类指数。公布的债券价格指数和基金价格指数有上证国债指数、上证企业债指数、上证基金指数等。
深圳证券交易所目前公布的股票价格指数也有样本指数类、综合指数类和分类指数类三大类。样本指数类包括深证成分股指数、深证A股指数、深证B股指数、深证100指数；综合指数类包括深证综合指数、深证新指数、中小企业板指数；分类指数类包括农林牧渔指数、采掘业指数、制造业指数、水电煤气指数、建筑业指数、运输仓储指数、信息技术指数、批发零售指数、金融保险指数、房地产指数、社会服务指数、传播文化指数、综合类指数。公布的基金价格指数有深证基金指数</td></tr>
<tr><td>证券交易公开信息</td><td>对于有价格涨跌幅限制的证券</td><td>对于有价格涨跌幅限制的股票、封闭式基金竞价交易出现下列情形之一的，证券交易所分别公布相关证券当日买入、卖出金额最大的5家会员营业部(深圳证券交易所是营业部或交易单元)的名称及其买入、卖出金额：
(1) 日收盘价格涨跌幅偏离值达到±7%的各前3只股票(深圳证券交易所为前5只证券)。
(2) 日价格振幅达到15%的前3只股票(深圳证券交易所为前5只证券)。
(3) 日换手率达到20%的前3只股票(深圳证券交易所为前5只证券)</td></tr>
</table>

续表

<table>
<tr><th colspan="2">项 目</th><th>内 容</th></tr>
<tr><td rowspan="3">证券交易公开信息</td><td>对于无价格涨跌幅限制的证券</td><td>不实行价格涨跌幅限制的证券，证券交易所公布其当日买入、卖出金额最大的5家会员营业部(深圳证券交易所是营业部或交易单元)的名称及其买入、卖出金额</td></tr>
<tr><td>对于证券交易异常波动</td><td>股票、封闭式基金竞价交易出现下列情形之一的，属于异常波动，证券交易所分别公告该股票、封闭式基金交易异常波动期间累计买入、卖出金额最大5家会员营业部(深圳证券交易所是营业部或交易单元)的名称及其累计买入、卖出金额：
(1) 连续3个交易日内日收盘价格涨跌幅偏离值累计达到±20%的。
(2) ST股票和＊ST股票连续3个交易日内日收盘价格涨跌幅偏离值累计达到±15%(深圳证券交易所为±12%)的。
(3) 连续3个交易日内日均换手率与前5个交易日的日均换手率的比值达到30倍，并且该股票、封闭式基金连续3个交易日内的累计换手率达到20%的。
(4) 证券交易所或中国证监会认定属于异常波动的其他情形</td></tr>
<tr><td>对于证券实施特别停牌</td><td>上海证券交易所对涉嫌违法违规交易的证券实施特别停牌的，根据需要可以公布以下信息：
(1) 成交金额最大的5家会员营业部的名称及其买入、卖出数量和买入、卖出金额。
(2) 股份统计信息。
(3) 上海证券交易所认为应披露的其他信息</td></tr>
</table>

2.2 交易行为监督

表3-10 交易行为监督

项 目	内 容
证券交易所对证券交易实时监控事项	《上海证券交易所交易规则》规定，上海证券交易所对下列可能影响证券交易价格或者证券交易量的异常交易行为，予以重点监控： (1) 可能对证券交易价格产生重大影响的信息披露前，大量买入或者卖出相关证券。 (2) 以同一身份证明文件、营业执照或其他有效证明文件开立的证券账户之间，大量或者频繁进行互为对手方的交易。 (3) 委托、授权给同一机构或者同一个人代为从事交易的证券账户之间，大量或者频繁进行互为对手方的交易。 (4) 两个或两个以上固定的或涉嫌关联的证券账户之间，大量或者频繁进行互为对手方的交易。 (5) 大笔申报、连续申报或者密集申报，以影响证券交易价格。 (6) 频繁申报或频繁撤销申报，以影响证券交易价格或其他投资者的投资决定。 (7) 巨额申报，且申报价格明显偏离申报时的证券市场成交价格。 (8) 一段时期内进行大量且连续的交易。 (9) 在同一价位或者相近价位大量或者频繁进行回转交易。 (10) 大量或者频繁进行高买低卖交易。 (11) 进行与自身公开发布的投资分析、预测或建议相背离的证券交易。 (12) 在大宗交易中进行虚假或其他扰乱市场秩序的申报。 (13) 证券交易所认为需要重点监控的其他异常交易

续表

项　目	内　容
证券交易所对证券交易实时监控事项	《深圳证券交易所交易规则》规定，深圳证券交易所对证券交易中的下列事项，予以重点监控： （1）涉嫌内幕交易、操纵市场等违法违规行为。 （2）证券买卖的时间、数量、方式等受到法律、行政法规、部门规章和规范性文件及深圳证券交易所业务规则等相关规定限制的行为。 （3）可能影响证券交易价格或者证券交易量的异常交易行为。 （4）证券交易价格或者证券交易量明显异常的情形。 （5）深圳证券交易所认为需要重点监控的其他事项
出现异常交易行为需采取的措施	证券交易所会员如果发现投资者的证券交易出现上述所列的异常交易行为之一，且可能严重影响证券交易秩序的，应当予以提醒，并及时向证券交易所报告。对情节严重的异常交易行为，证券交易所可以视情况采取下列措施： （1）口头或书面警示。 （2）约见谈话。 （3）要求相关投资者提交书面承诺。 （4）限制相关证券账户交易。 （5）报请中国证监会冻结相关证券账户或资金账户。 （6）上报中国证监会查处。 如果相关人对第(4)项措施有异议的，可以向证券交易所提出复核申请。复核期间不停止相关措施的执行。 限制证券账户交易的措施包括：限制买入指定证券或全部交易品种(但允许卖出)；限制卖出指定证券或全部交易品种(但允许买入)；限制买入和卖出指定证券或全部交易品种

2.3　合格境外机构投资者证券交易管理

表 3－11　合格境外机构投资者证券交易管理

项　目	内　容
概述	在我国，合格境外机构投资者(以下简称“合格投资者”)境内证券投资制度启动于2002年年底
投资运作的一般规定	合格投资者应当委托境内商业银行作为托管人托管资产(每个合格投资者只能委托1个托管人，并可以更换托管人)，委托境内证券公司办理在境内的证券交易活动(每个合格投资者可分别在上海、深圳证券交易所委托3家境内证券公司进行证券交易)。中国证监会依法对合格投资者的境内证券投资实施监督管理，国家外汇管理局依法对合格投资者境内证券投资有关的投资额度、资金汇出入等实施外汇管理。 合格投资者可以委托在境内设立的证券公司等投资管理机构，进行境内证券投资管理。 合格投资者的境内股票投资，应当遵守中国证监会规定的持股比例限制和国家其他有关规定
交易管理	上海证券交易所和深圳证券交易所对合格投资者证券交易管理的规则基本相同。所有合格投资者持有同一上市公司挂牌交易A股数额，合计达到该公司总股本的16%及其后每增加2%时，证券交易所于该交易日结束后通过交易所网站，公布合格投资者已持有该公司挂牌交易A股的总数及其占公司总股本的比例。 合格投资者对超过持股限定比例的股份未按规定进行处理的，证券交易所及中国结算公司有权通知受托的证券公司及托管人实施平仓，并可对该合格投资者予以警告、公开谴责等处分。情节严重的，报中国证监会查处

【经典真题详解】

一、单项选择题(以下备选答案中只有一项最符合题目要求)

1. 根据上海证券交易所现行大宗交易规定，A 股大宗交易的申报最低限额为(　　)。【2011 年 3 月真题】

A. 数量不低于 20 万股　　B. 数量不低于 50 万股

C. 交易金额不低于 500 万元人民币　　D. 交易金额不低于 100 万元人民币

【答案】B　根据《上海证券交易所交易规则》的规定，在上海证券交易所进行的证券买卖，A 股单笔买卖申报数量应当不低于 50 万股，或者交易金额不低于 300 万元人民币的条件下可以采用大宗交易方式。

2. 根据我国现行的交易规则，证券交易所证券交易的开盘价为(　　)。【2011 年 3 月真题】

A. 当日该证券的第一笔成交价　　B. 当日该证券的第一笔卖出委托价

C. 当日该证券的第一笔买入委托价　　D. 该证券上一交易日的最后一笔成交价

【答案】A　根据我国现行的交易规则，证券交易所证券交易的开盘价为当日该证券的第一笔成交价。证券的开盘价通过集合竞价方式产生。不能产生开盘价的，以连续竞价方式产生。

3. 某 A 股的除权(息)日的前收盘价为 50 元/股，送配方案每 10 股配 5 股，配股价为 20 元/股，则该股除权价为(　　)元/股。【2010 年 12 月真题】

A. 46.6　　B. 60　　C. 40　　D. 70

【答案】C　根据题意，现金红利为 0，按照除权(息)参考价的计算公式，可得：

除权(息)价 = [(前收盘价 - 现金红利) + 配股价格 × 股份变动比例] ÷ (1 + 股份变动比例) = [(50 - 0) + 20 × 0.5] ÷ (1 + 0.5) = 40 元/股。

二、多项选择题(以下备选答案中有两项或两项以上符合题目要求)

1. 根据我国现行的交易规则，关于证券交易所证券交易的开盘价，下列说法正确的有(　　)。【2011 年 3 月真题】

A. 按集合竞价产生开盘价后，未成交的买卖申报自动失效

B. 按集合竞价产生开盘价后，未成交的买卖申报仍然有效，并按原申报顺序自动进入连续竞价

C. 证券的开盘价通过集合竞价方式产生，不能产生开盘价的，以前收盘价为开盘价

D. 证券的开盘价通过集合竞价方式产生，不能产生开盘价的，以连续竞价方式产生

【答案】BD　根据我国现行的交易规则，证券交易所证券交易的开盘价为当日该证券的第一笔成交价。证券的开盘价通过集合竞价方式产生。不能产生开盘价的，以连续竞价方式产生。按集合竞价产生开盘价后，未成交的买卖申报仍然有效，并按原申报顺序自动进入连续竞价。

2. 下列关于上海证券交易所开市期间停牌的申报的说法正确的是(　　)。【2010 年 12 月真题】

A. 复牌时，对已接受的申报实行集合竞价

B. 集合竞价期间不揭示虚拟开盘参考价格、虚拟匹配量、虚拟未匹配量

C. 停牌期间，可以继续申报，也可以撤销申报

D. 停牌前的申报参加当日该证券复牌后的交易

【答案】ABCD　对于开市期间停牌的申报问题，我国证券交易所的规定是：证券开市期间停牌的，停牌前的申报参加当日该证券复牌后的交易；停牌期间，可以继续申报，也可以撤销申报；复牌时对已接受的申报实行集合竞价。其中，上海证券交易所规定，集合竞价期间不揭示虚拟开盘参考价格、虚拟匹配量、虚拟未匹配量；深圳证券交易所规定，不揭示集合竞价参考价格、匹配量和未匹配量。集合竞价产生开盘价后，以连续竞价继续当日交易。

三、判断题(正确的用A表示，错误的用B表示)

1. 境外证券经营机构设立的驻华代表处，经申请可成为我国证券交易所的特别会员。(　　)【2011年3月真题】

   【答案】A

2. 证券的开盘价通过集合竞价方式产生。(　　)【2011年3月真题】

   【答案】A

3. 上海证券交易所和深圳证券交易所每周都应发布即时行情、证券指数等交易信息。(　　)【2010年12月真题】

   【答案】B　上海证券交易所和深圳证券交易所在每个交易日都要发布包括证券交易即时行情、证券指数、证券交易公开信息等交易信息。证券交易所还要编制反映市场成交情况的各类日报表、周报表、月报表和年报表，并及时向社会公布。

4. 上海证券交易所B股单笔买卖申报数量应当不低于50万股，或者交易金额不低于50万港币的可以采用大宗交易方式。(　　)【2010年10月真题】

   【答案】B　根据《上海证券交易所交易规则》的规定，上海证券交易所B股单笔买卖申报数量应当不低于50万股，或者交易金额不低于30万美元的可以采用大宗交易方式。

第四章　证券经纪业务

【命题点规律】

根据对近年考试大纲及考试命题进行总结发现，本章的命题规律具体表现在以下方面：

1. 证券经纪业务的含义和特点、证券经纪关系的确立过程、客户证券交易结算资金第三方存管的主要内容是必考的知识点。

2. 证券经纪业务运营主要环节的管理要求和操作规范、投资者教育和适当性管理的重点内容是需要熟记的内容。

3. 证券经纪业务营销的主要内容和实务、证券经纪业务营销监管的基本要求是重要的考核点。

4. 证券经纪业务的风险种类；经纪业务的风险防范措施；经纪业务的监管措施与法律责任是需要了解的内容。

本章新考纲增加了三个需要“熟悉”的考点，即“证券投资顾问服务的重点内容”，“经纪业务的风险防范措施”，“经纪业务监管的一般要求”，应引起重视。

【命题点解读】

命题点 1　证券经纪业务的含义、特点及证券经纪关系的建立

1.1　证券经纪业务的含义和特点

表 4－1　证券经纪业务的含义和特点

项　目	内　　容
含义	证券经纪业务是指证券公司通过其设立的证券营业部，接受客户委托，按照客户的要求代理客户买卖证券的业务。 在证券经纪业务中，证券公司不赚取买卖差价，只收取一定比例的佣金作为业务收入。 证券经纪业务可分为柜台代理买卖和证券交易所代理买卖两种。从我国证券经纪业务的实际内容来看，柜台代理买卖比较少。因此，证券经纪业务目前主要是指证券公司按照客户的委托，代理其在证券交易所买卖证券的有关业务。 在证券经纪业务中，包含的要素有：委托人、证券经纪商、证券交易所和证券交易对象
特点	（1）业务对象的广泛性。 （2）证券经纪商的中介性。 （3）客户指令的权威性。 （4）客户资料的保密性

1.2　证券经纪关系的建立

表 4－2　证券经纪关系的建立

项　目	内　容
证券经纪关系的确立	证券经纪商是证券交易的中介，是独立于买卖双方的第三者，与客户之间不存在从属或依附的关系。但是，要开展经纪业务，证券经纪商首先必须与客户建立具体的委托代理关系。 按我国现行的做法，投资者入市应事先到中国结算公司上海分公司或中国结算公司深圳分公司及其代理点开立证券账户。在具备了证券账户的基础上，投资者就可以与证券经纪商建立特定的经纪关系，成为该经纪商的客户。 这一关系的建立过程包括：证券经纪商向客户讲解有关业务规则、协议内容和揭示风险，并请客户签署《风险揭示书》和《客户须知》；客户与证券经纪商签订《证券交易委托代理协议书》，与其的选择指定商业银行、证券经纪商签订《客户交易结算资金第三方存管协议书》；客户在证券营业部开立证券交易资金账户等
客户交易结算资金第三方存管	客户交易结算资金第三方存管是指证券公司将客户的交易结算资金存放在指定的商业银行，以每个客户的名义单独立户管理。指定商业银行与证券公司及其客户签订客户的交易结算资金存管合同，约定客户的交易结算资金存取、划转、查询等事项，并按照证券交易净额结算、货银对付的要求，为证券公司开立客户的交易结算资金汇总账户。客户交易结算资金的存取通过指定商业银行办理，商业银行为客户提供交易结算资金余额及变动情况的查询服务

1.3　委托人和经纪商的权利与义务

表 4－3　委托人的权利与义务

项　目	内　容
权利	（1）选择经纪商的权利，即客户可以自由地选择经纪商作为代理自己买卖证券的受托人。 （2）要求经纪商忠实地为自己办理受托业务的权利，即经纪商应根据交易规则，按客户委托的条件买卖证券。 （3）对自己购买的证券享有持有权和处置权，即客户可以自由买卖、赠与或质押自己名下的证券。 （4）证券交易过程的知情权，即客户有权知晓委托、交易、清算交割等方面的信息。 （5）寻求司法保护权，即客户的合法权益受到经纪商或其他证券中介机构侵害时，可以通过司法途径寻求保护。 （6）享受经纪商按规定提供其他服务的权利，如交割单的打印、证券和资金结余的查询等
义务	（1）认真阅读证券经纪商提供的《风险揭示书》和《证券交易委托代理协议书》，了解从事证券投资存在的风险，按要求签署有关协议和文件，并严格遵守协议约定。 （2）按要求如实提供有关证件，填写开户书。并接受证券经纪商的审核。 （3）了解交易风险，明确买卖方式。在提出买卖委托之前，委托人应对自己准备买入或卖出的证券价格变化情况有较充分的了解，正确选择委托买卖价格、委托方式和委托期限等。 （4）按规定缴存交易结算资金。 （5）确定委托手段。 （6）接受交易结果。 （7）履行交割清算义务

表 4－4　证券经纪商的权利与义务

项　目	内　　容
权利	(1) 有拒绝接受不符合规定的委托要求的权利，即客户的委托要求应符合有关法律和规章制度的规定。 (2) 有按规定收取服务费用的权利，如收取交易佣金等。 (3) 对违约或损害经纪商自身权益的客户，经纪商有通过留置其资金、证券或司法途径要求其履约或赔偿的权利
义务	(1) 在客户办理开户手续时，证券经纪商应指定专人向客户讲解有关业务规则和合同内容，并以书面方式向其揭示投资风险，提醒客户了解并注意从事证券投资存在的风险。 (2) 按规定与客户签订载入中国证券业协会统一制定的必备条款的《证券交易委托代理协议》，并严格遵守协议约定。 (3) 坚持客户适当性管理原则。 (4) 必须忠实办理受托业务。 (5) 坚持为客户保密制度。 (6) 如实记录客户资金和证券的变化。 (7) 不接受全权委托

命题点 2　证券经纪业务的营运管理

2.1　账户管理、证券委托买卖、清算交割

表 4－5　账户管理、证券委托买卖、清算交割

项　目		内　　容
账户管理	内容	账户管理主要包括：账户的开立、信息变更、注销；证券账户的合并、挂失补办；不合格账户、休眠账户及风险处置休眠账户的管理；账户信息比对与报送；客户账户档案管理等
	客户身份识别	(1) 客户账户管理业务的客户身份识别。 证券公司营业部为客户办理账户业务时，应严格坚持账户实名制度，严格审核客户身份信息。 (2) 账户身份信息变更时客户的重新识别。 营业部在办理账户身份信息变更业务时，应当重新识别客户身份。 (3) 客户身份持续识别与账户客户信息维护。 账户存续期间，证券公司营业部应每三年一次对个人客户信息进行全面核查，每年对机构客户信息进行全面核查
	证券账户的管理	证券账户管理包括证券账户的开立、证券账户挂失补办、证券账户注册证券资料查询与变更、证券账户合并与注销、非交易过户等
	资金账户的管理	资金账户(证券资金台帐)管理包括资金账户的开户和销户、开通客户交易委托品种、交易委托方式及操作权限、选择客户资金存管的指定商业银行、开通或变更客户交易结算资金第三方存管、指定或撤销指定交易、证券转托管、资金账户挂失与解挂、客户资料修改、密码管理等
证券委托买卖	柜台委托	委托柜台应严格按照时间优先的原则，依次为客户办理委托业务，不得漏报或插报。 委托柜台在接受客户委托时，必须审核客户亲笔填写的委托单、资金卡、身份证，并与本人核对一致。 完成委托后，在委托单回单上盖委托员私章连同证件一并交还客户

续表

项　目		内　容
证券委托买卖	非柜台委托	包括人工电话或传真委托、自助和电话自动委托、网上委托等
	撤单	营业部在接受客户撤销或修改通过委托柜台进行的委托时，客户须持身份证、资金卡填写撤单申请(委托单)，并当面签署姓名。非本人办理的须审核有无委托权限。 营业部报单员接单后，审核证件及委托内容，确认无误后查找该笔委托是否成交。如果已成交，则告诉客户不能撤销或修改；如果没有成交或部分成交，则立即将该笔委托未成交部分撤销。 客户通过自助终端或电话自动委托系统委托的撤单，由客户按电脑屏幕或电话语音提示操作
清算交割		清算交割包括根据成交单与委托单配对，为客户办理交割，打印交割单，应客户要求查询交易结果、证券及资金余额，打印对账单等。 营业部为客户办理证券交割一般有自助交割和柜台人工交割两种交割方式

2.2　投资者教育与适当性管理

表4-6　投资者教育与适当性管理

项　目	内　容
投资者教育	投资者教育主要是对投资者进行证券法规宣传、证券知识普及、证券交易风险揭示和证券公司基本信息公示等。 投资者教育主要是通过营业部设立"投资者园地"、"公司网站"、交易委托系统、客服中心等多种渠道，并综合运用电视、报刊、网络、宣传材料、户外广告、培训讲座、电话语音提示、手机短信等多种方式进行
适当性管理	证券公司应当建立健全客户适当性管理制度，为客户提供适当的产品和服务。证券公司应当根据客户财务与收入状况、证券专业知识、证券投资经验和风险偏好、年龄等情况，在与客户签订《证券交易委托代理协议书》时，对客户进行初次风险承受能力评估，以后至少每两年根据客户证券投资情况等进行一次后续评估，并对客户精选分类管理。分类结果应当以书面或者电子形式记载、保存。 证券公司应当事先明确告知客户所提供服务或者销售产品的风险特征，按照规定程序，提供与客户风险承受能力相适应的服务或产品。 证券公司应当建立健全投资者教育和适当性管理的工作机制和业务流程，要将投资者教育和适当性管理工作融入经纪业务流程，具体体现在客户服务体系的各个环节
深圳证券交易所创业板市场投资者适当性管理	(1) 会员为客户开通创业板市场交易，应当通过严格的业务管理规范以及柜台系统前端控制等手段，保障参与创业板市场交易的客户符合创业板市场投资者适当性管理(简称"适当性管理")的要求。 (2) 在客户开通创业板市场交易后，利用电话、电子邮件、网络与营业部现场交流等方式，持续了解客户的身份、财产与收入状况、证券投资经验、风险偏好与投资目标等信息。 (3) 健全创业板投资者教育工作制度，并根据客户的不同需求和特点，对创业板市场投资者教育工作的形式和内容作出具体安排。 (4) 切实履行创业板市场客户交易行为管理职责，加强客户交易行为的合法合规管理，完善监控系统功能，建立适应创业板交易特点的监控指标体系，对客户参与创业板市场交易的情况进行实时监控

2.3 证券投资顾问服务

表4-7 证券投资顾问服务

项目	内容
证券投资顾问服务的含义	证券投资顾问业务，是证券投资咨询业务的一种基本形式，指证券公司、证券投资咨询机构（统称"证券公司"）接受客户委托，按照约定，向客户提供涉及证券及证券相关产品的投资建议服务，辅助客户作出投资决策，并直接或者间接获取经济利益的经营活动
证券投资顾问业务的基本原则	（1）依法合规。 （2）诚实守信。 （3）公平维护客户利益
证券投资顾问业务管理的基本要求	（1）人员执业资格。 （2）管理制度建设。 （3）投资顾问业务的适当性管理。 （4）证券投资建议、客户回访及投诉管理。 （5）对客户的告知义务。 （6）风险揭示。 （7）投资顾问服务协议。 （8）投资顾问的研究支持。 （9）服务收费。 （10）业务推广与宣传。 （11）以软件工具、终端设备为载体的投资顾问服务
证券投资顾问业务的监管	中国证监会及其派出机构依法对证券公司从事证券投资顾问业务实行监督管理。 中国证券业协会对证券公司从事证券投资顾问业务实行资料管理，并依据有关法律、行政法规和《证券投资顾问业务暂行规定》，制定相关执业规范和行为准则

命题点3 证券经纪业务的营销管理

3.1 证券经纪业务营销的主要内容

表4-8 证券经纪业务营销的主要内容

项目	内容
客户招揽	客户招揽即证券经纪业务营销人员通过营销渠道，采取多种促销方式，与客户建立关系并促成交易的过程。客户招揽包括目标市场选择、营销渠道选择、客户关系建立和客户促成等内容。 （1）目标市场与营销渠道选择是招揽客户的前提和基础。 （2）客户关系建立是客户招揽的保证。 （3）客户促成是证券经纪业务营销的关键环节
证券类金融产品及服务销售	证券公司在开展证券经纪业务营销时，既可以营销本公司提供的经纪业务服务及与经纪业务相联结的其他服务产品，也可以受他人委托代销其他公司产品及服务。目前，按照我国相关证券市场法律法规的规定，证券公司在开展经纪业务的过程中，可以代销基金产品或开展期货中间介绍业务。 证券公司及其营销人员代销产品及提供其他业务服务应取得相应的代销业务资格和从业资格，且不得销售非法产品。 在产品销售的过程中，证券公司和证券公司营销人员为了达到充分沟通和促销的目的，可以采取人员推销、广告促销、营业推广和公共关系等促销手段

续表

项　目	内　容
客户服务	在证券经纪业务营销中，客户服务主要包括交易通道服务、有形服务和信息咨询服务等附加服务。而交易通道服务是证券经纪业务服务的核心。 在客户服务的过程中，证券公司及其营销人员除了应当始终坚持以客户需求为导向之外，鉴于证券投资的风险性特征，证券公司及其营销人员还需要按照法律法规的规定，承担投资者教育的义务和责任，包括对投资者进行风险教育，向投资者讲解证券市场基础知识，向投资者传达正确的投资理念和提高投资者自身的理财素质等

3.2　证券经纪业务营销实务

表 4－9　客户招揽

项　目	内　容
确定目标市场	确定目标市场首先要进行市场细分。市场细分的依据包括地理因素、人口因素等直接细分依据，也包括投资者行为因素和心理因素等间接细分依据
确定营销策略	（1）无差异市场营销策略 是指不考虑各细分市场的差异性，仅强调它们的共性，而将它们视为一个统一的整体市场。 （2）集中性市场营销策略 又称“密集性策略”，是指公司集中所有力量来满足一个或几个细分市场的需求。 在证券经纪业务营销中，证券公司集中性市场营销策略又可以分为以下几种：地区集中策略；品种集中策略；客户集中策略。 （3）差异性市场营销策略 也称“多重细分市场策略”，是指公司根据不同的目标市场采用不同的营销策略，甚至设计不同的产品来满足不同目标市场上的不同需求
选择营销渠道	证券公司营销渠道是指证券类金融产品及证券服务从证券公司向客户（投资者）转移过程中所经过的途径。证券公司营销渠道主要分为以下两种： （1）直接营销渠道 是指产品在供应商和客户之间的直接流通和销售，即由证券公司直接将产品和服务销售或提供给客户。 （2）间接营销渠道 是指产品通过中间商或中介机构来流通
建立客户关系	（1）寻找潜在客户 根据客户与证券经纪业务营销人员的关系来划分，客户可分为 3 种主要类型：直接关系型、间接关系型和陌生关系型。针对 3 种不同类型的客户群，营销人员常用的寻找潜在客户的方法有缘故法、介绍法和陌生拜访法。 （2）客户沟通 客户沟通是证券公司营销人员在招揽客户过程中的重要环节。客户沟通的过程中，营销人员是一个信息发送者，他通过传播媒介将相关信息传递给客户。沟通的过程会引起客户的反馈或者回应，最终使客户购买产品或接受服务才是有效的沟通。 （3）了解客户及客户分析 ① 了解客户及客户分析的目的与意义。了解客户并进行分析不但是证券经纪业务营销人员招揽客户的一个重要环节，也是证券监管部门的要求。对于证券公司和营销人员而言，了解客户、分析客户的特征，是市场细分的基础。

续表

项　目	内　容
建立客户关系	② 了解客户的基本内容。证券公司及其营销人员应当了解的客户信息包括客户的身份、财产和收入状况、证券投资经验和风险偏好等。 ③ 客户分析的主要内容。主要包括客户基本情况分析，如客户的年龄、身份、职业等基本情况；资产状况分析，包括家庭固定资产状况、家庭存款状况、家庭年收入、其他支出和投资情况；投资风险收益特征分析等。其中，投资风险收益特征分析是重点
客户促成	促成即指营销人员与客户进行充分沟通后达成共识，认同并购买营销人员推介所在证券公司的证券类金融产品及服务的过程。在经纪业务营销中，客户促成的表现形式为：客户选择该证券公司作为其证券交易的经纪商并接受证券公司的服务

表4－10　客户服务

项　目	内　容
主要内容	(1) 核心服务 证券公司在开展经纪业务时，为客户所提供的核心服务是证券交易通道服务，满足的是客户完成证券交易的核心需求。 (2) 有形服务 有形服务主要表现为公司的证券交易设备、设施和公司营业网点的选址、环境布置、网络、电话等自助式委托终端的便利性和快捷性等方面。 (3) 附加服务 附加服务是证券公司为了提高竞争力，根据客户的需求提供的有形或无形服务。对于证券经纪业务而言，其附加服务主要包括证券投资咨询服务、理财顾问服务等
证券经纪业务营销人员的服务	(1) 售前服务 指营销人员在客户招揽过程中提供的各项服务，主要包括向客户介绍证券基础知识、证券投资信息和投资者风险教育等证券专业资讯服务。 (2) 售中服务 指客户形成购买决策、实施购买行为时营销人员提供的服务。 (3) 售后服务 指客户在证券公司开立证券账户（或购买证券产品、签订投资协议）后，营销人员为客户提供的服务，如客户的关系维护等
服务的方式	证券公司向客户提供服务的方式有多种，目前通常使用的客户服务方式有以下几种： (1) 电话服务中心。 (2) 邮寄服务。 (3) 自动传真、电子信箱与手机短信服务。 (4) “一对一”专人服务。 (5) 互联网的应用。 (6) 媒体和宣传手册的应用。 (7) 讲座、推介会和座谈会
客户投诉管理	(1) 客户投诉的目的和原因 一般客户投诉的目的是希望他们的问题得到重视和解决、损失得到补偿或得到更好的服务等。

续表

项目	内容
客户投诉管理	客户投诉的常见原因有：客户认为自己被公司或营销人员忽视、营销人员的服务承诺未兑现、营销人员不愿意承担错误及责任、营销人员的违规行为使客户蒙受经济损失、客户的问题或需求得不到解决等。 （2）客户投诉的分类 ① 有效投诉。指由于证券公司及其营销人员的原因，导致客户利益受损或客户对证券公司产品及服务不满而引起的客户投诉，证券公司或证券公司营销人员负有一定的责任。 ② 无效投诉。指由于客户自身原因导致客户利益受损或客户对证券公司产品及服务的误解而投诉，证券公司或证券公司营销人员没有任何责任

3.3 证券经纪业务营销的监督管理

表 4－11 证券经纪业务营销的监督管理

项目		内容
证券公司开展经纪人制度的管理规定		根据规定，证券公司委托证券经纪人开展证券经纪业务营销的，应当做到以下几点要求： （1）证券公司建立健全证券经纪人管理制度，采取有效措施，对证券经纪人及其执业行为实施集中统一管理，保障证券经纪人具备基本的职业道德和业务素质，防止证券经纪人在执业过程中从事违法违规或者超越代理权限、损害客户合法权益的行为。 （2）证券公司应当与接受委托的证券经纪人签订委托合同，确认证券经纪人的授权范围，并对经纪人的执业行为进行监督。 （3）证券公司应当对证券经纪人进行不少于 60 个小时的执业前培训，其中法律法规和职业道德的培训时间不少于 20 个小时。证券公司应当对证券经纪人执业前培训的效果进行测试。 （4）证券公司应当建立健全信息查询制度、客户回访制度、异常交易和操作监控制度、客户投诉和纠纷处理机制、科学合理的证券经纪人绩效考核制度以及证券经纪人档案，加强对证券经纪人的日常管理
对证券经纪人及证券经纪业务营销人员的监督管理	证券经纪人定义	是指接受证券公司的委托，代理其从事客户招揽和客户服务等活动的证券公司以外的自然人。证券经纪人是证券从业人员，在开展相关业务前应当取得证券从业资格，并进行执业注册
	执业范围	按照《证券经纪人管理暂行规定》，证券经纪人在执业过程中，可以根据证券公司的授权，从事下列部分或者全部活动： （1）向客户介绍证券公司和证券市场的基本情况。 （2）向客户介绍证券投资的基本知识及开户、交易、资金存取等业务流程。 （3）向客户介绍与证券交易有关的法律、行政法规、中国证监会规定、自律规则和证券公司的有关规定。 （4）向客户传递由证券公司统一提供的研究报告及与证券投资有关的信息。 （5）向客户传递由证券公司统一提供的证券类金融产品宣传推介材料及有关信息。 （6）法律、行政法规和中国证监会规定证券经纪人可以从事的其他活动

续表

项　目		内　　容
对证券经纪人及证券经纪业务营销人员的监督管理	禁止性行为	按照《证券经纪人管理暂行规定》，证券经纪人及证券营销人员不得有下列禁止性行为： （1）替客户办理账户开立、注销、转移，证券认购、交易或者资金存取、划转、查询等事宜。 （2）提供、传播虚假或者误导客户的信息，或者诱使客户进行不必要的证券买卖。 （3）与客户约定分享投资收益，对客户证券买卖的收益或者赔偿证券买卖的损失作出承诺。 （4）采取贬低竞争对手、进入竞争对手营业场所劝导客户等不正当手段招揽客户。 （5）泄漏客户的商业秘密或者个人隐私。 （6）为客户之间的融资提供中介、担保或者其他便利。 （7）为客户提供非法的服务场所或者交易设施，或者通过互联网络、新闻媒体从事客户招揽和客户服务等活动。 （8）委托他人代理其从事客户招揽和客户服务等活动。 （9）损害客户合法权益或者扰乱市场秩序的其他行为。 除上述9项禁止性规定之外，中国证券业协会颁布的《证券经纪人执业规范（试行）》又进一步规定了以下5项禁止性行为： （1）以所服务证券公司或证券营业部的名义，与客户或他人签订任何合同、协议。 （2）代客户在相关合同、协议、文件等资料上签字。 （3）在执业过程中索取或收受客户款项和财物。 （4）向客户提供非由所服务证券公司统一提供的研究报告及与证券投资有关的信息、证券类金融产品宣传推介材料及有关信息。 （5）违背职业道德的其他行为

命题点4　证券经纪业务的风险及其防范

4.1　证券经纪业务的主要风险

表4－12　证券经纪业务的主要风险

项　目	内　　容
合规风险	主要是指证券公司在经纪业务活动中违反法律、行政法规和监管部门规章及规范性文件、行业规范和自律规则、公司内部规章制度、行业公认并普遍遵守的职业道德和行为准则等行为，可能使证券公司受到法律制裁、被采取监管措施、遭受财产损失或声誉损失的风险
管理风险	主要是指证券公司在经纪业务经营中由于管理制度不健全、内部控制不严，或工作人员有章不循、违规操作等而导致客户账户管理差错或违规、侵害客户权益、造成客户资产损失、引发客户纠纷，而使证券公司受到监管处罚或因承担赔偿责任遭受财产损失或声誉损失的风险
技术风险	是指证券公司信息技术系统（包括电脑设备、供电、通讯设施等）发生技术故障，导致行情中断、交易停滞、银证转账不畅，或在容量、运作等方面不能保障交易业务正常、有序、高效、顺利地进行，从而可能给客户造成损失，证券公司因承担赔偿责任而带来经济或声誉损失的风险。 技术风险主要来自于硬件设备和软件两个方面

4.2 证券经纪业务风险的防范

表 4－13 证券经纪业务风险的防范

项　目	内　　容
合规风险的防范	(1) 证券公司要加强合规文化建设，从高级管理人员到普通员工都要增强法治观念和合规意识。 (2) 要建立健全各项规章制度，严格按经纪业务内部控制的要求完善内部控制机制和制度。 (3) 对客户交易结算资金实行第三方存管，对经纪业务账户管理、交易、清算、核算、操作权限、风险控制等实行集中统一管理；对风险程度和重要性不同的业务，实行实时复核、分级审批。加强对经纪业务主要环节和风险点的控制。 (4) 强化岗位制约和监督，对经纪业务主要部门和岗位实行相互分离的管理制度。经纪业务营销、账户管理、信息系统管理、会计核算等部门或岗位应严格分开，不得兼职或混合操作。严格限定不同岗位人员的操作权限
管理风险的防范	(1) 要加强经纪业务营销管理。 (2) 严格执行经纪业务操作规程。 (3) 建立经纪业务营销和账户管理操作信息管理系统，防范从业人员执业行为引发的风险，保护客户合法权益。 (4) 加强员工培训，提高员工素质。 (5) 建立客户投诉处理及责任追究机制。 (6) 建立经纪业务检查稽核制度
技术风险的防范	(1) 证券营业部的信息系统建设和管理，包括基础环境、网络通信、应用系统、管理制度、系统运行维护、安全保障等方面应符合中国证券业协会制定的《证券营业部信息技术指引》的有关要求。这是防范技术风险的重要基础和根本保障。 (2) 应根据业务需求建立完善的信息技术系统及相应的容错备份系统和灾难备份系统。 (3) 制定并严格执行信息系统运行管理制度和备份方案、系统故障及业务应急处理预案；做好信息系统的日常管理和维护保养，定期按应急处理预案进行演练

命题点 5　证券经纪业务的监管措施和法律责任

表 4－14 证券经纪业务监管的一般要求及证券经纪业务的禁止行为

项　目	内　　容
证券经纪业务监管的一般要求	(1) 证券公司应当建立健全证券经纪业务管理制度，对证券经纪业务实施集中统一管理，防范公司与客户之间的利益冲突，切实履行反洗钱义务，防止出现损害客户合法权益的行为。 (2) 证券公司从事证券经纪业务，应当客观说明公司业务资格、服务职责、范围等情况，不得提供虚假、误导性信息，不得采取不正当竞争手段开展业务，不得诱导无投资意愿或者无风险承受能力的投资者参与证券交易活动。 (3) 证券公司应当建立健全证券经纪业务客户管理与客户服务制度，加强投资者教育，保护客户合法权益。 (4) 证券公司应当建立健全证券经纪业务人员管理和科学合理的绩效考核制度，规范证券经纪业务人员行为。 (5) 证券公司应当建立健全证券营业部管理制度，保障证券营业部规范、平稳、安全运营。 (6) 证券公司应当统一建立、管理证券经纪业务客户账户管理、客户资金存管、代理交易、代理清算交收、证券托管、交易风险监控等信息系统，各项业务熟记应当集中存放

续表

项　目	内　容
证券经纪业务的禁止行为	(1) 挪用客户所委托买卖的证券或者客户账户上的资金；或将客户的资金和证券借与他人，或者作为担保物或质押物；或违规向客户提供资金和有价证券。 (2) 侵占、损害客户的合法权益。 (3) 未经客户的委托，擅自为客户买卖证券，或者假借客户的名义买卖证券；违背客户的委托为其买卖证券；接受客户的全权委托而决定证券买卖、选择证券种类、决定买卖数量或者买卖价格；代理买卖法律规定不得买卖的证券。 (4) 以任何方式对客户证券买卖的收益或者赔偿证券买卖的损失作出承诺。 (5) 为牟取佣金收入，诱使客户进行不必要的证券买卖。 (6) 在批准的营业场所之外私下接受客户委托买卖证券。 (7) 编造、传播虚假或者误导投资者的信息；散步、泄露或利用内幕信息。 (8) 从事或协同他人从事欺诈、内幕交易、操纵证券交易价格等非法活动。 (9) 贬损同行或以其他不正当竞争手段争揽业务。 (10) 隐匿、伪造、篡改或者损毁交易记录。 (11) 泄露客户资料

表4－15　证券经纪业务的监管措施和法律责任

项　目	内　容
监管措施	(1) 证券公司的内部控制 证券公司应当建立内容稽核制度，加强对所属营业部业务经营的稽核监督、检查。 (2) 证券业协会的自律管理 证券业协会应教育和组织会员遵守证券法律、行政法规，并监督、检查会员行为，对违反法律、行政法规或者协会章程的，也应按照规定给予纪律处分。 (3) 证券交易所的监督 证券交易所是证券经纪业务的一线监管机构。 (4) 证券监管机构的监督 中国证监会及其派出监管机构依法对证券公司的经纪业务进行监管
法律责任	(1) 证券公司从事证券经纪业务，客户资金不足而接受其买入委托，或者客户证券不足而接受其卖出委托的，依照《证券法》第二百零五条的规定处罚，即“没收违法所得，暂停或者撤销相关业务许可，并处以非法融资融券等值以下的罚款。对直接负责的主管人员和其他直接责任人员给予警告，撤销任职资格或者证券从业资格，并处以三万元以上三十万元以下的罚款”。 (2) 证券公司将客户的资金账户、证券账户提供给他人使用的，依照《证券法》第二百零八条的规定处罚，即“责令改正，没收违法所得，并处以违法所得一倍以上五倍以下的罚款；没有违法所得或者违法所得不足三万元的，处以三万元以上三十万元以下的罚款。对直接负责的主管人员和其他直接责任人员给予警告，并处以三万元以上十万元以下的罚款”。 (3) 证券公司诱使客户进行不必要的证券交易，或者从事证券资产管理业务时，使用客户资产进行不必要的证券交易的，依照《证券法》第二百一十条的规定处罚，即“责令改正，处以一万元以上十万元以下的罚款。给客户造成损失的，依法承担赔偿责任”。 (4) 证券公司或者其境内分支机构超出国务院证券监督管理机构批准的范围经营业务的，依照《证券法》第二百一十九条的规定处罚，即“责令改正，没收违法所得，并处以违法所得一倍以上五倍以下的罚款；没有违法所得或者违法所得不足三十万元的，处以三十万元以上六十万元以下罚款；情节严重的，责令关闭。对直接负责的主管人员和其他直接责任人员给予警告，撤销任职资格或者证券从业资格，并处以三万元以上十万元以下的罚款”。

续表

项　目	内　容
法律责任	（5）证券公司违反《证券公司监督管理条例》的规定，有下列情形之一的，责令改正，给予警告，没收违法所得，并处以违法所得1倍以上5倍以下的罚款；没有违法所得或者违法所得不足10万元的，处以10万元以上30万元以下的罚款；情节严重的，暂停或者撤销其相关证券业务许可。对直接负责的主管人员和其他直接责任人员，给予警告，并处以3万元以上10万元以下的罚款；情节严重的，撤销任职资格或者证券从业资格： ① 违反规定委托其他单位或者个人进行客户招揽、客户服务或者产品销售活动。 ② 向客户提供投资建议，对证券价格的涨跌或者市场走势做出确定性的判断。 （6）证券公司违反《证券公司监督管理条例》的规定，有下列情形之一的，责令改正，给予警告，没收违法所得，并处以违法所得1倍以上5倍以下的罚款；没有违法所得或者违法所得不足3万元的，处以3万元以上30万元以下的罚款。对直接负责的主管人员和其他直接责任人员单处或者并处警告、3万元以上10万元以下的罚款；情节严重的，撤销任职资格或者证券从业资格： ① 与他人合资、合作经营管理分支机构，或者将分支机构承包、租赁或者委托给他人经营管理。 ② 未按照规定程序了解客户的身份、财产与收入状况、证券投资经验和风险偏好。 ③ 推荐的产品或者服务与所了解的客户情况不相适应。 ④ 未按照规定指定专人向客户讲解有关业务规则和合同内容，并以书面方式向其揭示投资风险。 ⑤ 未按照规定与客户签订业务合同，或者未在与客户签订的业务合同中载入规定的必备条款。 ⑥ 未按照规定建立并有效执行信息查询制度。 ⑦ 未按照规定指定专门部门处理客户投诉。 ⑧ 未按照规定存放、管理客户的交易结算资金。 （7）证券公司未按照规定为客户开立账户的，责令改正；情节严重的，处以20万元以上50万元以下的罚款，并对直接负责的董事、高级管理人员和其他直接责任人员，处以1万元以上5万元以下的罚款。 （8）《证券公司监督管理条例》的规定，有下列情形之一的，责令改正，给予警告，没收违法所得，并处以违法所得1倍以上5倍以下的罚款；没有违法所得或者违法所得不足10万元的，处以10万元以上60万元以下的罚款；情节严重的，撤销相关业务许可。对直接负责的主管人员和其他直接责任人员给予警告，撤销任职资格或者证券从业资格，并处以3万元以上30万元以下的罚款： ① 任何单位和个人强令、指使、协助、接受证券公司以证券经纪客户的资产提供融资或者担保。 ② 证券公司、资产托管机构、证券登记结算机构违反规定动用客户的交易结算资金和证券。 ③ 资产托管机构、证券登记结算机构对违反规定动用客户的资金和证券的申请、指令予以同意、执行。 ④ 资产托管机构、证券登记结算机构发现客户资金和证券被违法动用而未向国务院证券监督管理机构报告。 （9）证券经纪人违反《证券公司监督管理条例》的规定，有下列情形之一的，责令改正，给予警告，没收违法所得，并处以违法所得等值罚款；没有违法所得或者违法所得不足3万元的，处以3万元以下的罚款；情节严重的，撤销任职资格或者证券从业资格： ① 从事业务未向客户出示证券经纪人证书。 ② 同时接受多家证券公司的委托，进行客户招揽、客户服务等活动。 ③ 接受客户的委托，为客户办理证券认购、交易等事项

【经典真题详解】

一、单项选择题(以下备选答案中只有一项最符合题目要求)

1. 下列不属于证券经纪业务特点的是(　　)。【2011年3月真题】

A. 客户资料的保密性　　B. 证券经纪商的中介性

C. 业务对象的广泛性　　D. 证券经纪商指令的权威性

【答案】D　证券经纪业务的特点有：(1)业务对象的广泛性；(2)证券经纪商的中介性；(3)客户指令的权威性；(4)客户资料的保密性。

2. 下列属于证券委托买卖中委托人权利的是(　　)。【2011年3月真题】

A. 确定委托手段　　B. 如实提供有关证件，填写开户书

C. 选择证券经纪商　　D. 了解交易风险，明确买卖方式

【答案】C　在委托买卖证券的过程中，客户作为委托人，享有一定的权利。主要有：(1)选择经纪商的权利，即客户可以自由地选择经纪商作为代理自己买卖证券的受托人。(2)要求经纪商忠实地为自己办理受托业务的权利，即经纪商应根据交易规则，按客户委托的条件买卖证券。(3)对自己购买的证券享有持有权和处置权，即客户可以自由买卖、赠与或质押自己名下的证券。(4)证券交易过程的知情权，即客户有权知晓委托、交易、清算交割等方面的信息。(5)寻求司法保护权，即客户的合法权益受到经纪商或其他证券中介机构侵害时，可以通过司法途径寻求保护。(6)享受经纪商按规定提供其他服务的权利，如交割单的打印、证券和资金结余的查询等。ABD项属于证券委托买卖中委托人须承担的义务。

3. 关于以年龄因素进行证券市场细分，下列说法正确的是(　　)。【2010年12月真题】

A. 年轻人是证券公司和证券经纪业务营销人员的潜在客户主体

B. 中年人对风险性证券投资比较保守

C. 老年人是证券公司和证券经纪业务营销人员的现实客户主体

D. 以年龄因素为依据细分市场，就是根据投资者的投资动机、投资偏好、交易行为、持仓结构等行为特征来细分客户

【答案】A　以年龄因素进行市场细分，虽然年轻人往往收入来源有限，缺乏证券投资的实力，但是其投资意愿普遍很强，随着他们的逐渐成长将可能成为证券经纪商未来市场的客户主体；中年人往往有稳定的收入来源和一定数额的闲置资金，是证券公司和证券经纪业务营销人员的现实客户主体，故C项说法错误；老年人普遍追求资金的安全与增值，对风险性证券投资比较保守，故B项说法错误。因此，证券公司和证券经纪业务营销人员应该考虑老年客户的这一特征，为他们提供适当的产品和服务。按照行为因素细分就是根据投资者的投资动机、投资偏好、交易行为、持仓结构等行为特征来细分客户，然后根据不同的行为特征所对应的不同需求，为其提供差异化的服务。D项应为行为因素细分的市场。

4. 下列各项中，属于证券经纪业务合规风险的是(　　)。【2010年12月真题】

A. 违规为客户证券交易提供融资、融券等信用交易

B. 私下接受客户委托或接受客户的全权委托代理其买卖证券

C. 侵占、损害客户的合法权益，挪用客户的资金或证券

D. 将客户的资金账户、证券账户提供给他人使用

【答案】D　证券经纪业务的合规风险主要是指证券公司在经纪业务活动中违反法律、行政法规和监管部门规章及规范性文件、行业规范和自律规则、公司内部规章制度、行业公认并普遍遵守的职业道德和行为准则等行为，可能使证券公司受到法律制裁、被采取监管措施、遭受财产损失或声誉损失的风险。ABC 项属于证券经纪业务的管理风险。

二、多项选择题(以下备选答案中有两项或两项以上符合题目要求)

1. 在证券经纪业务中，证券经纪商应该承担的义务包括(　　)。【2011 年 3 月真题】

A. 坚持为客户保密制度

B. 必须忠实办理受托业务

C. 如实记录客户资金和证券的变化

D. 按规定与客户签订载入中国证券业协会统一制定的必备条款的《证券交易委托代理协议》，并严格遵守协议约定

【答案】ABCD　在证券经纪业务中，证券经纪商应承担下列义务：(1)在客户办理开户手续时，证券经纪商应指定专人向客户讲解有关业务规则和合同内容，并以书面方式向其揭示投资风险，提醒客户了解并注意从事证券投资存在的风险。向客户提供中国证券业协会统一制定的《风险揭示书》，提醒客户认真、详细地阅读。(2)按规定与客户签订载入中国证券业协会统一制定的必备条款的《证券交易委托代理协议》，并严格遵守协议约定。(3)坚持客户适当性管理原则。(4)必须忠实办理受托业务。(5)坚持为客户保密制度。(6)如实记录客户资金和证券的变化。(7)不接受全权委托。

2. 根据我国现行有关制度规定，下列属于证券经纪业务的禁止行为的有(　　)。【2010 年 12 月真题】

A. 编造、传播虚假或者误导投资者的信息

B. 贬损同行或以其他不正当竞争手段争揽业务

C. 泄露客户资料

D. 以任何方式对客户证券买卖的收益或者赔偿证券买卖的损失作出承诺

【答案】ABCD　根据我国《证券法》等相关法律法规和中国证券业协会《证券业从业人员执业行为准则》的规定，证券公司在从事证券经纪业务过程的禁止行为除了 ABCD 项外，还包括：(1)挪用客户所委托买卖的证券或者客户账户上的资金；或将客户的资金和证券借与他人，或者作为担保物或质押物；或违规向客户提供资金或有价证券。(2)侵占、损害客户的合法权益。(3)未经客户的委托，擅自为客户买卖证券，或者假借客户的名义买卖证券；违背客户的委托为其买卖证券；接受客户的全权委托而决定证券买卖、选择证券种类、决定买卖数量或者买卖价格；代理买卖法律规定不得买卖的证券。(4)为牟取佣金收入，诱使客户进行不必要的证券买卖。(5)在批准的营业场所之外私下接受客户委托买卖证券。(6)从事或协同他人从事欺诈、内幕交易、操纵证券交易价格等非法活动。(7)隐匿、伪造、篡改或者毁损交易记录。

3. 下列属于影响市场细分的地理因素变量的有(　　)。【2010 年 10 月真题】

A. 人口密度　　B. 不同的地形地貌　C. 社会阶层　　D. 交通通信条件

【答案】ABD　地理因素是造成不同地区的客户具有不同需求的基本因素，按地理因素细分是指按照客户所处的地理位置、地理条件来确定细分市场。影响市场细分的地理因素的具体变量主要有国家、地区、乡村城市规模、交通通信条件、不同气候、不同的地形地貌、人口密度等。C 项属于影响市场细分的人口因素。

4. 在营业部经纪业务操作规程方面，证券账户管理包括（　　）等内容。【2010 年 10 月真题】

A. 证券账户合并与注销　　B. 非交易过户

C. 证券账户注册资料变更　　D. 证券账户挂失补办

【答案】ABCD　证券账户管理包括证券账户的开立、证券账户挂失补办、证券账户注册资料查询与变更、证券账户合并与注销、非交易过户等。

三、判断题(正确的用 A 表示，错误的用 B 表示)

1. 在证券经纪业务中，证券公司不赚取差价，只收取一定的手续费和过户费作为业务收入。（　　）【2011 年 3 月真题】

【答案】B　在证券经纪业务中，证券公司不赚取买卖差价，只收取一定比例的佣金作为业务收入。过户费是委托买卖的股票、基金成交后，买卖双方为变更证券登记所支付的费用。这笔收入属于中国结算公司的收入，由证券经纪商在同投资者清算交收时代为扣收。

2. 机构投资者股东名册是机构投资者与证券经纪商签订的《证券交易委托代理协议》内容之一。（　　）【2011 年 3 月真题】

【答案】B　《证券交易委托代理协议(范本)》的内容包括：双方声明及承诺、协议标的、资金账户、交易代理、网上委托、变更和撤销、甲方授权代理人委托、甲乙双方的责任及免赔条款、争议的解决、机构客户、附则。故题干表述错误。

3. 投资者教育的目的是为了提高投资者选股的能力。（　　）【2010 年 12 月真题】

【答案】B　投资者教育的目的就是要提高投资者的风险意识、参与意识和风险识别能力，进而提高投资者理性投资、规避风险、自我保护的能力。

4. 保守型客户不愿意承担高风险，通常不太在意的是资金是否有较大的增值。（　　）【2010 年 12 月真题】

【答案】A

第五章　经纪业务相关实务

【命题点规律】

对近年考试的命题进行研究可以发现，本章的命题规律主要体现在以下几个方面：

1. 股票网上发行的概念、类型；股票上网发行资金申购的基本规定和操作流程是常考的知识点。

2. 分红派息的操作流程、配股缴款的操作流程、股东大会网络投票的操作规定，证券公司提供中间介绍业务的业务规则是重要的命题考核点。

3. 上市开放式基金业务、交易型开放式指数基金业务及权证业务的有关规定，可转换债券转股的操作流程是需要熟记的内容。

4. 证券公司代办股份转让的含义和业务范围、证券公司从事代办股份转让服务业务的资格条件、代办股份转让的基本规则、非上市股份有限公司股份报价转让的一般内容是命题采分点。

5. 证券公司中间介绍业务的含义；证券公司提供中间介绍业务的资格条件与业务范围是需要熟记的知识点。

【命题点解读】

命题点 1　股票网上发行

1.1　网上发行的概念和类型

表 5－1　网上发行的概念和类型

项　目	内　容
概念	股票网上发行是利用证券交易所的交易系统，新股发行主承销商在证券交易所挂牌销售，投资者通过证券经纪商进行申购的发行方式
优点	（1）经济性 网上发行大大减轻了发行组织工作压力，减少了许多不必要的环节，为社会节省了大量的人力、物力和财力资源。 （2）高效性 网上发行是借助证券交易所遍布全国各地的交易网络进行的，因此整个发行过程安全、高效

续表

项目		内容
类型	网上竞价发行	在我国，新股网上竞价发行是指主承销商利用证券交易所的交易系统，以自己作为唯一的卖方，按照发行人确定的底价将公开发行股票的数量输入其在证券交易所的股票发行专户；投资者则作为买方，在指定时间通过证券交易所会员交易柜台，以不低于发行底价的价格及限购数量，进行竞价认购的一种发行方式。 网上竞价发行除具有网上发行的前述优点之外，还具有市场性、连续性的优点
	网上定价发行	新股网上定价发行是事先规定发行价格，再利用证券交易所交易系统来发行股票的发行方式，即主承销商利用证券交易所的交易系统，按已确定的发行价格向投资者发售股票。 新股网上定价发行与网上竞价发行的不同之处主要有两点：一是发行价格的确定方式不同。定价发行方式事先确定价格；而竞价发行方式是事先确定发行底价，由发行时竞价决定发行价。二是认购成功者的确认方式不同。定价发行方式按抽签决定；竞价发行方式按价格优先、同等价位时间优先原则决定。 自2005年1月1日起，我国开始实行首次公开发行股票的询价制度

1.2 股票上网发行资金申购程序

表5－2 股票上网发行资金申购程序

项目	内容
基本规定	（1）申购单位及上限 上海证券交易所规定，每一申购单位为1000股，申购数量不少于1000股，超过1000股的必须是1000股的整数倍，但最高不得超过当次社会公众股上网发行总量的1‰，且不得超过9999.9万股。 深圳证券交易所规定，申购单位为500股，每一证券账户申购委托不少于500股，超过500股的必须是500股的整数倍，但不得超过主承销商在发行公告中确定的申购上限，且不超过999999500股。 （2）申购次数 投资者参与网上公开发行股票的申购，只能使用一个证券账户。每只新股发行，每一证券账户只能申购一次。同一证券账户多次参与同一只新股申购的，以交易所交易系统确认的该投资者的第一笔申购为有效申购，其余申购均为无效申购。新股申购一经交易所交易系统确认，不得撤销。 （3）申购配号 申购配号根据实际有效申购进行，每一有效申购单位配一个号，对所有有效申购单位按时间顺序连续配号。 （4）资金交收 结算参与人应使用其在证券登记结算机构开立的资金交收账户完成新股申购的资金交收，并应保证其资金交收账户在规定的资金到账时点有足额资金用于新股申购的资金交收。如果结算参与人的资金余额不足，不足资金部分的申购视为无效申购

续表

项　目	内　容
操作流程	(1) 投资者申购。 (2) 申购资金冻结、验资及配号。 (3) 摇号抽签、中签处理(T+2 日)。 (4) 申购资金解冻(T+3 日)。 (5) 结算与登记
网上发行与网下发行的衔接	(1) 发行公告的刊登。 (2) 已经参与网下初步询价的配售对象不得参与网上申购。 (3) 网上发行与网下发行的回拨。 (4) 网下股份登记
网上增发新股的申购	增发新股是已经上市的股份公司再次向社会发行股票，也可以采用网上发行和网下发行，网上增发新股申购的一般操作程序与新股网上发行申购基本相同

命题点 2　分红派息、配股及股东大会网络投票

2.1　分红派息

表 5－3　分红派息

项　目	内　容
定义	分红派息主要是上市公司向其股东派发红利和股息的过程，也是股东实现自己权益的过程。 分红派息的形式主要有现金股利和股票股利两种
A 股现金红利派发日程安排	根据现行有关部门制度规定，A 股现金红利派发日程安排如下： (1) 申请材料送交日(T－5 日前)。证券发行人在实施权益分派公告日 5 个交易日前，要向中国结算公司上海分公司提交相关申请材料。 (2) 中国结算公司上海分公司核准答复日(T－3 日前)。中国结算公司上海分公司在公告日 3 个交易日前审核申报材料并做出答复。 (3) 向证券交易所提交公告申请日(T－1 日前)。证券发行人接到中国结算公司上海分公司核准答复后，应在确定的权益登记日 3 个交易日前，向证券交易所申请信息披露。 (4) 公告刊登日(T 日)。证券发行人在指定报刊上刊登实施权益分派的公告。 (5) 权益登记日(T+3 日)。证券发行人应确保权益登记日不得与配股、增发、扩募等发行行为的权益登记日重合，并确保自向中国结算公司上海分公司提交申请表之日至权益登记日期间，不得因其他业务改变公司的股本数或权益数。 (6) 除息日(T+4 日)。 (7) 发放日(T+8 日)。证券发行人要确保在现金红利发放日前的第二个交易日 16：00 前，将发放款项汇至中国结算公司上海分公司指定的银行账户。中国结算公司上海分公司收到相应款项后，在现金红利发放日前的第一个交易日闭市后，通过资金结算系统将现金红利款项划付给指定的证券公司。投资者可在发放日领取现金红利。 未办理指定交易的 A 股投资者，其持有的现金红利暂由中国结算公司上海分公司保管，不计息。一旦投资者办理了指定交易，中国结算公司上海分公司结算系统自动将尚未领取的现金红利划付给指定的证券公司

续表

项　目	内　容
B 股现金红利派发日程安排	B 股现金红利的派发日程与 A 股稍有不同，程序如下： (1) 申请材料送交日为 T-5 日前。 (2) 中国结算公司上海分公司核准答复日为 T-3 日前。 (3) 向交易所提交公告申请日为 T-1 日前。 (4) 公告刊登日为 T 日。 (5) 最后交易日为 T+3 日。 (6) 权益登记日为 T+6 日。 (7) 现金红利发放日为 T+11 日
A 股送股日程安排	根据相关规定，上海证券交易所 A 股送股日程安排如下： (1) 申请材料送交日为 T-5 日前。 (2) 结算公司核准答复日为 T-3 日前。 (3) 向证券交易所提交公告申请日为 T-1 日前。 (4) 公告刊登日为 T 日。 (5) 股权登记日为 T+3 日
B 股送股日程安排	在上海证券交易所市场，B 股送股日程安排与 A 股不完全一样，安排如下： (1) 申请材料送交日为 T-5 日前。 (2) 结算公司核准答复日为 T-3 日前。 (3) 向证券交易所提交公告申请日为 T-1 日前。 (4) 公告刊登日为 T 日。 (5) 最后交易日为 T+3 日。 (6) 股权登记日为 T+6 日

2.2 配股缴款

表 5-4　配股缴款

项　目	内　容
配股权证及其派发、登记	配股权证是上市公司给予其老股东的一种认购该公司股份的权利证明。配股权证分配方案的产生与分红派息方案的产生大致相同，即首先由董事会提出配股方案，经股东大会审议通过后，向社会公告。在现阶段，我国 A 股的配股权证不挂牌交易，不允许转托管。 配股权证的派发程序与分红派息中红股的派发过程基本一致。中国结算公司根据上市公司提供的配股方案中的配股比例，按照配股除权登记日登记的股东持股数增加其配股权证
上海证券交易所配股操作流程	(1) 上海证券交易所按上市公司的送配公告，在股权登记日闭市后根据每个股东股票账户中的持股量，按照无偿送股比例，自动增加相应的股数并主动为其开立配股权证账户，按有偿配股的比例给予相应数量。 (2) 配股缴款期限内，承销商确定一个交易席位代理上市公司作为买入方按证券交易所规定的统一的证券代码申报买入配股权证。 (3) 证券公司的营业网点均可按照上市公司公告中的配股价格受理投资者的配股认购缴款业务。操作方法同柜台接受委托买入股票。拥有该种股票配股权证的投资者，凭本人身份证和股票账户，在其缴纳认购款项或确认其资金账户中有足够的存款余额后，可委托买入不超过可配股数的股票，具体方式为向场内申报卖出配股权证(其实质是买入股票)。

续表

项目	内容
上海证券交易所配股操作流程	（4）由于是申报卖出，因此证券交易所利用电脑交易撮合系统的控制卖空的功能，即可判别客户拥有配股权证的数量，一旦确认即可撮合成交。 （5）每日闭市后，配股缴款自动纳入清算系统，同其他证券交易的清算资金同步划拨，最后集中划入承销商的买方席位。 （6）在配股权证缴款期结束后，由承销商将配股缴款集中划付给上市公司，完成整个配股缴款工作。 （7）按照有关规定，在配股缴款过程中，证券公司不得向客户收取佣金、过户费和印花税等交易费用
深圳证券交易所配股操作流程	（1）在股权登记日(R日)收市后，证券营业部接收股份结算信息库中的配股权证数据，即证券营业部根据每个股东股票账户中的持股量，按配股比例给予相应的权证数量。 （2）配股认购于R+1日开始，认购期为5个工作日。逾期不认购，视同放弃。 （3）配股缴款结束后(即R+7日)，公司股票及其衍生品种恢复交易

2.3 股东大会网络投票

表5-5 股东大会网络投票

项目		内容
沪、深证券交易所的网络投票系统	投资者通过上海证券交易所交易系统投票要点	（1）投票代码。上海证券交易所为上市公司股东大会网络投票设置专用投票代码和股票简称，上市公司同时发行A股和B股的，上海证券交易所为A股和B股分别设置投票代码。 （2）买卖方向。投资者通过交易系统进行投票均选择买入。 （3）申报价格。申报价格用来代表股东大会议案，如股东大会有多个待表决的议案，则申报1元代表表决议案一，申报2元代表表决议案二，依此类推。99元代表本次股东大会所有议案。 （4）申报股数。申报股数用来代表表决意见，申报1股代表同意，申报2股代表反对，申报3股代表弃权。 （5）股东大会有多个待表决的议案的，可以按照任意次序对各议案进行表决申报。表决申报不能撤单。对同一议案不能多次进行表决申报，多次申报的，以第一次申报为准。 （6）统计表决结果时，对单项议案的表决申报优先于对包含该议案的议案组的表决申报，对议案组的表决申报优先于对全部议案的表决申报。 （7）同时持有同一家上市公司A股和B股的股东，应通过上海证券交易所的A股和B股交易系统分别投票
	投资者通过深圳证券交易所交易系统投票要点	（1）投票代码及投票简称。主板、中小板的投票代码为“36+股票代码的后四位”，创业板的投票代码从“365000”起，按股票代码后四位顺序号编制，如股票代码为“300001”，则投票代码为“365001”；投票简称为“××投票”。投票简称由上市公司根据原证券简称向深圳证券交易所申请，深圳证券交易所在“昨日收盘价”字段设置该次股东大会讨论的议案总数。投资者投票要选择买入。 （2）买卖方向。投资者投票要选择买入。 （3）价格。在“委托价格”项填报股东大会议案序号，如1.00元代表议案一，2.00元代表议案二，依此类推。每一议案应以相应的委托价格分别申报。

续表

<table>
<tr><th colspan="2">项　目</th><th>内　容</th></tr>
<tr><td>沪、深证券交易所的网络投票系统</td><td>投资者通过深圳证券交易所交易系统投票要点</td><td>对于逐项表决的议案，如议案二中有多个需表决的子议案，2.00 元代表对议案二下全部子议案进行表决，2.01 元代表议案二中子议案①，2.02 元代表议案二中子议案②，依此类推。对于选举董事、由股东代表出任的监事的议案，如议案三为选举董事，则 3.01 元代表第一位候选人，3.02 元代表第二位候选人，依此类推。
(4)数量。对于采用累积投票制的议案，在“委托数量”项下填报选举票数；对于不采用累积投票制的议案，在“委托数量”项下填报表决意见，1 股代表同意，2 股代表反对，3 股代表弃权。
(5)对同一议案的投票只能申报一次，不能撤单。
(6) 股东大会有多项议案需表决时，可以设置“总议案”，对应的议案号为100(申报价格为 100.00 元)。
(7)不符合上述规定的投票申报，视为未参与投票</td></tr>
<tr><td colspan="2">中国结算公司的网络投票系统</td><td>根据操作流程，投资者办理股东大会网络投票等网络服务业务，需首先登录中国结算公司网站注册，然后到证券公司营业部(身份验证机构)办理身份验证。投资者办理身份验证，须遵循“先注册、后激活”的程序。第一步，自行在网上注册，取得系统实时配发的网上用户名和身份确认码，并选择股票托管的证券公司等身份验证机构；第二步，携带本人有效身份证件、证券账户卡到身份验证机构柜台办理身份验证手续，以激活其网上用户名。只有通过身份验证后，投资者才可参与有关网络服务。系统对投资者办理身份验证与进行网络投票不收取任何费用。
投资者办理身份验证并激活网上用户名后，即可参加今后各有关上市公司股东大会网络投票</td></tr>
</table>

命题点 3　基金、权证和可转换债券相关操作

3.1　开放式基金场内认购、申购与赎回(以上海证券交易所为例)

表 5－6　开放式基金场内认购、申购与赎回

项　目	内　容
基金份额的认购	投资者办理上海证券交易所场内认购、申购与赎回，应使用上海市场人民币普通股票账户或证券投资基金账户(以下简称“上海证券账户”)。 基金募集期内，上海证券交易所接收认购申报的时间为每个交易日的撮合交易时间和大宗交易时间。 投资者认购申报时采用金额认购方式，以认购金额填报数量申请，买卖方向只能为买。最低认购金额由基金管理公司确定并公告。 投资者通过上海证券交易所场内系统认购所得的基金份额登记在投资者上海证券账户内，托管在该投资者上海证券账户指定交易所属的上海证券交易所会员处
基金份额的申购与赎回	上海证券交易所在每个交易日的撮合交易时间内，接受基金份额申购、赎回的申报。 申购、赎回时采用“金额申购、份额赎回”原则，即以申购金额填报数量申请，以赎回份额填报数量申请。“申购”对应“买入”，“赎回”对应“卖出”。申购、赎回的成交价格按当日基金份额净值确定。由于申报价格栏不能空白，故约定始终都填写为“1 元”。 同一交易日可进行多次申购或赎回申报，申报指令可以更改或撤销，但申报已被受理的除外。 上海证券交易所对申购、赎回申报申请直接转发给中国结算公司，并由中国结算公司负责校验。投资者申购(赎回)后所得的基金份额(赎回金额)，由中国结算公司予以确认

续表

项　目	内　容
基金份额的转托管	投资者可将基金份额在上海证券交易所场内不同会员营业部之间进行转指定，也可在上海证券交易所场内系统和场外系统之间进行跨市场转托管。 在开放式基金开放申购、赎回后，投资者可以申请办理转托管，但存在质押、冻结或其他特殊情形可能影响份额持有人权益的基金份额，不能申请转托管。 投资者申请将基金份额转出上海证券交易所场内系统的，可在T日持有效身份证明文件和上海证券账户卡到转出方的交易所会员营业部提交转托管申请。转出方交易所会员营业部应按照上海证券交易所相关要求申报转托管。 投资者申请将基金份额转入上海证券交易所场内系统的，可于T日在场外转出方的基金管理人或其代销机构处提出基金份额转托管申请。场外转出方基金管理人或其代销机构应按照中国结算公司相关要求申报转托管

3.2 上市开放式基金的认购、交易、申购与赎回

表5-7 上市开放式基金的认购、交易、申购与赎回

项　目	内　容
特点	上市开放式基金是在原有的开放式基金运作模式的基础上，增加了交易所发售、申购、赎回和交易的渠道。其主要特点有： (1) 基金的发售可以在深圳证券交易所和基金管理人及其代销机构同时进行，交易所采用上网发行方式，基金管理人及其代销机构沿用原有的柜台销售方式。 (2) 基金在深圳证券交易所上市后，投资者可以选择在交易所交易系统以撮合成交的方式买卖基金份额，也可以选择在交易所交易系统、基金管理人及代销机构以当日收市后的基金份额净值申购、赎回基金份额。 (3) 通过深圳证券交易所交易系统认购、申购、买入的基金份额登记在中国结算公司深圳证券登记结算系统，可通过证券营业部向交易所交易系统申报卖出或者赎回，卖出按股票交易方式以电子撮合价成交，赎回则按当日收市的基金份额净值成交。 (4) 利用跨系统转托管可以实现基金份额在场内与场外之间托管场所的变更
发售	在基金募集期内的每个交易日的交易时间，上市开放式基金均在深圳证券交易所挂牌发售。上市开放式基金的募集沿用新股上网定价模式，但无配号及中签环节。投资者通过交易所的各会员营业网点报盘认购上市开放式基金，所有委托一经确认不得撤销
开放与上市	基金合同生效后即进入封闭期，封闭期一般不超过3个月。封闭期内，基金不受理赎回。基金开放日应为证券交易所的正常交易日。上市开放式基金完成登记托管手续后，由基金管理人及基金托管人共同向深圳证券交易所提交上市申请。基金申请在深圳证券交易所上市应符合规定的条件。 上市开放式基金的上市首日须为基金的开放日。基金上市首日的开盘参考价为上市首日前一交易日的基金份额净值(四舍五入至价格最小变动单位)
申购与赎回	投资者通过场内申购、赎回应使用深圳证券账户，通过场外申购、赎回应使用深圳开放式基金账户。 上市开放式基金采取“金额申购、份额赎回”原则，即申购以金额申报，赎回以份额申报。场内申购申报单位为1元人民币，赎回申报单位为1份基金份额。 基金管理人可按申购金额分段设置申购费率。场内赎回为固定赎回费率，不可按份额持有时间分段设置赎回费率。申购、赎回费率由基金管理人在基金招募说明书中约定

续表

项　目	内　　容
交易	上市开放式基金在交易所的交易规则与封闭式基金基本相同，具体内容有：买入上市开放式基金申报数量应当为100份或其整数倍，申报价格最小变动单位为0.001元人民币。深圳证券交易所对上市开放式基金交易实行价格涨跌幅限制，涨跌幅比例为10%，自上市首日起执行。 投资者可在交易日的交易时间内使用深圳证券账户通过各交易所会员单位的营业网点报盘买入和卖出上市开放式基金。 T日买入基金份额自T+1日开始可在深圳证券交易所卖出或赎回
转托管	上市开放式基金份额的转托管业务包含两种类型：系统内转托管和跨系统转托管。 投资者拟将托管在某证券营业部的上市开放式基金份额转托管到其他证券营业部，可通过系统内转托管办理。 投资者如需将登记在证券登记系统中的基金份额转托管到TA系统（基金份额由证券营业部转托管到代销机构、基金管理人），或将登记在TA系统中的基金份额转托管到证券登记结算系统（基金份额由代销机构、基金管理人转托管到证券营业部），应办理跨系统转托管手续

3.3　证券交易所交易型开放式指数基金的认购、交易、申购和赎回

表5－8　证券交易所交易型开放式指数基金的认购、交易、申购和赎回

项　目	内　　容
认购	根据我国相关规定，投资者在ETF募集期间，认购ETF的方式有场内现金认购（网上）、场外现金认购（网下）、网上组合证券认购和网下组合证券认购。投资者办理证券交易所ETF份额的认购、交易、申购、赎回业务，需使用在中国结算公司开立的证券账户
交易、申购和赎回	投资者有两种方式参与证券交易所ETF的投资：一是进行申购和赎回；二是直接从事买卖交易。按现行有关制度规定，买卖证券交易所ETF的投资者需具有证券交易所A股账户或基金账户，进行证券交易所ETF申购、赎回操作的投资者需具有证券交易所A股账户。 投资者进行证券交易所ETF的申购和赎回，采用份额申购、份额赎回的方式。申购是投资者通过一级交易商，申请以一篮子股票和少量现金换取一定数量的基金份额；赎回是投资者通过一级交易商申请以一定数量的基金份额换取一篮子股票和少量现金。 根据我国证券交易所的相关规定，买卖、申购、赎回ETF的基金份额时，还应遵守下列规定： （1）当日申购的基金份额，同日可以卖出，但不得赎回。 （2）当日买入的基金份额，同日可以赎回，但不得卖出。 （3）当日赎回的证券，同日可以卖出，但不得用于申购基金份额。 （4）当日买入的证券，同日可以用于申购基金份额

3.4　权证的交易与行权和可转换债券转股

表5－9　权证的交易与行权和可转换债券转股

项　目	内　　容
权证的交易	经证券交易所认可的具有证券交易所会员资格的证券公司可以自营或代理投资者买卖权证。证券公司在代理投资者买卖权证时，应向首次买卖权证的投资者全面介绍相关业务规则，充分揭示可能产生的风险，并要求其签署《风险揭示书》。《风险揭示书》由证券交易所统一制定。

续表

项　目	内　容
权证的交易	投资者应使用在中国结算公司开立的证券账户(A股账户)办理权证的认购、交易、行权等业务。单笔权证买卖申报数量不得超过100万份，申报价格最小变动单位为0.001元人民币。权证买入申报数量为100份的整数倍。当日买进的权证，当日可以卖出。 权证交易实行价格涨跌幅限制，涨跌幅按下列公式计算： 权证涨幅价格=权证前一日收盘价格+(标的证券当日涨幅价格-标的证券前一日收盘价)×125%×行权比例 权证跌幅价格=权证前一日收盘价格-(标的证券前一日收盘价-标的证券当日跌幅价格)×125%×行权比例 当计算结果小于等于零时，权证跌幅价格为零。 在权证交易中，禁止的事项有：权证发行人不得买卖自己发行的权证；标的证券发行人不得买卖标的证券对应的权证；禁止内幕信息知情人员利用内幕信息进行权证交易活动，获取不正当利益；禁止任何人直接操纵权证价格；禁止任何人通过操纵标的证券价格影响其对应权证的价格；禁止任何人通过操纵权证价格影响其对应的标的证券价格。 标的证券停牌的，权证相应停牌；标的证券复牌的，权证复牌。证券交易所根据市场需要有权暂停权证交易。 已上市交易的权证，合格机构可创设同种权证。 权证存续期满前5个交易日，权证终止交易，但可以行权
权证的行权	权证持有人行权的，应委托证券公司(证券交易所的会员)通过证券交易所交易系统申报。 上海证券交易所规定，权证行权的申报数量为100份的整数倍。深圳证券交易所规定，权证行权以份为单位进行申报。 当日行权申报指令当日有效，当日可以撤销。当日买进的权证，当日可以行权。当日行权取得的标的证券，当日不得卖出。 权证行权时，标的股票过户费为股票过户面额的0.05%
可转换债券转股	可转换债券是指其持有者可以在一定时期内按一定比例或价格将之转换成一定数量的另一种证券的债券。可转换债券通常是转换成普通股票，当股票价格上涨时，可转换债券的持有人行使转换权比较有利。这里以上海证券交易所上市的可转换债券"债转股"的做法为例，介绍其操作要点： (1) 可转换债券"债转股"通过证券交易所交易系统进行。 (2) 可转换债券"债转股"需要规定一个转换期。 (3) 可转换债券持有人可将本人证券账户内的可转债全部或部分申请转为发行公司的股票。 (4) 可转换债券的买卖申报优先于转股申报。 (5) 可转换债券转换成发行公司股票的股份数(股)的计算公式。 可转换债券转换股份数(股)=(转换债券手数×1000)÷当次初始转股价格 (6) 即日买进的可转换债券当日可申请转股。 当日(T日)转换的公司股票可在T+1日卖出。非交易过户的可转换债券在过户的下一个交易日方可进行转股申报。 (7) 其他事项。 当可转换债券出现赎回、回售等情况时，按公司发行可转换债券时约定的有关条款办理

命题点 4　代办股份转让

4.1　代办股份转让的概念和业务范围

表 5－10　代办股份转让的概念和业务范围

项　目		内　容
概念		所谓代办股份转让服务业务，是指证券公司以其自有或租用的业务设施，为非上市公司提供的股份转让服务业务
原则		证券公司代办股份转让服务业务，同样应当遵循公开、公平、公正的原则，不得损害投资者的合法权益
种类		现阶段进入代办股份转让系统进行转让的股票，主要分为两大类： （1）原 STAQ、NET 系统挂牌的公司和退市公司。 （2）中关村科技园区非上市股份有限公司股份报价转让试点的挂牌公司
业务范围	主办业务范围	（1）对拟推荐在代办股份转让系统挂牌的公司全体董事、监事及高级管理人员进行辅导，使其了解相关法律法规和协议所规定的责任和义务。 （2）办理所推荐的股份转让公司挂牌事宜。 （3）发布关于所推荐股份转让公司的分析报告。 （4）指导和督促股份转让公司依照相关法律法规和协议，真实、准确、完整、及时地披露信息。 （5）对股份转让业务中出现的问题，依据有关规则和协议及时处理并报中国证券业协会备案，重大事项应立即报告中国证券业协会。 （6）根据中国证券业协会要求，调查或协助调查指定事项。 （7）中国证券业协会许可的其他业务
	代办业务范围	（1）受托办理股份转让公司股权确认事宜。 （2）向投资者提示股份转让风险，与投资者签订股份转让委托协议书，接受投资者委托办理股份转让业务。 （3）根据中国证券业协会或相关主办券商的要求，协助调查指定事项。 （4）中国证券业协会许可的其他业务

4.2　代办股份转让的资格条件

表 5－11　代办股份转让的资格条件

项　目	内　容
证券公司从事代办股份转让服务业务应具备的条件	证券公司从事代办股份转让服务业务，应当报经中国证券业协会批准，并报中国证监会备案。具体条件如下： （1）具备中国证券业协会会员资格，遵守中国证券业协会自律规则，按时缴纳会费，履行会员义务。 （2）经中国证监会批准为综合类证券公司或比照综合类证券公司运营 1 年以上。 （3）同时具备承销业务、外资股业务和网上证券委托业务资格。 （4）最近年度净资产不低于人民币 8 亿元，净资本不低于人民币 5 亿元。 （5）经营稳健，财务状况正常，不存在重大风险隐患。

续表

项　目	内　　容
证券公司从事代办股份转让服务业务应具备的条件	(6) 最近2年内不存在重大违法违规行为。 (7) 最近年度财务报告未被注册会计师出具否定意见或拒绝发表意见。 (8) 设置代办股份转让业务的管理部门，由公司副总经理以上的高级管理人员负责这项业务的日常管理，至少配备2名有资格从事证券承销业务和证券交易业务的人员，专门负责信息披露业务，其他业务人员须有证券业从业资格。 (9) 具有20家以上的营业部，且布局合理。 (10) 具有健全的内部控制制度和风险防范机制。 (11) 具备符合代办股份转让系统技术规范和标准的技术系统。 (12) 中国证券业协会要求的其他条件
股份转让公司委托代办转让应具备的条件	股份转让公司应当而且只能委托1家证券公司办理股份转让，并与证券公司签订委托协议。代办转让的股份仅限于股份转让公司在原交易场所挂牌交易的流通股份

4.3　代办股份转让的方式及价格确定原则

表5－12　代办股份转让的方式及价格确定原则

项　目	内　　容
方式	股份转让的转让日根据股份转让公司质量，实行区别对待，分类转让。同时满足以下条件的股份转让公司，股份实行每周5次(周一至周五)的转让方式： (1) 规范履行信息披露义务。 (2) 股东权益为正值或净利润为正值。 (3) 最近年度财务报告未被注册会计师出具否定意见或拒绝发表意见。 证券公司在代办转让业务中可以接受投资者的限价委托，但不得接受全权委托
价格确定原则	转让撮合时，以集合竞价确定转让价格，其确定原则依次是： (1) 在有效竞价范围内能实现最大成交量的价位。 (2) 如果有两个以上价位满足前项条件，则选取符合下列条件之一的价位： ① 高于该价位的买入申报与低于该价位的卖出申报全部成交。 ② 与该价位相同的买方或卖方的申报全部成交。 (3) 如果有两个以上的价位满足前项条件，则选取离上一个转让日成交价最近的价位作为转让价。 投资者在转让结束后应及时办理交收手续，并核对账户资金余额和股份余额情况。投资者委托股份转让和非转让过户(挂失除外)，应当按规定缴纳印花税和手续费

4.4　非上市股份有限公司股份报价转让试点

表5－13　非上市股份有限公司股份报价转让试点

项　目	内　　容
与其他方式的不同之处	(1) 挂牌公司属性不同。 (2) 转让方式不同。 (3) 信息披露标准不同。 (4) 结算方式不同

续表

<table>
<tr><th colspan="2">项　目</th><th>内　　容</th></tr>
<tr><td rowspan="2">股份报价转让业务</td><td>股份挂牌</td><td>中关村科技园区非上市股份有限公司（以下简称“非上市公司”）申请股份在代办系统挂牌，须委托一家主办券商作为其推荐主办券商，向中国证券业协会进行推荐。
申请股份挂牌的非上市公司应与推荐主办券商签订推荐挂牌协议。非上市公司在股份挂牌前应与证券登记结算机构签订证券登记服务协议，办理全部股份的集中登记。初始登记的股份，托管在推荐主办券商处</td></tr>
<tr><td>股份转让</td><td>（1）一般规定
投资者买卖挂牌公司（指股份在代办系统挂牌报价转让的非上市公司）股份，应持有中国结算公司深圳分公司人民币普通股票账户。
投资者买卖挂牌公司股份，须委托主办券商办理。投资者卖出股份，须委托代理其买入该股份的主办券商办理。如需委托另一家主办券商卖出该股份，须办理股份转托管手续。
挂牌公司股份转让时间为每周一至周五 9:30～11:30，13:00～15:00。
投资者买卖挂牌公司股份，应按照规定缴纳相关税费。
（2）委托
投资者买卖挂牌公司股份，应与主办券商签订代理报价转让协议。投资者委托分为意向委托、定价委托和成交确认委托。委托当日有效。意向委托、定价委托和成交确认委托均可撤销，但已经报价系统确认成交的委托不得撤销或变更。意向委托和定价委托应注明证券名称、证券代码、证券账户、买卖方向、买卖价格、买卖数量、联系方式等内容。成交确认委托应注明证券名称、证券代码、证券账户、买卖方向、成交价格、成交数量、成交约定号、拟成交对手的主办券商等内容。
（3）申报
主办券商应通过专用通道，按接受投资者委托的时间先后顺序向报价系统申报。
（4）成交
投资者达成转让意向后，可各自委托主办券商进行成交确认申报。投资者拟与定价委托成交的，须委托主办券商进行成交确认申报，并通过点击方式指定拟与之成交的某一笔定价委托，系统将自动生成对应的确认委托与其配对成交，被成交方不必撤销该定价委托重新申报成交确认委托。
（5）结算
股份和资金的结算实行分级结算原则。证券登记结算机构根据成交确认结果办理主办券商之间股份和资金的清算交收；主办券商负责办理其与客户之间的清算交收。
（6）报价和成交信息发布
在股份转让期间，报价系统通过专门网站（http://bjzr.gzr.com.cn）和代办股份转让行情系统发布最新的报价和成交信息。报价信息包括委托类别、证券名称、证券代码、主办券商、买卖方向、拟买卖价格、股份数量、联系方式等。成交信息包括证券名称、证券代码、成交价格、成交数量、买方代理主办券商和卖方代理主办券商等。
（7）暂停和恢复转让
挂牌公司向中国证监会申请公开发行股票并上市的，主办券商应当自中国证监会正式受理其申请材料的下一报价日起暂停其股份转让，直至股票发行审核结果公告日。挂牌公司涉及无先例或存在不确定性因素的重大事项需要暂停股份报价转让的，主办券商应暂停其股份报价转让，直至重大事项获得有关许可或不确定性因素消除。
（8）终止挂牌
挂牌公司出现下列情形之一的，应终止其股份挂牌：进入破产清算程序；中国证监会核准其公开发行股票申请；北京市人民政府有关部门同意其终止股份挂牌申请；中国证券业协会规定的其他情形</td></tr>
</table>

续表

<table>
<tr><th colspan="2">项　目</th><th>内　　容</th></tr>
<tr><td>股份报价转让业务</td><td>主办券商和信息披露</td><td>（1）主办券商
证券公司从事非上市公司股份报价转让业务，应取得中国证券业协会授予的代办系统主办券商业务资格。
（2）信息披露
挂牌公司应按照相关信息披露业务规则、通知等规定，规范履行信息披露义务。股份挂牌前，非上市公司至少应当披露股份报价转让说明书。股份挂牌后，挂牌公司至少应当披露年度报告、半年度报告和临时报告</td></tr>
</table>

命题点5　期货交易的中间介绍

表5－14　期货交易的中间介绍

<table>
<tr><th colspan="2">项　目</th><th>内　　容</th></tr>
<tr><td rowspan="2">定义</td><td>期货交易</td><td>是指交易双方在集中性的市场以公开竞价方式所进行的期货合约的交易。期货交易包括商品期货交易和金融期货交易</td></tr>
<tr><td>证券公司为期货公司提供中间介绍业务</td><td>所谓证券公司为期货公司提供中间介绍业务（以下简称“介绍业务”），是指证券公司接受期货公司委托，为期货公司介绍客户参与期货交易并提供其他相关服务的业务活动</td></tr>
<tr><td>资格条件</td><td colspan="2">证券公司申请介绍业务资格，应当符合下列条件：
（1）申请日前6个月各项风险控制指标符合规定标准。
（2）已按规定建立客户交易结算资金第三方存管制度。
（3）全资拥有或者控股一家期货公司，或者与一家期货公司被同一机构控制，且该期货公司具有实行会员分级结算制度期货交易所的会员资格、申请日前2个月的风险监管指标持续符合规定的标准。
（4）配备必要的业务人员，公司总部至少有5名、拟开展介绍业务的营业部至少有2名具有期货从业人员资格的业务人员。
（5）已按规定建立健全与介绍业务相关的业务规则、内部控制、风险隔离及合规检查等制度。
（6）具有满足业务需要的技术系统。
（7）中国证监会根据市场发展情况和审慎监管原则规定的其他条件</td></tr>
<tr><td>业务范围</td><td colspan="2">证券公司受期货公司委托从事介绍业务，应当提供下列服务：
（1）协助办理开户手续。
（2）提供期货行情信息、交易设施。
（3）中国证监会规定的其他服务。
证券公司从事介绍业务，应当与期货公司签订书面委托协议。委托协议应当载明下列事项：
（1）介绍业务的范围。
（2）执行期货保证金安全存管制度的措施。
（3）介绍业务对接规则。
（4）客户投诉的接待处理方式。
（5）报酬支付及相关费用的分担方式。
（6）违约责任。
（7）中国证监会规定的其他事项</td></tr>
</table>

续表

项　目	内　容
业务规则	证券公司只能接受其全资拥有或者控股的，或者被同一机构控制的期货公司的委托从事介绍业务，不能接受其他期货公司的委托从事介绍业务。证券公司应当按照合规、审慎经营的原则，制定并有效执行介绍业务规则、内部控制、合规检查等制度，确保有效防范和隔离介绍业务与其他业务的风险。 证券公司为期货公司介绍客户时，应当向客户明示其与期货公司的介绍业务委托关系，解释期货交易的方式、流程及风险，不得作获利保证、共担风险等承诺，不得虚假宣传，误导客户

【经典真题详解】

一、单项选择题(以下备选答案中只有一项最符合题目要求)

1. 股票网上发行就是利用证券交易所的交易系统，新股发行主承销商在(　　)挂牌销售，投资者通过证券经纪商进行申购的发行方式。【2011 年 3 月真题】

A. 股票发行公司　　B. 证券交易所　　C. 证券营业网点　　D. 证券登记结算公司

【答案】B　股票网上发行是利用证券交易所的交易系统，新股发行主承销商在证券交易所挂牌销售，投资者通过证券经纪商进行申购的发行方式。股票网上发行方式按发行价格决定机制划分，有网上定价发行和网上竞价发行。

2. 下列属于新股网上定价发行与网上竞价发行的区别的是(　　)。【2011 年 3 月真题】

A. 发行对象的确定方式不同　　B. 发行场所的确定方式不同

C. 发行时间的确定方式不同　　D. 发行价格的确定方式不同

【答案】D　新股网上定价发行与网上竞价发行的不同之处主要有两点：(1)发行价格的确定方式不同。定价发行方式事先确定价格；而竞价发行方式是事先确定发行底价，由发行时竞价决定发行价。(2)认购成功者的确认方式不同。定价发行方式按抽签决定；竞价发行方式按价格优先、同等价位时间优先原则决定。

3. 某投资者当日申报"债转股"200 手，当次初始转股价格为每股 25 元，股票当日市价为每股 30 元，则该投资者可转换成发行公司股票的股份数为(　　)。【2010 年 12 月真题】

A. 6000 股　　B. 500 股　　C. 800 股　　D. 8000 股

【答案】D　根据可转换债券转换股份数的计算公式可得：可转换债券转换股份数 = $\frac{\text{转换债券手数}\times 1000}{\text{当次初始转股价格}}=\frac{200\times 1000}{25}=8000$(股)

4. 根据中国证券业协会发布的有关管理办法规定，下列属于代办股份转让主办券商的代办业务的是(　　)。【2010 年 12 月真题】

A. 受托办理股份转让公司股权确认事宜

B. 根据中国证监会要求协助调查指定事项

C. 发布关于所推荐股份转让公司的有关分析报告

D. 指导和督促股份转让公司依照相关法律、法规和协议，真实、准确、完整、及时地披露信息

【答案】A　主办券商的代办业务包括：(1)开立非上市股份有限公司股份转让账户；(2)受托办理股份转让公司股权确认事宜；(3)向投资者提示股份转让风险，与投资者签订股份转让委托协议书，接受投资者委托办理股份转让业务；(4)根据协会或相关主办券商的要求，协助调查指定事项；(5)协会许可的其他业务。BCD项属于代办股份转让主办券商的主办业务。

5. 某投资者于2010年3月16日(星期二)买入某B种股票，按《上海、深圳证券交易所交易规则》，该股票的交收应于(　　)办理。【2010年10月真题】

A. 3月16日　　B. 3月17日　　C. 3月18日　　D. 3月19日

【答案】B　根据《上海、深圳证券交易所交易规则》的规定，B股的交收应当在买入股票的下一个交易日办理，题中3月16日(星期二)的下一个交易日为3月17日(星期三)，故B项正确。

二、多项选择题(以下备选答案中有两项或两项以上符合题目要求)

1. 若T日为网上定价发行新股申购日，下列关于申购日程安排表述正确的有(　　)。【2011年3月真题】

A. T+1日由中国结算公司分公司冻结申购资金

B. T+1日进行申购资金验资

C. T+3日公布摇号中签结果，解冻未中签部分申购资金

D. T+2日主承销商组织摇号抽签

【答案】ABCD　申购日后的第一个交易日(T+1日)，由中国结算公司分公司进行申购资金冻结处理。16:00前(深圳证券交易所规定15:00前)，申购资金须全部到位。16:00后，发行人及其主承销商会同中国结算公司分公司和会计师事务所对申购资金的到位情况进行核查，并由会计师事务所出具验资报告。发行人应当向负责申购资金验资的会计师事务所支付验资费用。如果有效申购总量大于该次股票发行量，主承销商将于申购日后的第二个交易日(T+2日)组织摇号抽签，公布确定的发行价和中签率，并按规定进行中签处理。申购日后的第三个交易日(T+3日)，主承销商公布中签结果，中国结算公司对未中签部分的申购款予以解冻，并按规定进行新股认购款划付，即从结算参与人的资金交收账户上扣收新股认购款项，再划付给主承销商。

2. 下列关于上海证券交易所股东大会网络投票说法正确的有(　　)。【2010年10月真题】

A. 申报1股代表同意

B. 申报2股代表弃权

C. 如果股东大会有多个待表决的议案，则申报1元代表表决议案一，申报2元代表表决议案二，依此类推

D. 对同一议案不能多次进行表决申报，多次申报的以第一次申报为准

【答案】ACD　B项，申报股数用来代表表决意见，申报1股代表同意，申报2股代表反对，申报3股代表弃权。

3. 按照中国证券业协会发布的有关管理办法规定，下列属于代办股份转让主办券商的主办业务的有(　　)。【2010年12月真题】

A. 根据中国证券业协会要求，调查或协助调查指定事项

B. 对股份转让业务中出现的问题，依据有关规则和协议及时处理并报中国证券业协会备案，重大事项应立即报告中国证券业协会

C. 指导和督促股份转让公司依照相关法律、法规和协议，真实、准确、完整、及时地披露信息

D. 对拟推荐在代办股份转让系统核算的公司全体董事、监事及高级管理人员进行辅导

【答案】ABC　根据中国证券业协会发布的《证券公司从事代办股份转让主办券商管理办法（试行）》规定，主办券商的主办业务包括：(1)对拟推荐在代办股份转让系统挂牌的公司全体董事、监事及高级管理人员进行辅导，使其了解相关法律法规和协议所规定的责任和义务；(2)办理所推荐的股份转让公司挂牌事宜，包括向中国证券业协会提交推荐文件，办理所推荐公司股权确认，确定及调整所推荐公司的股份转让方式等；(3)发布关于所推荐股份转让公司的分析报告；(4)指导和督促股份转让公司依照相关法律法规和协议，真实、准确、完整、及时地披露信息；(5)对股份转让业务中出现的问题，依据有关规则和协议及时处理并报中国证券业协会备案，重大事项应立即报告中国证券业协会；(6)根据中国证券业协会要求，调查或协助调查指定事项；(7)中国证券业协会许可的其他业务。

三、判断题(正确的用A表示，错误的用B表示)

1. 配股权证的派发由证券交易所根据上市公司提供的配股方案中的配股除权登记日登记的持股数增加其配股权证。(　　)【2011年3月真题】

【答案】B　中国结算公司根据上市公司提供的配股方案中的配股比例，按照配股除权登记日登记的股东持股数增加其配股权证。

2. 按照现行规定，股份转让公司一经在代办股份转让系统挂牌进行股份转让，其所有股份均可进行转让。(　　)【2010年12月真题】

【答案】B　股份转让公司应当而且只能委托1家证券公司办理股份转让，并与证券公司签订委托协议。代办转让的股份仅限于股份转让公司在原交易场所挂牌交易的流通股份。

3. 证券公司申请提供中间介绍业务的资格应当满足在申请日前一年各项风险控制指标符合规定标准。(　　)【2010年12月真题】

【答案】B　证券公司申请提供中间介绍业务的资格应当符合的条件之一是：申请日前6个月各项风险控制指标符合规定标准。

4. 在我国，新股网上竞价发行是指主承销商利用证券交易所的交易系统，以自己作为唯一的卖方，按照发行人确定的底价将公开发行股票的数量输入其在证券交易所的股票发行专户。(　　)【2010年10月真题】

【答案】A

第六章　证券自营业务

【命题点规律】

对近年考试的命题进行研究可以发现，本章的命题规律体现在以下几个方面：

1. 证券自营业务的含义、特点是必考的知识点。
2. 证券自营业务管理的基本要求是重要的考核点。
3. 证券自营业务禁止行为的内容、证券自营业务的监管和法律责任是需要熟记的内容。

【命题点解读】

命题点1　证券自营业务的含义、投资范围及特点

表6－1　证券自营业务的含义、投资范围及特点

项　目	内　容
含义	证券自营业务是指经中国证监会批准经营证券自营业务的证券公司用自有资金和依法筹集的资金，用自己名义开设的证券账户买卖依法公开发行或中国证监会认可的其他有价证券，以获取盈利的行为
投资范围	（1）已经和和依法可以在境内证券交易所上市交易的证券。这类证券主要是股票、债券、权证、证券投资基金等，这是证券公司自营买卖的主要对象。 （2）已经和依法可以在境内银行间市场交易的以下证券： ① 政府债券。 ② 国际开发机构人民币债券。 ③ 央行票据。 ④ 金融债券。 ⑤ 短期融资券。 ⑥ 公司债券。 ⑦ 中期票据。 ⑧ 企业债券。 （3）依法经中国证监会批准或者备案发行并在境内金融机构柜台交易的证券。这类证券主要是指开放式基金、证券公司理财产品等依法经中国证监会批准或向中国证监会备案发行，由商业银行、证券公司等金融机构销售的证券。 证券公司因包销而买卖证券，或者为对冲风险参与金融衍生产品交易的，可不受自营清单的限制。 此外，具备证券自营业务资格的证券公司，按有关规定报经中国证监会批准，可以设立子公司，从事《证券公司证券自营投资品种清单》所列品种以外的金融产品等投资
特点	（1）决策的自主性。 （2）交易的风险性。 （3）收益的不确定性

命题点 2 证券公司证券自营业务管理

表 6－2 证券公司证券自营业务管理

项目		内容
决策与授权		证券公司应建立健全相对集中、权责统一的投资决策与授权机制。自营业务决策机构原则上应当按照"董事会—投资决策机构—自营业务部门"的三级体制设立。 董事会是自营业务的最高决策机构。自营业务具体投资运作管理由董事会授权公司投资决策机构决定。 自营业务部门为自营业务的执行机构，应在投资决策机构作出的决策范围内，根据授权负责具体投资项目的决策和执行工作。 自营业务的管理和操作由证券公司自营业务部门专职负责，非自营业务部门和分支机构不得以任何形式开展自营业务。自营业务中涉及自营规模、风险限额、资产配置、业务授权等方面的重大决策，应当经过集体决策并采取书面形式，由相关人员签字确认后存档
运作管理		（1）控制运作风险 应通过合理的预警机制、严密的账户管理、严格的资金审批调度、规范的交易操作及完善的交易记录保存制度等，控制自营业务运作风险。 （2）确定运作原则 应明确自营部门在日常经营中自营总规模的控制、资产配置比例控制、项目集中度控制和单个项目规模控制等原则。 （3）建立运作流程 建立严密的自营业务运作流程，确保自营部门及员工按规定程序行使相应的职责；应重点加强投资品种的选择及投资规模的控制、自营库存变动的控制，明确自营操作指令的权限及下达程序、请示报告事项及程序等。 （4）专人负责清算 自营业务的清算应当由公司专门负责结算托管的部门指定专人完成
风险监控	自营业务的风险	（1）合规风险 主要是指证券公司在自营业务中违反法律、行政法规和监管部门规章及规范性文件、行业规范和自律规则等行为，如从事内幕交易、操纵市场等行为可能使证券公司受到法律制裁、被采取监管措施、遭受财产损失或声誉损失的风险。 （2）市场风险 主要是指因不可预见和控制的因素导致市场波动，造成证券公司自营亏损的风险。这是证券公司自营业务面临的主要风险。所谓自营业务的风险性或高风险特点也主要是指这种风险。 （3）经营风险 主要是指证券公司在自营业务中，由于投资决策失误、规模失控，管理不善、内控不严或操作失误而使自营业务受到损失的风险

续表

项目		内容
风险监控	自营业务风险的防范	（1）自营业务的规模及比例控制 ① 自营权益类证券及证券衍生品的合计额不得超过净资本的100%。 ② 自营固定收益类证券的合计额不得超过净资本的500%。 ③ 持有一种权益类证券的成本不得超过净资本的30%。 ④ 持有一种权益类证券的市值与其总市值的比例不得超过5%，但因包销导致的情形和中国证监会另有规定的除外。 （2）自营业务的内部控制 ① 建立“防火墙”制度。 ② 应加强自营账户的集中管理和访问权限控制。 ③ 应建立完善的投资决策和投资操作档案管理制度，确保投资过程事后可查证。 ④ 证券公司应建立独立的实时监控系统。 ⑤ 通过建立实时监控系统全方位监控自营业务的风险，建立有效的风险监控报告机制。 ⑥ 建立健全自营业务风险监控缺陷的纠正与处理机制。 ⑦ 建立完备的业绩考核和激励制度。 ⑧ 稽核部门定期对自营业务的合规运作、盈亏、风险监控等情况进行全面稽核，出具稽核报告。 ⑨ 加强自营业务人员的职业道德和诚信教育，强化自营业务人员的保密意识、合规操作意识和风险控制意识。自营业务关键岗位人员离任前，应当由稽核部门进行审计
	证券自营业务信息报告	（1）建立健全自营业务内部报告制度。 （2）建立健全自营业务信息报告制度，自觉接受外部监督。 （3）明确自营业务信息报告的负责部门、报告流程和责任人

命题点3　证券自营业务的禁止行为

表6－3　证券自营业务的禁止行为

项目		内容
禁止内幕交易	内幕交易	内幕交易是指证券交易内幕信息的知情人和非法获取内幕信息的人利用内幕信息从事证券交易活动。 常见的内幕交易包括以下行为： （1）内幕信息的知情人利用内幕信息买卖证券或者根据内幕信息建议他人买卖证券。 （2）内幕信息的知情人向他人透露内幕信息，使他人利用该信息进行内幕交易。 （3）非法获取内幕信息的人利用内幕信息买卖证券或者建议他人买卖证券。 证券交易内幕信息的知情人包括：

续表

<table>
<tr><th colspan="2">项　目</th><th>内　　容</th></tr>
<tr><td rowspan="2">禁止内幕交易</td><td>内幕交易</td><td>（1）发行人的董事、监事、高级管理人员。
（2）持有公司5%以上股份的股东及其董事、监事、高级管理人员，公司的实际控制人及其董事、监事、高级管理人员。
（3）发行人控股的公司及其董事、监事、高级管理人员。
（4）由于所任公司职务可以获取公司有关内幕信息的人员。
（5）证券监督管理机构工作人员以及由于法定职责对证券的发行、交易进行管理的其他人员。
（6）保荐机构、承销的证券公司、证券交易所、证券登记结算机构、证券服务机构的有关人员。
（7）国务院证券监督管理机构规定的其他人</td></tr>
<tr><td>内幕信息</td><td>内幕信息是指在证券交易活动中，涉及公司的经营、财务或者对该公司证券的市场价格有重大影响的尚未公开的信息。
下列信息皆属内幕信息：
（1）可能对上市公司股票交易价格产生较大影响的重大事件。主要包括：
① 公司的经营方针和经营范围的重大变化。
② 公司的重大投资行为和重大的购置财产的决定。
③ 公司订立重要合同，可能对公司的资产、负债、权益和经营成果产生重要影响。
④ 公司发生重大债务和未能清偿到期重大债务的违约情况。
⑤ 公司发生重大亏损或者重大损失。
⑥ 公司生产经营的外部条件发生的重大变化。
⑦ 公司的董事、1/3以上监事或者经理发生变动。
⑧ 持有公司5%以上股份的股东或者实际控制人，其持有股份或者控制公司的情况发生较大变化。
⑨ 公司减资、合并、分立、解散及申请破产的决定。
⑩ 涉及公司的重大诉讼，股东大会、董事会决议被依法撤销或者宣告无效。
⑪ 公司涉嫌犯罪被司法机关立案调查，公司董事、监事、高级管理人员涉嫌犯罪被司法机关采取强制措施。
⑫ 国务院证券监督管理机构规定的其他事项。
（2）公司分配股利或者增资的计划。
（3）公司股权结构的重大变化。
（4）公司债务担保的重大变更。
（5）公司营业用主要资产的抵押、出售或者报废一次超过该资产的30%。
（6）公司的董事、监事、高级管理人员的行为可能依法承担重大损害赔偿责任。
（7）上市公司收购的有关方案。
（8）国务院证券监督管理机构认定的对证券交易价格有显著影响的其他重要信息</td></tr>
</table>

续表

项　目	内　容
禁止操纵市场	所谓操纵市场是指机构或个人利用其资金、信息等优势，影响证券交易价格或交易量，制造证券交易假象，诱导或者致使投资者在不了解事实真相的情况下做出证券投资决定，扰乱证券市场秩序，以达到获取利益或减少损失的目的的行为。 《证券法》明确列示操纵证券市场的手段包括： （1）单独或者通过合谋，集中资金优势、持股优势或者利用信息优势联合或者连续买卖，操纵证券交易价格或者证券交易量。 （2）与他人串通，以事先约定的时间、价格和方式相互进行证券交易，影响证券交易价格或者证券交易量。 （3）在自己实际控制的账户之间进行证券交易，影响证券交易价格或者证券交易量。 （4）以其他手段操纵证券市场
其他禁止行为	（1）假借他人名义或者以个人名义进行自营业务。 （2）违反规定委托他人代为买卖证券。 （3）违反规定购买本证券公司控股股东或者与本证券公司有其他重大利害关系的发行人发行的证券。 （4）将自营账户借给他人使用。 （5）将自营业务与代理业务混合操作。 （6）法律、行政法规或中国证监会禁止的其他行为

命题点4　证券自营业务的监管和法律责任

4.1　监管措施

表6－4　证券自营业务的监管措施

项　目	内　容
专设账户、单独管理	根据《证券法》的规定，证券公司从事证券自营业务，应当以公司名义建立证券自营账户，并报中国证监会备案。 自2008年6月1日起施行的《证券公司监督管理条例》规定，证券公司的证券自营账户，应当自开户之日起3个交易日内报证券交易所备案
证券公司自营情况的报告	根据现行规定，证券公司应每月、每半年、每年向中国证监会和证券交易所报送自营业务情况，并且每年要向中国证监会、证券交易所报送年检报告，其中自营业务情况也是主要内容之一
中国证监会的监管	（1）中国证监会对证券公司从事证券自营业务情况以及相关的资金来源和运用情况进行定期或不定期检查，并可要求证券公司报送其证券自营业务资料以及其他相关业务资料。 （2）中国证监会及其派出机构对从事证券自营业务过程中涉嫌违反国家有关法规的证券公司，将进行调查，并可要求提供、复制或封存有关业务文件、资料、账册、报表、凭证和其他必要的资料。对中国证监会及其派出机构的检查和调查，证券公司不得以任何理由拒绝或拖延提供有关资料，或提供不真实、不准确、不完整的资料。在调查过程中，证券公司主要负责人和直接相关人员不得以任何理由逃避调查。中国证监会及其派出机构还可以要求证券公司有关人员在指定时间和地点提供有关证据。

续表

项　目	内　　容
中国证监会的监管	（3）中国证监会可聘请具有从事证券业务资格的会计师事务所、审计事务所等专业性中介机构，对证券公司从事证券自营业务情况进行稽核。对会计师事务所、审计事务所等专业性中介机构的稽核，证券公司应视同为中国证监会的检查并予以配合。 （4）证券自营业务原始凭证以及有关业务文件、资料、账册、报表和其他必要的材料应至少妥善保存20年
证券交易所监管	根据《证券交易所管理办法》第四十五条的规定，证券交易所根据国家关于证券公司证券自营业务管理的规定和证券交易所业务规则，对会员的证券自营业务实施下列日常监督管理： （1）要求会员的自营买卖业务必须使用专门的股票账户和资金账户，并采取技术手段严格管理。 （2）检查开设自营账户的会员是否具备规定的自营资格。 （3）要求会员按月编制库存证券报表，并于次月5日前报送证券交易所。 （4）对自营业务规定具体的风险控制措施，并报中国证监会备案。 （5）每年6月30日和12月31日过后的30日内，向中国证监会报送各家会员截止到该日的证券自营业务情况等
禁止内幕交易的主要措施	（1）加强自律管理。 （2）加强监管

4.2　法律责任

表6－5　法律责任

项　目	内　　容
《证券公司监督管理条例》的有关规定	（1）证券公司违反规定委托他人代为买卖证券；证券自营业务投资范围或者投资比例违反规定的，责令改正，给予警告，没收违法所得，并处以违法所得1倍以上5倍以下的罚款；没有违法所得或者违法所得不足10万元的，处以10万元以上30万元以下的罚款；情节严重的，暂停或者撤销其相关证券业务许可。对直接负责的主管人员和其他直接责任人员，给予警告，并处以3万元以上10万元以下的罚款；情节严重的，撤销任职资格或者证券从业资格。 （2）证券公司未按照规定将证券自营账户报证券交易所备案的，责令改正，给予警告，没收违法所得，并处以违法所得1倍以上5倍以下的罚款；没有违法所得或者违法所得不足3万元的，处以3万元以上30万元以下的罚款。对直接负责的主管人员和其他直接责任人员单处或者并处警告、3万元以上10万元以下的罚款；情节严重的，撤销任职资格或者证券从业资格
《证券法》的有关规定	（1）证券交易内幕信息的知情人或者非法获取内幕信息的人，在涉及证券的发行、交易或者其他对证券的价格有重大影响的信息公开前，买卖该证券，或者泄露该信息，或者建议他人买卖该证券的，责令依法处理非法持有的证券，没收违法所得，并处以违法所得1倍以上5倍以下的罚款；没有违法所得或者违法所得不足3万元的，处以3万元以上60万元以下的罚款。单位从事内幕交易的，还应当对直接负责的主管人员和其他直接责任人员给予警告，并处以3万元以上30万元以下的罚款。证券监督管理机构工作人员进行内幕交易的，从重处罚。

续表

项　目	内　　容
《证券法》的有关规定	（2）操纵证券市场的，责令依法处理非法持有的证券，没收违法所得，并处以违法所得1倍以上5倍以下的罚款；没有违法所得或者违法所得不足30万元的，处以30万元以上300万元以下的罚款。单位操纵证券市场的，还应当对直接负责的主管人员和其他直接责任人员给予警告，并处以10万元以上60万元以下的罚款。 （3）证券公司假借他人名义或者以个人名义从事证券自营业务的，责令改正，没收违法所得，并处以违法所得1倍以上5倍以下的罚款；没有违法所得或者违法所得不足30万元的，处以30万元以上60万元以下的罚款；情节严重的，暂停或者撤销证券自营业务许可。对直接负责的主管人员和其他直接责任人员给予警告，撤销任职资格或者证券业从业资格，并处以3万元以上10万元以下的罚款。 （4）证券公司对其证券自营业务与其他业务不依法分开办理，混合操作的，责令改正，没收违法所得，并处以30万元以上60万元以下的罚款；情节严重的，撤销相关业务许可。对直接负责的主管人员和其他直接责任人员给予警告，并处以3万元以上10万元以下的罚款；情节严重的，撤销任职资格或者证券业从业资格
《中华人民共和国刑法》的有关规定	（1）证券交易内幕信息的知情人员或者非法获得证券交易内幕信息的人员，在涉及证券的发行、交易或者其他对证券价格有重大影响的信息尚未公开前买入或卖出该证券，或者泄露该信息，情节严重的，将追究刑事责任。 （2）编造、传播影响证券交易的虚假信息，或伪造、变造、销毁交易记录，扰乱证券交易市场，情节严重的，将追究刑事责任。 （3）有下列行为之一，操纵证券交易价格，获取不正当利益或转嫁风险，情节严重的，将追究刑事责任：单独或者合谋，集中利用资金优势、持股优势，或者利用信息优势联合或者连续买卖，操纵证券交易价格的；与他人串通，以事先约定的时间、价格和方式相互进行证券交易或者相互买卖并不持有的证券，影响证券交易价格或者证券交易量的；以自己为交易对象，进行不转移证券所有权的自买自卖，影响证券交易价格或者证券交易量的；以其他方法操纵证券交易价格的

【经典真题详解】

一、单项选择题（以下备选答案中只有一项最符合题目要求）

1. 下列不属于禁止内幕交易的主要措施的是（　　）。【2011年3月真题】

A. 加强监管

B. 必须使用专门的股票账户和资金账户

C. 严禁从业人员炒买炒卖股票

D. 严格保密纪律，有机会获取内幕信息的从业人员不泄露、不利用内幕信息，非参与企业服务的人员自觉做到不打听内幕信息

【答案】B　禁止内幕交易的主要措施包括：第一是加强自律管理。主要措施有：(1)在思想上提高认识，自觉地不利用内幕信息从事证券自营买卖，维护市场的正常交易秩序。(2)为上市公司提供服务的人员与自营业务决策的人员分离。前者尽心尽力为企业服务，后者依据公司信息及市场行情作出证券买卖决定。(3)严格保密纪律，有机会获取内幕信息的从业人员不泄露、不利用内幕信息，非参与企业服务的人员自觉做到不打听内幕信

息。(4)加强员工内部管理，严禁从业人员炒买炒卖股票，也严禁为他人的证券交易提供不符合国家法规和证券公司制度规定的便利，一经发现即严肃处理。第二是加强监管。中国证监会及其派出机构加强对内幕交易的监管，一经发现违法违规行为则严肃处理。

2. 下列属于证券公司自营业务特点的是(　　)。【2010 年 12 月真题】

A. 交易的便利性　　B. 结算的快捷性　　C. 决策的局限性　　D. 收益的不确定性

【答案】D　证券公司自营业务的特点主要包括决策的自主性、交易的风险性、收益的不确定性。证券公司进行证券自营买卖，其收益主要来源于低买高卖的价差。但这种收益有很大的不确定性，有可能是收益，也有可能是损失，而且收益与损失的数量也无法事先准确预计。

3. 下列关于自营业务运作管理方面的说法不正确的是(　　)。【2010 年 12 月真题】

A. 交易指令需要强制留痕

B. 交易指令执行前应经过审核

C. 禁止以公司名义从自营账户中调入调出资金

D. 投资组合的制定和交易指令的执行应当相互分离并由不同人员负责

【答案】C　自营业务资金的出入必须以公司名义进行，禁止以个人名义从自营账户中调入调出资金，禁止从自营账户中提取现金。C 项表述错误。

4. 根据《证券法》的规定，下列不属于证券交易内幕信息知情人的是(　　)。【2010 年 10 月真题】

A. 发行人控股的公司及其高级管理人员　　B. 证券监督管理机构的工作人员

C. 持有上市公司 4% 股份的自然人　　D. 证券登记结算机构的有关人员

【答案】C　证券交易内幕信息的知情人包括：(1)发行人的董事、监事、高级管理人员；(2)持有公司 5% 以上股份的股东及其董事、监事、高级管理人员，公司的实际控制人及其董事、监事、高级管理人员；(3)发行人控股的公司及其董事、监事、高级管理人员；(4)由于所任公司职务可以获取公司有关内幕信息的人员；(5)证券监督管理机构工作人员以及由于法定职责对证券的发行、交易进行管理的其他人员；(6)保荐机构、承销的证券公司、证券交易所、证券登记结算机构、证券服务机构的有关人员；(7)国务院证券监督管理机构规定的其他人。

二、多项选择题(以下备选答案中有两项或两项以上符合题目要求)

1. 下列属于常见的内幕交易行为的有(　　)。【2011 年 3 月真题】

A. 证券公司将自营业务与代理业务混合操作

B. 证券公司以自营账户为他人或以他人名义为自己买卖证券

C. 发行人的高级管理人员向他人透露内幕信息，使他人利用该信息进行内幕交易

D. 承销项目的相关人员根据内幕信息建议他人买卖证券

【答案】CD　常见的内幕交易包括以下行为：(1)内幕信息的知情人利用内幕信息买卖证券或者根据内幕信息建议他人买卖证券；(2)内幕信息的知情人向他人透露内幕信息，使他人利用该信息进行内幕交易；(3)非法获取内幕信息的人利用内幕信息买卖证券或者建议他人买卖证券。

2. 下列关于证券自营业务决策自主性的描述中，正确的有(　　)。【2010 年 12 月真题】

A. 选择交易品种、价格的自主性，证券公司在进行自营买卖时，可根据市场情况，自主决定买卖品种、价格

B. 交易行为的自主性，即证券公司自主决定是否买入或卖出某种证券

C. 信息采集的自主性，即证券公司自主采集一切可以得到的信息指导投资决策

D. 选择交易方式的自主性，即证券公司自主决定是在柜台买卖还是在交易所买卖

【答案】ABD　证券公司自营买卖业务的首要特点即为决策的自主性，这表现在：(1)交易行为的自主性，即证券公司自主决定是否买入或卖出某种证券；(2)选择交易方式的自主性，即证券公司在买卖证券时，是通过交易所买卖还是通过其他场所买卖，由证券公司在法规规定范围内依一定的时间、条件自主决定；(3)选择交易品种、价格的自主性，证券公司在进行自营买卖时，可根据市场情况，自主决定买卖品种、价格。

3. 下列关于自营业务中如何在禁止内幕交易方面加强自律管理的表述正确的有(　　)。【2010 年 10 月真题】

A. 加强员工的内部管理，严禁证券从业人员买卖股票

B. 为上市公司提供服务的人员与自营业务决策的人员分离

C. 在思想上提高认识，自觉地不利用内幕信息从事证券自营买卖，维护市场的正常交易秩序

D. 严格保密纪律，有机会获取内幕信息的从业人员不泄露、不利用内幕信息，非参与公司决策的人员不打听内幕信息

【答案】ABCD　证券公司作为证券市场上的中介机构，为上市公司提供多种服务，能从多种渠道获取内幕信息，这就要求证券公司加强自律管理。主要措施有：(1)在思想上提高认识，自觉地不利用内幕信息从事证券自营买卖，维护市场的正常交易秩序。(2)为上市公司提供服务的人员与自营业务决策的人员分离。前者尽心尽力为企业服务，后者依据公司信息及市场行情作出证券买卖决定。(3)严格保密纪律，有机会获取内幕信息的从业人员不泄露、不利用内幕信息，非参与企业服务的人员自觉做到不打听内幕信息。(4)加强员工内部管理，严禁从业人员炒买炒卖股票，也严禁为他人的证券交易提供不符合国家法规和证券公司制度规定的便利，一经发现即严肃处理。

三、判断题(正确的用 A 表示，错误的用 B 表示)

1. 根据内幕信息买卖某上市公司股票，但是交易未造成损失的行为不属于内幕交易行为。(　　)【2011 年 3 月真题】

【答案】B　所谓内幕交易，是指证券交易内幕信息的知情人和非法获取内幕信息的人利用内幕信息从事证券交易活动。定义内幕交易与交易事后是否造成损失无关。

2. 根据《证券法》的有关规定，证券公司假借他人名义或者以个人名义从事证券自营业务的责令改正，没收违法所得，并处以违法所得 1 倍以上 10 倍以下的罚款。(　　)【2010 年 12 月真题】

【答案】B　《证券法》规定，证券公司假借他人名义或者以个人名义从事证券自营业务的，责令改正，没收违法所得，并处以违法所得 1 倍以上 5 倍以下的罚款；没有违法所得或者违法所得不足 30 万元的，处以 30 万元以上 60 万元以下的罚款；情节严重的，暂停或者撤销证券自营业务许可。对直接负责的主管人员和其他直接责任人员给予警告，撤销任职资格或者证券业从业资格，并处以 3 万元以上 10 万元以下的罚款。

第七章　资产管理业务

【命题点规律】

对近年考试的命题进行研究可以发现，本章的命题规律体现在以下几个方面：

1. 资产管理业务的含义及种类及业务资格的条件是重要的命题采分点。

2. 客户资产管理业务管理的基本原则和一般规定、客户资产托管的有关规定和要求是需要熟记的内容。

3. 定向资产管理业务的基本原则、定向资产管理业务运作的基本规范、定向资产管理合同应包括的基本事项和主要内容、定向资产管理业务内部控制的基本要求是常考的知识点。

4. 集合资产管理业务运作的基本规范、设立集合资产管理计划的备案与批准程序、集合资产管理计划说明书的基本内容、集合资产管理合同应包括的基本事项和主要内容是需要熟记的内容。

5. 集合资产管理业务中证券公司与客户的权利与义务是重要的命题点。

6. 资产管理业务禁止行为的有关规定；资产管理业务的风险及防范措施；资产管理业务的监管措施和资产管理业务违反有关法规的法律责任是需要熟悉的内容。

【命题点解读】

命题点1　资产管理业务的含义、种类及业务资格

表7-1　资产管理业务的含义、种类及业务资格

项　目	内　　容
含义	是指证券公司作为资产管理人，依照有关法律法规及《试行办法》的规定与客户签订资产管理合同，根据资产管理合同约定的方式、条件、要求及限制，对客户资产进行经营运作，为客户提供证券及其他金融产品的投资管理服务的行为
种类	(1) 为单一客户办理定向资产管理业务 是指证券公司与单一客户签订定向资产管理合同，通过该客户的账户为客户提供资产管理服务的一种业务。 (2) 为多个客户办理集合资产管理业务 是指证券公司通过设立集合资产管理计划，与客户签订集合资产管理合同，将客户资产交由依法可以从事客户交易结算资金存管业务的商业银行或者中国证监会认可的其他资产托管机构进行托管，通过专门账户为客户提供资产管理服务的一种业务。 (3) 为客户特定目的办理专项资产管理业务 是指证券公司与客户签订专项资产管理合同，针对客户的特殊要求和资产的具体情况，设定特定投资目标，通过专门账户为客户提供资产管理服务的一种业务

续表

项　目	内　　容
业务资格	(1) 证券公司从事资产管理业务的条件 ① 经中国证监会核定具有证券资产管理业务的经营范围。 ② 净资本不低于2亿元人民币，且符合中国证监会关于经营证券资产管理业务的各项风险监控指标的规定。 ③ 资产管理业务人员具有证券业从业资格，无不良行为记录，其中，具有3年以上证券自营、资产管理或者证券投资基金管理从业经历的人员不少于5人。 ④ 具有良好的法人治理结构、完备的内部控制和风险管理制度，并得到有效执行。 ⑤ 最近1年未受到过行政处罚或者刑事处罚。 ⑥ 中国证监会规定的其他条件。 (2) 证券公司申请资产管理业务资格应提交相关材料 证券公司从事资产管理业务，应当获得中国证监会批准的资产管理业务资格。证券公司申请资产管理业务资格，应当向中国证监会提交下列材料： ① 申请书。 ② 经营证券业务许可证和企业法人营业执照副本复印件。 ③ 净资本计算表和经具有证券相关业务资格的会计师事务所审计的最近1期财务报表。 ④ 负责资产管理业务的高级管理人员的情况登记表。 ⑤ 资产管理业务人员、风险控制岗位人员的名单、简历、证券业从业资格证书和身份证明复印件。 ⑥ 申请人出具的资产管理业务人员无不良行为记录的证明。 ⑦ 内部控制和风险管理制度文本及由具有证券相关业务资格的会计师事务所出具的内控评审报告。 ⑧ 资产管理业务计划书和业务操作规程。 ⑨ 中国证监会要求提交的其他材料。 中国证监会依照法律、行政法规和《试行办法》的规定，对证券公司的申请材料进行审查，作出是否批准的决定，并书面通知申请人。 (3) 其他要求 证券公司设立集合资产管理计划，办理集合资产管理业务，还应当符合下列要求： ① 具有健全的法人治理结构、完善的内部控制和风险管理制度，并得到有效执行。 ② 设立限定性集合资产管理计划的净资本不低于3亿元人民币，设立非限定性集合资产管理计划的净资本不低于5亿元人民币。 ③ 最近1年不存在挪用客户交易结算资金等客户资产的情形。 ④ 中国证监会规定的其他条件

命题点2　资产管理业务的基本要求

2.1　资产管理业务管理的基本原则和一般规定

表7－2　资产管理业务管理的基本原则和一般规定

项　目	内　　容
基本原则	(1) 守法合规。 (2) 公平公正。 (3) 资格管理。 (4) 约定运作。 (5) 集中管理。 (6) 风险控制

续表

项　目	内　容
一般规定	（1）证券公司办理定向资产管理业务，接受单个客户的资产净值不得低于人民币100万元。 （2）证券公司办理集合资产管理业务，只能接受货币资金形式的资产。 （3）证券公司应当将集合资产管理计划设定为均等份额。客户按其所拥有的份额在集合资产管理计划资产中所占的比例享有利益、承担风险。但是按照以下规定第五条另有约定的除外。 （4）参与集合资产管理计划的客户不得转让其所拥有的份额，但是法律、行政法规另有规定的除外。 （5）证券公司可以自有资金参与本公司设立的集合资产管理计划。 （6）证券公司可以自行推广集合资产管理计划，也可以委托证券公司的客户资金存管银行代为推广。客户在参与集合资产管理计划之前，应当已经是证券公司自身或者代理推广机构的客户。 （7）证券公司设立集合资产管理计划的，应当自中国证监会出具无异议意见或者做出批准决定之日6个月内启动推广工作，并在60个工作日内完成设立工作并开始投资运作。集合资产管理计划设立完成前，客户的参与资金只能存入资产托管机构，不得动用。 （8）证券公司进行集合资产管理业务投资运作，在证券交易所进行证券交易的，应当通过专用交易单元进行，集合计划账户、专用交易单元应当报证券交易所、证券登记结算机构及公司住所地中国证监会派出机构备案。集合资产管理计划资产中的证券，不得用于回购。 （9）证券公司将其所管理的客户资产投资于一家公司发行的证券，不得超过该证券发行总量的10%。一个集合资产管理计划投资于一家公司发行的证券不得超过该计划资产净值的10%。 （10）证券公司将其管理的客户资产投资于本公司、资产托管机构及与本公司或资产托管机构有关联方关系的公司发行的证券，应当事先取得客户的同意，事后告知资产托管机构和客户，同时向证券交易所报告。单个集合资产管理计划投资于前述证券的资金，不得超过该集合资产管理计划资产净值的3%

2.2　客户资产托管

表7－3　客户资产托管

项　目	内　容
定义	客户资产托管是指资产托管机构根据证券公司、客户的委托，对客户的资产进行保管，办理资金收付事项、监督证券公司投资行为等
相关规定	证券公司办理定向资产管理业务，客户委托资产应当按照中国证监会的规定采取托管方式进行保管。 资产托管机构应当是依法可以从事客户交易结算资金存管业务的商业银行或者中国证监会认可的其他机构。 资产托管机构应当安全保管客户委托资产。 证券公司办理集合资产管理业务，应当将集合资产管理计划资产交由资产托管机构进行托管

续表

项　目	内　　容
托管机构的职责	（1）安全保管集合资产管理计划资产。 （2）执行证券公司的投资或者清算指令，并负责办理集合资产管理计划资产运营中的资金往来。 （3）监督证券公司集合资产管理计划的经营运作，发现证券公司的投资或清算指令违反法律、行政法规、中国证监会的规定或者集合资产管理合同约定的，应当要求改正；未能改正的，应拒绝执行，并向中国证监会报告。 （4）出具资产托管报告。 （5）集合资产管理合同约定的其他事项

命题点3　定向资产管理业务

表7-4　定向资产管理业务

项　目	内　　容
基本原则	证券公司开展定向资产管理业务应遵循以下基本原则： （1）公平公正，诚实守信。 （2）健全制度，规范运作。 （3）投资风险，客户自担
业务运作的基本规范	（1）客户准入及委托标准 定向资产管理业务客户应当是符合法律、行政法规和中国证监会规定的自然人、法人或者依法成立的其他组织。 证券公司开展定向资产管理业务，接受单一客户委托资产净值的最低限额应当符合中国证监会的规定。 （2）尽职调查及风险揭示 证券公司开展定向资产管理业务，应当按照有关规则，了解客户身份、财产与收入状况、证券投资经验、风险认知与承受能力和投资偏好等，并获取相关信息和资料。 证券公司应当制作《风险揭示书》，充分揭示客户参与定向资产管理业务的市场风险、管理风险、流动性风险及其他风险，以及上述风险的含义、特征、可能引起的后果。 （3）客户委托资产及来源 客户委托资产可以是客户合法持有的现金、股票、债券、证券投资基金、集合资产管理计划份额、央行票据、短期融资券、资产支持证券、金融衍生品或者中国证监会允许的其他金融资产。 客户委托资产的来源、用途应当合法，定向资产管理业务客户应当在合同中对此作出明确承诺。 （4）客户资产托管 客户委托资产应当交由依法可以从事客户交易结算资金存管业务的商业银行或者中国证监会认可的其他资产托管机构托管。 （5）客户资产独立核算与分账管理 证券公司开展定向资产管理业务，应当保证客户委托资产与证券公司自有资产相互独立，不同客户的委托资产相互独立，对不同客户的委托资产应当独立建账，独立核算，分账管理。

续表

项　目	内　　容
业务运作的基本规范	（6）客户资产管理账户 证券公司从事定向资产管理业务，买卖证券交易所的交易品种，应当使用定向资产管理专用证券账户。 （7）定向资产管理业务的投资范围 定向资产管理业务的投资范围包括股票、债券、证券投资基金、集合资产管理计划、央行票据、短期融资券、资产支持证券、金融衍生品以及中国证监会认可的其他投资品种。 （8）投资管理情况报告与查询 证券公司应当依照合同约定的时间和方式，向客户提供对账单，说明报告期内客户委托资产的配置状况、价值变动、交易记录等情况。 （9）业务档案管理 证券公司应当建立健全档案管理制度，妥善保管定向资产管理业务的合同、客户资料、交易记录等文件、资料和数据，保存期限不得少于20年，任何人不得隐匿、伪造、篡改或销毁
定向资产管理合同	定向资产管理合同应当包括下列基本事项：客户资产的种类和数额；投资范围、投资限制和投资比例；投资目标和管理期限；客户资产的管理方式和管理权限；各类风险揭示；资产管理信息的提供及查询方式；当事人的权利与义务；客户所持有证券的权利的行使和义务的履行；管理费、托管费、业绩报酬等费用的支付标准、计算方法、支付方式和支付时间；与资产管理有关的其他费用的提取、支付方式；合同解除、终止的条件、程序及客户资产的清算返还事宜；违约责任和纠纷的解决方式；中国证监会规定的其他事项。 证券公司被中国证监会暂停定向资产管理业务的，暂停期间不得签订新的定向资产管理合同。 定向资产管理合同终止的，证券公司应当按照合同约定，在扣除相关费用后将客户资产交还客户
客户所持有证券的权利与义务	证券公司开展定向资产管理业务，由客户自行行使其所持证券的权利，履行相应的义务，客户书面委托证券公司行使权利的除外。 客户通过专用证券账户持有上市公司股份，或者通过专用证券账户和其他证券账户合并持有上市公司股份，发生应当履行公告、报告、要约收购等法律、行政法规和中国证监会规定义务的情形时，应当由客户履行相应义务
内部控制	（1）专门、独立的业务运作。 （2）合理、有效的控制措施。 （3）独立、客观的投资研究。 （4）科学、严密的投资决策。 （5）完善的交易控制体系。 （6）合理的规模控制。 （7）完备的合规检查。 （8）科学的风险评估。 （9）严格的核算和报告制度。 （10）建立授权管理与问责制

命题点4 集合资产管理业务

4.1 集合资产管理业务运作的基本规范

表7-5 集合资产管理业务运作的基本规范

项目	内容
内控制度	(1) 对集合资产管理业务实行集中统一管理，建立严格的业务隔离制度。 (2) 建立集合资产管理计划投资主办人员制度，即应当制定专门人员具体负责每一个集合资产管理计划的投资管理事宜。 (3) 严格执行相关会计制度的要求，为集合资产管理计划建立独立完整的账户、核算、报告、审计和档案管理制度
推广安排	(1) 证券公司可以自行推广集合资产管理计划，也可以委托证券公司的客户资金指定商业银行代理推广集合资产管理计划，并签订书面代理推广协议。 (2) 证券公司、推广机构应当严格按照经核准的集合资产管理计划说明书、集合资产管理合同推广集合资产管理计划。 (3) 严禁通过报刊、电视、广播及其他公共媒体推广集合资产管理计划。 (4) 证券公司、推广机构应当保证每一份集合资产管理合同的金额不得低于《试行办法》规定的最低金额，并防止客户非法汇集他人资金参与集合资产管理计划。 (5) 集合资产管理计划推广期间，应当由托管银行负责托管与集合资产管理计划推广有关的全部账户和资金。 (6) 集合资产管理计划推广活动结束后，证券公司应当聘请具有证券相关业务资格的会计师事务所对集合资产管理计划进行验资，并出具验资报告。 (7) 证券公司、托管银行及推广机构应当明确对客户的后续服务分工，并建立健全档案管理制度，妥善保管集合资产管理计划的合同、协议、客户明细、交易记录等文件资料
投资风险承担和证券公司资金参与	证券公司以自有资金参与所设立的集合资产管理计划的，应当根据公司章程的规定，获得公司董事会、股东会或其他内部授权程序的批准，并在计算公司净资本时，根据投入资金所承担的责任如实扣减公司净资本额。扣减后的净资本等各项风险控制指标，应当符合中国证监会的规定
登记、托管与结算	证券公司应当将集合计划资产交由依法可以从事客户交易结算资金存管业务的商业银行或者中国证监会认可的其他资产托管机构进行托管。 证券公司应当按照证券投资基金的结算模式办理集合资产管理计划的结算业务。 证券公司应当负责集合资产管理计划资产净值估值等会计核算业务，并由托管机构进行复核
席位	集合资产管理计划在证券交易所的投资交易活动，应当通过专用交易单元进行，并向证券交易所、证券登记结算机构及公司住所地中国证监会派出机构备案。集合资产管理计划资产中的债券，不得用于回购
投资组合	证券公司应当在集合资产管理计划开始投资运作之日起6个月内，使集合资产管理计划的投资组合比例符合集合资产管理合同的约定。 集合资产管理计划申购新股，不设申购上限，但所申报的金额不得超过该计划的总资产，所申报的数量不得超过拟发行股票公司本次发行股票的总量

续表

项　目	内　容
流动性要求	(1) 证券公司应当根据集合资产管理计划的情况，保持适当比例的现金、到期日在1年以内的政府债券或者其他高流动性短期金融工具，以备支付客户的分红或退出款项。 (2) 集合资产管理合同应当按照公平、合理、公开的原则，对巨额退出和连续巨额退出的认定标准、退出顺序、退出价格确定、退出款项支付、告知客户方式，以及单个客户大额退出的预约申请等事宜作出明确约定。 (3) 证券公司及其代理推广机构不得为客户办理集合资产管理份额的转让事宜，但法律、行政法规另有规定的除外
信息披露与报告	集合资产管理计划开始投资运作后，证券公司、托管机构应当至少每3个月向客户提供一次集合资产管理计划的管理报告和托管报告，并报中国证监会及注册地中国证监会派出机构备案。 证券公司应当在每个年度结束之日起60个工作日以内，按照《试行办法》的规定对集合资产管理计划的运营情况单独进行年度审计，将审计意见提供给客户和托管机构，并报中国证监会及注册地中国证监会派出机构备案
费用	集合资产管理计划推广期间的费用，不得从集合资产管理计划资产中列支。 集合资产管理计划运作期间发生的费用，可以在集合资产管理计划中列支，但应当在集合资产管理合同中作出明确的约定

4.2　设立集合资产管理计划的备案与批准程序及其说明书与集合资产管理合同

表7－6　设立集合资产管理计划的备案与批准程序及其说明书与集合资产管理合同

项　目	内　容
计划的备案与批准程序	(1) 申报。 (2) 受理。 (3) 审核
集合资产管理计划说明书	集合资产管理计划说明书应当清晰地说明集合资产管理计划的特点、投资目标、投资范围、投资组合设计、委托人参与和退出集合资产管理计划的安排、风险揭示、资产管理事务的报告和有关信息查询等内容，最大限度地披露影响委托人作出委托决定的全部事项，以充分保护委托人利益，方便委托人作出委托决定
集合资产管理合同	集合资产管理合同应当对集合资产管理计划开始运作的条件和日期、资产托管机构的职责、托管方式与托管费用、客户资产净值的估算、投资收益的确认与分派等事项作出约定；应当对客户参与和退出集合资产管理计划的时间、方式、价格、程序等事项作出明确约定。集合资产管理合同由证券公司、资产托管机构与单个客户三方签署

4.3　集合资产管理业务中证券公司及客户的权利与义务

表7－7　集合资产管理业务中证券公司及客户的权利与义务

项　目	内　容
权利	根据《试行办法》的规定，在集合资产管理计划中，客户主要享有如下权利： (1) 除合同另有规定外，按投入资金占集合资产计划资产净值的比例分享投资收益。 (2) 根据集合资产管理合同的约定，参与和退出集合资产管理计划。 (3) 知情的权利

续表

项　目	内　　容
义务	（1）按合同约定承担投资风险。 （2）保证委托资产来源及用途的合法性。 （3）不得非法汇集他人资金参与集合资产管理计划。 （4）不得转让有关集合资产管理合同或所持集合资产管理计划的份额。 （5）按照合同的约定支付管理费、托管费及其他费用

命题点5　资产管理业务的禁止行为与风险控制

表7-8　资产管理业务的禁止行为与风险控制

项　目	内　　容
禁止行为	（1）挪用客户资产。 （2）利用客户委托资产进行内幕交易、操纵证券价格。 （3）未经客户允许，将定向资产管理客户委托资产用于融资或者担保，将集合资产管理计划资产用于资金拆借、贷款、抵押融资或者对外担保等用途。 （4）将集合资产管理计划资产用于可能承担无限责任的投资。 （5）对客户投资收益或者赔偿投资损失作出承诺。 （6）以转移资产管理账户收益或者亏损为目的，在自营账户与资产管理账户之间，或者不同资产管理账户之间进行买卖，损害客户利益。 （7）自营业务抢先于定向资产管理业务进行交易，损害客户利益。 （8）利用虚假或者误导信息、商业贿赂或者不正当竞争行为等误导、诱导客户。 （9）通过报刊、电视、广播、互联网和其他公共媒体公开推介具体的定向资产管理业务方案和集合资产管理计划。 （10）以获取佣金或者其他利益为目的，用客户委托资产进行不必要的交易。 （11）将证券资产管理业务与证券公司其他业务混合操作。 （12）接受单一客户委托资产净值低于规定的最低限额。 （13）接受来源不当的资产从事洗钱活动；以自有资金参与本公司开展的定向资产管理业务。 （14）同一高级管理人员同时分管证券资产管理和证券自营业务。 （15）以签订补充协议等方式，掩盖非法目的或者规避监管要求。 （16）法律、行政法规和中国证监会禁止的其他行为
资产管理业务的风险	（1）合规风险。 （2）市场风险。 （3）经营风险。 （4）管理风险
资产管理业务风险的控制	（1）证券公司开展资产管理业务，应当在资产管理合同中明确规定，由客户自行承担投资风险。 （2）证券公司应当按照经核准的集合资产管理合同和推广代理协议的约定推广集合计划，指定专人向客户如实披露证券公司的业务资格，全面准确地介绍集合计划的产品特点、投资方向、风险收益特征，讲解有关业务规则、计划说明书和集合资产管理合同内容以及客户投资集合计划的操作方法，并应当充分揭示市场风险、证券公司因丧失资产管理业务资格给客户带来的法律风险，以及其他投资风险。

续表

项　目	内　　容
资产管理业务风险的控制	（3）在签订资产管理合同之前，证券公司应当了解客户身份、财产与收入状况、风险承受能力以及投资偏好等基本情况；客户应当如实提供相关信息。 （4）客户应当对客户资产来源及用途的合法性作出承诺。 （5）证券公司及代理推广机构应当采取有效措施使客户详尽了解集合资产管理计划的特性、风险等情况及客户的权利、义务，但不得通过广播、电视、报刊及其他公共媒体推广集合资产管理计划。 （6）证券公司、托管机构应当至少每3个月向客户提供一次准确、完整的资产管理报告、资产托管报告，对报告期内客户资产的配置状况、价值变动等情况进行详细说明。 （7）证券公司办理定向资产管理业务，应当保证客户资产与其自有资产、不同客户的资产相互独立，对不同客户的资产分别设置账户，独立核算、分账管理。 （8）证券公司办理集合资产管理业务，应当保证集合资产管理计划资产与其自有资产、集合资产管理计划资产与其他客户的资产、不同集合资产管理计划的资产相互独立，单独设置账户，独立核算、分账管理

命题点6　资产管理业务的监管和法律责任

6.1　资产管理业务的监管

表7－9　资产管理业务的监管

项　目	内　　容
监管职责	中国证监会依据法律、行政法规、《试行办法》和《实施细则》等有关规定，对证券公司资产管理业务活动进行监督管理。 中国证券业协会、证券交易所、期货交易所和证券登记结算机构依照法律、行政法规、《试行办法》及相关业务规则的规定，对证券公司资产管理业务活动实行自律管理和行业指导
监管措施	（1）证券公司应当就资产管理业务的运营制定内部检查制度，定期进行自查。 （2）证券公司开展定向资产管理业务，应当于每季度结束之日起5日内，将签订定向资产管理合同报注册地中国证监会派出机构备案。 （3）证券公司应当在每个年度结束之日起60日内，完成资产管理业务合规检查年度报告、内部稽核年度报告和定向资产管理业务年度报告，并报注册地中国证监会派出机构备案。 （4）证券公司应当聘请具有证券相关业务资格的会计师事务所，对每个集合计划的运营情况进行年度审计。 （5）证券公司和资产托管机构应当按照有关法律、行政法规的规定保存资产管理业务的会计账册，并妥善保存有关的合同、协议、交易记录等文件、资料。 （6）中国证监会及其派出机构依法履行职责，证券公司、资产托管机构应当予以配合。 （7）证券公司集合资产管理业务制度不健全，净资本或者其他风险控制指标不符合规定，或者违规开展资产管理业务的，中国证监会及其派出机构依法责令其限期改正，并可以采取相关监管措施。 （8）证券交易所、期货交易所应当对证券公司资产管理业务账户的交易行为进行严格监控，发现异常情况的，应当及时按照交易规则和会员管理规则处理，并报告中国证监会

6.2 资产管理业务的法律责任

表 7－10 资产管理业务的法律责任

项 目	内 容
《试行办法》和《实施细则》的相关规定	（1）证券公司、资产托管机构、证券登记结算机构、代理推广机构及其相关人员从事集合资产管理业务，违反《试行办法》和《实施细则》规定的，中国证监会及其派出机构根据法律、行政法规和中国证监会的有关规定作出行政处罚；涉嫌犯罪的，依法移送司法机关，追究其刑事责任。 （2）证券公司违反《试行办法》和《实施细则》规定，擅自开办资产管理业务的，责令改正，并处以警告、罚款。 对直接负责的主管人员和其他直接责任人员，处以警告、罚款，并依法取消其高级管理人员任职资格或者证券业从业资格。 （3）证券公司从事资产管理业务，违反《试行办法》和《实施细则》的有关规定，有下列情形之一的，应当主动改正；未能改正的，责令改正；拒不改正的，暂停其资产管理业务，单处或者并处警告、罚款；情节严重的，依法取消其资产管理业务资格： ① 未按照《试行办法》和《实施细则》的规定办理客户资产的托管。 ② 未按照《试行办法》和《实施细则》的规定，将有关材料置备于营业场所或者向中国证监会及注册地中国证监会派出机构备案。 ③ 未经批准委托其他机构或个人代为推广集合资产管理计划。 ④ 未完成集合资产管理计划设立即动用客户参与资金。 ⑤ 不通过固定交易单元进行交易或者将集合资产管理计划资产的证券用于回购。 ⑥ 超出投资范围和比例进行投资。 ⑦ 未按照规定程序或者超比例从事关联交易。 ⑧ 未按照规定履行通知、报告义务。 ⑨ 从事《试行办法》和《实施细则》规定的禁止行为。 ⑩ 违反《试行办法》和《实施细则》规定与客户签订资产管理合同。 ⑪ 违反《试行办法》和《实施细则》规定推广集合资产管理计划。 ⑫ 未按照《试行办法》和《实施细则》规定保存有关材料。 ⑬ 未按照《试行办法》和《实施细则》规定配合中国证监会及其派出机构监督检查。 ⑭ 其他违反《试行办法》和《实施细则》规定的行为。 对直接负责的主管人员和其他直接责任人员，单处或者并处警告、罚款；情节严重的，依法取消其高级管理人员任职资格或者证券业从业资格。 （4）资产托管机构从事资产管理业务，有下列情形之一的，责令改正，单处或者并处警告、罚款： ① 未按照《试行办法》和《实施细则》规定管理集合资产管理计划资产或者履行托管职责。 ② 未按照《试行办法》和《实施细则》规定保存有关材料。 ③ 未按照《试行办法》和《实施细则》规定配合中国证监会及其派出机构监督检查。 对直接负责的主管人员和其他直接责任人员，单处或者并处警告、罚款；情节严重的，依法取消其证券业从业资格。 （5）其他推广机构违反《试行办法》和《实施细则》规定推广集合资产管理计划的，责令改正，并处以警告、罚款。 对直接负责的主管人员和其他直接责任人员，单处或者并处警告、罚款；情节严重的，依法取消其证券业从业资格。 （6）证券公司因违法违规经营或者有关财务指标不符合中国证监会的规定，被中国证监会暂停资产管理业务的，暂停期间不得签订新的资产管理合同；被中国证监会依法取消资产管理业务资格的，证券公司应当按照有关监管要求妥善处理有关事宜。集合资产管理合同应当对此作出明确约定

续表

项　目	内　　容
《证券公司监督管理条例》的有关规定	(1) 证券公司从事证券资产管理业务时，使用客户资产进行不必要的证券交易的，依照《证券法》第二百一十条的规定处罚，即责令改正，处以1万元以上10万元以下的罚款。给客户造成损失的，依法承担赔偿责任。 (2) 证券公司未经批准，用多个客户的资产进行集合投资，或者将客户资产专项投资于特定目标产品的，依照《证券法》第二百一十九条的规定处罚，即责令改正，没收违法所得，并处以违法所得1倍以上5倍以下的罚款；没有违法所得或者违法所得不足30万元的，处以30万元以上60万元以下罚款；情节严重的，责令关闭。对直接负责的主管人员和其他直接责任人员给予警告，撤销任职资格或者证券业从业资格，并处以3万元以上10万元以下的罚款。 (3) 证券公司在证券自营账户与证券资产管理账户之间或者不同的证券资产管理账户之间进行交易，且无充分证据证明已依法实现有效隔离的，依照《证券法》第二百二十条的规定处罚，即责令改正，没收违法所得，并处以30万元以上60万元以下的罚款；情节严重的，撤销相关业务许可。对直接负责的主管人员和其他直接责任人员给予警告，并处以3万元以上10万元以下的罚款；情节严重的，撤销任职资格或者证券业从业资格。 (4) 证券公司从事证券资产管理业务，接受一个客户的单笔委托资产价值低于规定的最低限额；投资范围或者投资比例违反规定的，责令改正，给予警告，没收违法所得，并处以违法所得1倍以上5倍以下的罚款；没有违法所得或者违法所得不足10万元的，处以10万元以上30万元以下的罚款；情节严重的，暂停或者撤销其相关证券业务许可。对直接负责的主管人员和其他直接责任人员，给予警告，并处以3万元以上10万元以下的罚款；情节严重的，撤销任职资格或者证券业从业资格。 (5) 证券公司从事证券资产管理业务，有下列情形之一的，责令改正，给予警告，没收违法所得，并处以违法所得1倍以上5倍以下的罚款；没有违法所得或者违法所得不足3万元的，处以3万元以上30万元以下的罚款。对直接负责的主管人员和其他直接责任人员单处或者并处警告、3万元以上10万元以下的罚款；情节严重的，撤销任职资格或者证券业从业资格： ① 未按照规定将证券资产管理客户的证券账户报证券交易所备案。 ② 未按照规定程序了解客户的身份、财产与收入状况、证券投资经验和风险偏好。 ③ 推荐的产品或者服务与所了解的客户情况不相适应。 ④ 未按照规定指定专人向客户讲解有关业务规则和合同内容，并以书面方式向其揭示投资风险。 ⑤ 未按照规定与客户签订业务合同，或者未在与客户签订的业务合同中载入规定的必备条款。 ⑥ 未按照规定编制并向客户送交对账单，或者未按照规定建立并有效执行信息查询制度。 (6) 违反《证券公司监督管理条例》的规定，有下列情形之一的，责令改正，给予警告，没收违法所得，并处以违法所得1倍以上5倍以下的罚款；没有违法所得或者违法所得不足10万元的，处以10万元以上60万元以下的罚款；情节严重的，撤销相关业务许可。对直接负责的主管人员和其他直接责任人员给予警告，撤销任职资格或者证券从业资格，并处以3万元以上30万元以下的罚款： ① 证券公司以证券资产管理客户的资产向他人提供融资或者担保。 ② 任何单位或者个人强令、指使、协助、接受证券公司以其证券资产管理客户的资产提供融资或者担保。 ③ 证券公司、资产托管机构、证券登记结算机构违反规定动用客户的委托资产。 ④ 资产托管机构、证券登记结算机构对违反规定动用委托资产的申请、指令予以同意、执行。 ⑤ 资产托管机构、证券登记结算机构发现委托资产被违法动用而未向国务院证券监督管理机构报告

【经典真题详解】

一、单项选择题(以下备选答案中只有一项最符合题目要求)

1. 下列不属于资产托管机构办理集合资产管理计划的资产托管业务应当履行的职责的是(　　)。【2011 年 3 月真题】

A. 出具资产管理报告

B. 出具资产托管报告

C. 安全保管集合资产管理计划资产

D. 监督证券公司集合资产管理计划的经营运作

【答案】A　资产托管机构办理集合资产管理计划资产托管业务应当履行下列职责：(1)安全保管集合资产管理计划资产；(2)执行证券公司的投资或者清算指令，并负责办理集合资产管理计划资产运营中的资金往来；(3)监督证券公司集合资产管理计划的经营运作；(4)出具资产托管报告；(5)集合资产管理合同约定的其他事项。A 项属于负责集合资产管理计划的证券公司的职责。

2. 下列关于定向资产管理业务的内部控制的表述不正确的是(　　)。【2011 年 3 月真题】

A. 证券公司应当由专门的部门负责资产管理业务

B. 证券公司应根据自身的管理能力及风险控制水平，合理控制定向资产管理业务规模

C. 证券公司定向资产管理业务可以从事场外交易、网下申购等特殊交易

D. 证券公司发现定向资产管理业务出现重大问题的，应当及时向证券交易所报告

【答案】D　证券公司应当建立完备的定向资产管理业务合规检查制度，对业务合法合规性进行事前审查、事中监控、事后检查，发现重大问题的，应当及时向公司注册地的中国证监会派出机构报告。

3. 证券公司定向资产管理业务的研究工作，应当符合的要求不包括(　　)。【2010 年 12 月真题】

A. 建立研究与交易之间的交流制度　　B. 保持独立、客观

C. 建立严密的研究工作业务流程　　D. 建立和完善投资对象备选库制度

【答案】A　证券公司定向资产管理业务的研究工作应当符合下列要求：(1)保持独立、客观。(2)建立严密的研究工作业务流程，运用科学、有效的研究方法。(3)建立和完善投资对象备选库制度，建立和维护备选库。(4)建立研究与投资决策之间的交流制度，保持交流渠道畅通。A 项表述错误。

4. 集合资产管理计划的管理人不保证集合计划一定盈利，(　　)。【2010 年 12 月真题】

A. 但保证最高的亏损程度

B. 也不保证最低收益

C. 但保证最低收益不低于银行同期存款利率

D. 但保证投资者的本金不受损失

【答案】B　集合资产管理计划的管理人承诺以诚实信用、谨慎勤勉的原则管理和运用本集合计划资产，但不保证本集合计划一定盈利，也不保证最低收益。

5. 证券公司应当在集合资产管理计划设立工作完成后(　　)，将集合资产管理计划的设立情况报中国证监会及注册地中国证监会派出机构备案。【2010 年 12 月真题】

A. 5 个工作日内　　　　　　　　　　B. 10 个工作日内
C. 15 个工作日内　　　　　　　　　D. 30 个工作日内

【答案】A　证券公司应当在集合资产管理计划设立工作完成后 5 个工作日内，将集合资产管理计划的设立情况报中国证监会及注册地中国证监会派出机构备案。证券公司开展定向资产管理业务，应当于每季度结束之日起 5 日内，将签订定向资产管理合同报注册地中国证监会派出机构备案。

二、多项选择题(以下备选答案中有两项或两项以上符合题目要求)

1. 证券公司从事资产管理业务，应当具备下列(　　)重要条件方可提出申请。【2011 年 3 月真题】

A. 净资本不低于 2 亿元人民币，且符合中国证监会关于经营证券资产管理业务的各项风险监控指标的规定
B. 具有良好的法人治理结构、完备的内部控制和风险管理制度，并得到有效执行
C. 资产管理业务人员具有证券业从业资格，无不良行为记录，其中具有 3 年以上证券自营、资产管理或者证券投资基金管理从业经历的人员不少于 5 人
D. 最近 1 年没有受到行政处罚或者刑事处罚

【答案】ABCD　证券公司从事资产管理业务，应当符合下列条件：(1)经中国证监会核定具有证券资产管理业务的经营范围(如注册的业务范围只有证券经纪业务)；(2)净资本不低于 2 亿元人民币，且符合中国证监会关于经营证券资产管理业务的各项风险监控指标的规定；(3)资产管理业务人员具有证券业从业资格，无不良行为记录，其中，具有 3 年以上证券自营、资产管理或者证券投资基金管理从业经历的人员不少于 5 人；(4)具有良好的法人治理结构、完备的内部控制和风险管理制度，并得到有效执行；(5)最近 1 年未受到过行政处罚或者刑事处罚；(6)中国证监会规定的其他条件。

2. 下列关于证券公司办理资产管理业务一般规定的描述正确的有(　　)。【2010 年 12 月真题】

A. 集合资产管理计划资产中的证券，不得用于回购
B. 证券公司不可以委托其他金融机构推广自己的集合资产管理计划
C. 证券公司将其所管理的客户资产投资于一家公司发行的证券，不得超过该证券发行总量的 10%
D. 证券公司办理集合资产管理业务，只能接受货币资金形式的资产

【答案】ACD　证券公司可以自行推广集合资产管理计划，也可以委托证券公司的客户资金指定商业银行代理推广，B 项表述错误。

3. 集合计划审计报告应当在每年度结束之日起 60 个交易日内，按照原合同约定的方式向(　　)提供。【2010 年 12 月真题】

A. 客户　　　　B. 证券交易所　　　　C. 资产托管机构　　　　D. 证券登记结算机构

【答案】AC　集合计划审计报告应当在每年度结束之日起 60 个交易日内，按照合同约定的方式向客户和资产托管机构提供，并报送住所地中国证监会派出机构备案。

三、判断题(正确的用 A 表示，错误的用 B 表示)

1. 为客户特定目的办理专项资产管理业务是指证券公司与客户签订专项资产管理合同，针对客户的特殊要求和资产的具体情况，设定特定投资目标，通过单一账户为客户提供资产管理服务。(　　)【2011 年 3 月真题】

【答案】B　为客户特定目的办理专项资产管理业务是指证券公司与客户签订专项资产管理合同，针对客户的特殊要求和资产的具体情况，设定特定投资目标，通过专门账户为客户提供资产管理服务的一种业务。

2. 证券公司、资产托管机构应当为集合资产管理计划单独开立证券账户和资金账户，其中证券账户名称应当是“资产托管机构名称—集合资产管理计划名称”。(　　)【2011 年 3 月真题】

【答案】B　证券公司办理集合资产管理业务，应当将集合资产管理计划资产交由资产托管机构进行托管。证券公司、资产托管机构应当为集合资产管理计划单独开立证券账户和资金账户。资金账户名称应当是“集合资产管理计划名称”。证券账户名称应当是“证券公司名称—资产托管机构名称—集合资产管理计划名称”。

3. 在定向资产管理业务中，证券公司要保证客户资产和其自有资产相互独立，对所有客户资产设立统一账户，独立核算。(　　)【2010 年 12 月真题】

【答案】B　证券公司开展定向资产管理业务，应当保证客户委托资产与证券公司自有资产相互独立，不同客户的委托资产相互独立，对不同客户的委托资产应当独立建账，独立核算，分账管理。

4. 资产管理业务的风险种类和表现形式与自营业务的风险基本相似。(　　)【2010 年 10 月真题】

【答案】A

第八章　融资融券业务

【命题点规律】

对近年考试的命题进行研究可以发现，本章的命题规律体现在以下几个方面：

1. 融资融券业务的含义，融资融券业务资格管理的基本要求是常考的知识点。

2. 融资融券业务管理的基本原则、融资融券业务的账户体系、融资融券业务客户的申请、客户征信调查、客户的选择标准是命题采分点。

3. 融资融券业务合同与风险揭示书的基本内容、客户开户的基本要求及授信额度的确定和授信方式是重要的考核点。

4. 融资融券交易的一般规则；标的证券的范围；有价证券充抵保证金的计算、融资融券保证金比例及计算、保证金可用余额及计算、客户担保物的监控；融资融券期间证券权益的处理；融资融券业务信息披露与报告是重要的命题采分点。

5. 证券公司融资融券业务的风险种类及其控制；融资融券业务的监管和法律责任是需要熟悉的知识点。

【命题点解读】

命题点1　融资融券业务的含义及资格管理

表8－1　融资融券业务的含义及资格管理

项　目	内　容
含义	是指在证券交易所或者国务院批准的其他证券交易场所进行的证券交易中，证券公司向客户出借资金供其买入证券或出借证券供其卖出，并由客户交存相应担保物的经营活动
证券公司经营融资融券业务应当具备的条件	(1) 证券公司治理结构健全，内部控制有效。 (2) 风险控制指标符合规定，财务状况、合规状况良好。 (3) 有经营融资融券业务所需的专业人员、技术条件、资金和证券。 (4) 有完善的融资融券业务管理制度和实施方案。 (5) 国务院证券监督管理机构规定的其他条件
证券公司开展融资融券业务试点的要求	(1) 中国证监会《证券公司融资融券业务试点管理办法》(以下简称《办法》)规定，证券公司开展融资融券业务试点，必须经中国证监会批准。未经中国证监会批准，任何证券公司不得向客户融资融券，也不得为客户与客户、客户与他人之间的融资融券活动提供任何便利和服务。 (2) 中国证监会根据审慎监管的原则，批准符合规定条件的证券公司开展融资融券业务试点。 (3) 2010年1月22日，中国证监会印发《关于开展证券公司融资融券业务试点工作的指导意见》(证监会公告[2010]3号)，对首批申请试点的证券公司应当满足的条件作了规定。

续表

项　目	内　　容
证券公司开展融资融券业务试点的要求	① 最近6个月净资本均在50亿元以上。 ② 最近一次证券公司分类评级为A类。 ③ 具备开展融资融券业务所需的自有资金和自有证券，自有资金占净资本的比例相对较高。 ④ 已开发完成融资融券业务交易结算系统，并通过了证券交易所、证券登记结算公司组织的全网测试。 ⑤ 融资融券业务试点实施方案通过了中国证券业协会组织的专业评价。 ⑥ 客户交易结算资金第三方存管有效实施，账户开立、管理规范，客户资料完整真实，建立了以“了解自己的客户”和“适当性服务”为核心的客户分类管理和服务体系。未出现客户资产被挪用等侵害客户权益的情形，未因公司原因出现群体性事件、恶性个案或导致客户频繁上访、群访，以及频繁发生信息安全事故或发生信息安全重大事故。 ⑦ 证监会规定的其他条件。 （4）证券公司申请融资融券业务试点，应当向中国证监会提交下列材料，同时抄报注册地证监会派出机构： ① 融资融券业务试点申请书。 ② 股东会(股东大会)关于经营融资融券业务的决议。 ③ 融资融券业务试点实施方案。 ④ 内部管理制度。 ⑤ 负责融资融券业务的高级管理人员与业务人员的名册及资格证明文件。 ⑥ 公司合规总监出具的专项合规意见。 ⑦ 中国证监会要求提交的其他文件。视审核工作需要提交，其中至少包括由其他机构提交的以下文件： A. 证券公司住所地证监局出具的监管意见函。 B. 中国证券业协会组织的试点实施方案专业评价意见。 C. 上海证券交易所、深圳证券交易所、中国证券登记结算公司组织的技术系统全网测试评估报告。 （5）取得融资融券业务试点资格的证券公司在开展融资融券业务前还应向交易所申请融资融券交易权限。证券公司申请融资融券交易权限应当向交易所提交下列书面文件： ① 中国证监会颁发的获准开展融资融券业务试点的经营证券业务许可证及其他有关批准文件。 ② 融资融券业务试点实施方案、内部管理制度的相关文件。 ③ 负责融资融券业务的高级管理人员与业务人员名单及其联络方式。 ④ 交易所要求提交的其他文件

命题点2　融资融券业务的管理

2.1　融资融券业务管理的基本原则和账户体系

表8－2　融资融券业务管理的基本原则和账户体系

项　目	内　　容
基本原则	（1）合法合规原则。 （2）集中管理原则。 （3）独立运行原则。 （4）岗位分离原则

续表

<table>
<tr><th colspan="2">项　目</th><th>内　　容</th></tr>
<tr><td rowspan="2">账户体系</td><td>证券公司信用账户</td><td>(1) 融券专用证券账户
用于记录证券公司持有的拟向客户融出的证券和客户归还的证券，该账户不得用于证券买卖。
(2) 客户信用交易担保证券账户
用于记录客户委托证券公司持有、担保证券公司因向客户融资融券所生债权的证券。
(3) 信用交易证券交收账户
用于客户融资融券交易的证券结算。
(4) 信用交易资金交收账户
用于客户融资融券交易的资金结算。
(5) 融资专用资金账户
用于存放证券公司拟向客户融出的资金及客户归还的资金。
(6) 客户信用交易担保资金账户
用于存放客户交存的、担保证券公司因向客户融资融券所生债权的资金</td></tr>
<tr><td>客户信用账户</td><td>(1) 客户信用资金台账
是客户在证券公司开立的用于记载客户交存的担保资金及融资融券负债明细数据的账户。
(2) 客户信用证券账户
是证券公司根据证券登记结算公司相关规定为客户开立的、用于记载客户委托证券公司持有的担保证券的明细数据的账户。该账户是证券公司客户信用交易担保证券账户的二级证券账户。
(3) 客户信用资金账户
是客户在存管银行开立的用于记载客户交存的担保资金的明细数据的账户。该账户是证券公司客户信用交易担保资金账户的二级账户</td></tr>
</table>

2.2　融资融券业务客户的申请、征信与选择

表 8－3　融资融券业务客户的申请、征信与选择

项　目	内　　容
客户的申请	客户要在证券公司开展融资融券业务，应由客户本人向证券公司营业部提出申请。客户申请时应向证券公司营业部提交证券公司规定的相关材料。 一般包括融资融券业务申请表、有效身份证明文件、已在营业部开立的普通资金账户和证券账户、融资融券担保品证明、客户具有支配权的资产证明、住址证明等客户征信所需的相关材料。机构客户还需提交公司章程、法人代表授权书、法人代表证明书、法人代表身份证明及经办人身份证明等文件
客户征信调查	证券公司受理向客户融资融券业务申请后，应当办理客户征信，了解客户的身份、财产与收入状况、证券投资经验和风险偏好，并以书面和电子方式予以记载、保存。 客户征信调查内容一般应包括： (1) 客户基本资料。 (2) 投资经验。 (3) 诚信记录。 (4) 还款能力。 (5) 融资融券需求

续表

项目	内容
客户的选择标准	证券公司应当按《办法》规定的有关条件和征信的要求制定选择客户的具体标准。一般主要包括以下几方面： (1) 从事证券交易时间：要求客户在申请开展融资融券业务的证券公司所属营业部开设普通证券账户并从事交易满半年以上(试点初期一般都要求满18个月以上)。 (2) 账户状态：客户开户手续齐全、资料完备，资金账户与证券账户对应关系清晰，交易结算状态正常。 (3) 信誉状况：客户信誉良好，无重大违约记录。 (4) 资产状况：具有符合要求的担保品和较强的还款能力。 (5) 投资风格及业绩：投资风格稳健，无重大失误和损失，有一定的风险承受能力。 (6) 关联关系：非证券公司股东或关联人

2.3 融资融券业务合同与风险揭示书的基本内容

表8－4 融资融券业务合同与风险揭示书的基本内容

项目	内容
业务合同的内容	证券公司在向客户融资融券前，应当与其签订载入中国证券业协会规定的必备条款的融资融券业务合同(以下简称"合同")。合同应由证券公司统一制定、保管和与客户签订。合同应载明下列事项： (1) 当事人姓名、住所等相关信息，包括但不限于：甲方(指客户，下同)的姓名(或名称)、住所、法定代表人姓名、公司营业执照/个人身份证件号码、联系方等；乙方(指证券公司，下同)的名称、住所、法定代表人、联系方式等。 (2) 订立合同的目的和依据。 (3) 对融资融券交易所涉及的信用账户、融资与融券交易、担保物、保证金比例、维持担保比例、强制平仓等专业术语进行解释或定义。 (4) 甲乙双方的声明与保证。 (5) 开立信用账户的有关内容。 (6) 约定融资融券特定的财产信托关系。 (7) 约定甲方从事融资融券交易的保证金比例及计算公式、保证金可用余额计算公式、可充抵保证金的有价证券范围和折算率、标的证券范围等。 (8) 约定甲方从事融资融券交易的信用额度、融资融券期限、融资利率和融券费用及相应的计算公式等事项。 (9) 合同应对融资融券交易的主要业务操作环节加以约定。 (10) 约定甲方从事融资融券交易的维持担保比例和计算公式、补仓时间、补仓期限、补仓后应达到的维持担保比例以及乙方要求甲方补仓的通知方式。约定内容应当符合证券交易所的有关规定。 (11) 约定乙方强制平仓的各类情形、平仓开始与停止条件、平仓顺序等事项。 (12) 约定甲方清偿债务的范围、方式、期限以及债务清偿后信用账户的处理方式等有关事项。 (13) 约定在融资融券交易期间，当出现可充抵保证金的有价证券范围和折算率调整、保证金比例与维持担保比例调整、标的证券范围调整，标的证券暂停交易或终止上市，乙方被取消或限制融资融券交易权限，司法机关对甲方信用证券账户记载的权益采取财产保全或强制执行措施，甲方信用证券账户记载的权益被继承、财产细分或无偿转让等特殊情况时，对尚未了结的融资融券交易的处理方式。

续表

项　目	内　容
业务合同的内容	（14）约定融资融券交易所涉及的权益处理事项。 （15）载明通知与送达的有关事项。 （16）明确载入因火灾、地震等不可抗力，导致合同任何一方不能及时或完全履行合同，免除其相应责任的条款。 （17）约定导致合同终止的各种具体情形。 （18）约定适用的法律和争议处理方式。 （19）明确约定合同成立与生效条件、合同期限、合同份数等事项。 （20）明确载明："乙方确认已向甲方说明融资融券交易的风险，不保证甲方获得投资收益或承担甲方投资损失。甲方确认已充分理解本合同内容，自行承担风险和损失。"
风险揭示书的内容	《融资融券交易风险揭示书》至少应包括下列内容： （1）提示客户注意融资融券交易具有普通证券交易所具有的政策风险、市场风险、违约风险、系统风险等各种风险，以及其特有的投资风险放大等风险。 （2）提示客户在开户从事融资融券交易前，必须了解所在的证券公司是否具有开展融资融券业务的资格。 （3）提示客户在从事融资融券交易期间，如果不能按照约定的期限清偿债务，或上市证券价格波动导致担保物价值与其融资融券债务之间的比例低于维持担保比例，且不能按照约定的时间、数量追加担保物时，将面临担保物被证券公司强制平仓的风险。 （4）提示客户在从事融资融券交易期间，如果其信用资质状况降低，证券公司会相应降低对其的授信额度，或者证券公司提高相关警戒指标、平仓指标所产生的风险，可能会给客户造成的经济损失。 （5）提示客户在从事融资融券交易期间，如果中国人民银行规定的同期金融机构贷款基准利率调高，证券公司将相应调高融资利率或融券费率，客户将面临融资融券成本增加的风险。 （6）提示客户在从事融资融券交易期间，如果因自身原因导致其资产被司法机关采取财产保全或强制执行措施，或者出现丧失民事行为能力、破产、解散等情况时，客户将面临被证券公司提前了结融资融券交易的风险，可能会给客户造成经济损失。 （7）提示客户在从事融资融券交易期间，如果发生融资融券标的证券范围调整、标的证券暂停交易或终止上市等情况，客户将可能面临被证券公司提前了结融资融券交易的风险，可能会给客户造成经济损失。 （8）提示客户在从事融资融券交易期间，证券公司将以《融资融券合同》约定的通知与送达方式及通讯地址，向客户发送通知。 （9）提示客户应妥善保管信用账户卡、身份证件和交易密码等资料。如客户将信用账户、身份证件、交易密码等出借给他人使用，由此造成的后果由客户承担。 （10）除上述9项风险提示外，各试点证券公司还可以根据具体情况在本公司制定的《融资融券交易风险揭示书》中对融资融券交易存在的风险做进一步列举

2.4 客户开户、提交担保品与授信

表 8-5 客户开户、提交担保品与授信

项目	内容
开户	证券公司与客户签订融资融券业务合同后，应当根据客户的申请，按照证券登记结算机构的规定，为其开立实名信用证券账户。客户用于1家证券交易所上市证券交易的信用证券账户只能有1个。 客户申请开立信用证券账户和信用资金账户应向证券公司提交下列材料： （1）个人客户须提供： ① 本人身份证明原件及复印件。 ② 本人普通资金账户卡（或开户协议原件）、普通证券账户卡原件及复印件。 ③ 填妥并由本人当面签名的"信用证券账户开户申请表"和"信用资金账户开户申请表"。 ④ 专用于信用交易的银行卡。 ⑤ 银行及客户已盖章、签字的客户信用资金存管协议。 （2）机构客户须提供： ① 营业执照副本等有效身份证明文件原件及复印件。 ② 法定代表人证明书原件及加盖公章的法定代表人身份证明复印件。 ③ 法定代表人授权书。 ④ 授权经办人身份证明原件及复印件。 ⑤ 加盖公章的预留印鉴卡。 ⑥ 机构普通资金账户卡（或开户协议原件）、普通证券账户卡原件及复印件。 ⑦ 填妥并加盖机构公章的"信用证券账户开户申请表"和"信用资金账户开户申请表"。 ⑧ 加盖银行章的专用于信用交易的银行账户。 ⑨ 填妥并加盖机构公章的客户信用资金存管协议
提交担保品	客户在证券公司开妥信用证券账户和信用资金账户后，应向证券公司提交不低于交易所和证券公司规定比例的融资融券保证金。保证金应为现金或上市证券，上市证券的品种和折算率应符合交易所和证券公司的规定。作为保证金的现金和上市证券应分别转入客户在存管银行开立的信用资金账户和在证券公司开立的信用证券账户
授信	证券公司根据客户融资融券申请、提交的保证金额度及客户征信调查等情况，确定对客户融资融券的授信，包括融资融券额度、期限、方式、利（费）率等。证券公司对客户融资融券的比例不低于50%，期限不超过6个月。

2.5 融资融券交易操作

表 8-6 融资融券交易操作

项目	内容
一般规则	（1）证券公司接受客户融资融券交易委托，应当按照交易所规定的格式申报。 （2）融资买入、融券卖出的申报数量应当为100股（份）或其整数倍。 （3）融券卖出的申报价格不得低于该证券的最新成交价；当天没有产生成交的，申报价格不得低于其前收盘价。低于上述价格的申报为无效申报。 （4）客户融资买入证券后，可通过卖券还款或直接还款的方式向证券公司偿还融入资金。 （5）客户融券卖出后，可通过买券还券或直接还券的方式向证券公司偿还融入证券。 （6）客户卖出信用证券账户内证券所得价款，须先偿还其融资欠款。 （7）未了结相关融券交易前，客户融券卖出所得价款除买券还券外不得他用。

续表

项目	内容
一般规则	(8) 客户信用证券账户不得买入或转入除担保物和交易所规定标的证券范围以外的证券，不得用于从事交易所债券回购交易。 (9) 客户未能按期交足担保物或者到期未偿还融资融券债务的，证券公司应当根据约定采取强制平仓措施，处分客户担保物，不足部分可以向客户追索。 (10) 证券公司根据与客户的约定采取强制平仓措施的，应按照交易所规定的格式申报强制平仓指令。申报指令应包括客户的信用证券账户号码、交易单元代码、证券代码、买卖方向、价格、数量、平仓标识等内容
标的证券	客户融资买入、融券卖出的证券，不得超出证券交易所和证券公司规定的范围。可作为融资买入或融券卖出的标的证券(以下简称“标的证券”)，一般是在交易所上市交易并经交易所认可的四大类证券，即符合交易所规定的股票、证券投资基金、债券、其他证券。 标的证券为股票的，应当符合下列条件： (1) 在交易所上市交易满3个月。 (2) 融资买入标的股票的流通股本不少于1亿股或流通市值不低于5亿元，融券卖出标的股票的流通股本不少于2亿股或流通市值不低于8亿元。 (3) 股东人数不少于4000人。 (4) 近3个月内日均换手率不低于基准指数日均换手率的20%(试点初期暂不执行)，日均涨跌幅的平均值与基准指数涨跌幅的平均值的偏离值不超过4个百分点，且波动幅度不超过基准指数波动幅度的500%以上。 (5) 股票发行公司已完成股权分置改革。 (6) 股票交易未被交易所实行特别处理。 (7) 交易所规定的其他条件

2.6 保证金及担保物管理

表8-7 保证金及担保物管理

项目	内容
有价证券充抵保证金的计算	充抵保证金的有价证券，在计算保证金金额时，应当以证券市值按下列折算率进行折算： (1) 上证180指数成分股股票及深证100指数成分股股票折算率最高不超过70%，其他股票折算率最高不超过65%。 (2) 交易所交易型开放式指数基金折算率最高不超过90%。 (3) 国债折算率最高不超过95%。 (4) 其他上市证券投资基金和债券折算率最高不超过80%
融资融券保证金比例及其计算	(1) 融资保证金 客户融资买入证券时，融资保证金比例不得低于50%。融资保证金比例是指客户融资买入时交付的保证金与融资交易金额的比例，计算公式为： $\text{融资保证金比例} = \frac{\text{保证金}}{\text{融资买入证券数量} \times \text{买入价格}} \times 100\%$ (2) 融券保证金 客户融券卖出时，融券保证金比例不得低于50%。融券保证金比例是指客户融券卖出时交付的保证金与融券交易金额的比例，计算公式为： $\text{融券保证金比例} = \frac{\text{保证金}}{\text{融券卖出证券数量} \times \text{卖出价格}} \times 100\%$

续表

项　目	内　　　　容
保证金可用余额及其计算	保证金可用余额是指客户用于充抵保证金的现金、证券市值及融资融券交易产生的浮盈经折算后形成的保证金总额，减去客户未了结融资融券交易已占用保证金和相关利息、费用的余额。其计算公式为： 保证金可用余额＝现金＋∑（充抵保证金的证券市值×折算率）＋∑［（融资买入证券市值－融资买入金额）×折算率］＋∑［（融券卖出金额－融券卖出证券市值）×折算率］－∑融券卖出金额－∑融资买入证券金额×融资保证金比例－∑融券卖出证券市值×融券保证金比例－利息及费用 公式中： 融券卖出金额＝融券卖出证券的数量×卖出价格 融券卖出证券市值＝融券卖出证券数量×市价 融券卖出证券数量指融券卖出后尚未偿还的证券数量 客户融资买入或融券卖出时所使用的保证金不得超过其保证金可用余额
客户担保物的监控	证券公司向客户收取的保证金以及客户融资买入的全部证券和融券卖出所得全部资金，整体作为客户对证券公司融资融券债务的担保物。 证券公司应当对客户提交的担保物进行整体监控，并计算其维持担保比例。维持担保比例是指客户担保物价值与其融资融券债务之间的比例，计算公式为： $\text{维持担保比例}=\dfrac{\text{现金}+\text{信用证券账户内证券市值}}{\text{融资买入金额}+\text{融券卖出证券数量}\times\text{市值}+\text{利息及费用}}$ 除下列情形外，任何人不得动用证券公司客户信用交易担保证券账户内的证券和客户信用交易担保资金账户内的资金： （1）为客户进行融资融券交易的结算。 （2）收取客户应当归还的资金、证券。 （3）收取客户应当支付的利息、费用、税款。 （4）按照中国证监会的有关规定以及与客户的约定处分担保物。 （5）收取客户应当支付的违约金。 （6）客户提取还本付息、支付税费及违约金后的剩余证券和资金或在维持担保比例超出规定比例时按照规定提取有关证券和资金。 （7）法律、行政法规和证监会《办法》规定的其他情形

2.7　权益处理

表 8－8　权益处理

项　目	内　　　　容
对证券发行人的权利的行使	所谓对证券发行人的权利，是指请求召开证券持有人会议、参加证券持有人会议、提案、表决、配售股份的认购、请求分配投资收益等因持有证券而产生的权利。 客户信用交易担保证券账户记录的证券，由证券公司以自己的名义，为客户的利益，行使对证券发行人的权利。证券公司行使对证券发行人的权利，应当事先征求客户的意见，并按照其意见办理
证券发行人派发红利的处理	证券发行人派发现金红利或利息时，登记结算公司按照证券公司客户信用交易担保证券账户的实际余额派发现金红利或利息。涉及的利息税由登记结算公司根据证券公司的委托按照信用交易客户的身份计算。证券公司收到现金红利和利息款项后，应当及时分派给对应的信用交易客户。

续表

项　目	内　容
证券发行人派发红利的处理	证券发行人派发股票红利或权证等证券的，证券登记结算公司按照证券公司客户信用交易担保证券账户的实际余额记增红股或配发权证，并根据证券公司委托相应维护客户信用证券账户的明细数据
其他权益的处理	证券发行人向原股东配售股份的，或者证券发行人增发新股以及发行权证、可转债等证券时原股东有优先认购权的，证券登记结算公司按照证券公司客户信用交易担保证券账户的实际余额设置配股权或优先认购权，并根据证券公司委托相应维护客户信用证券账户的明细数据。 证券发行采取市值配售发行方式的，客户信用证券账户的明细数据纳入其对应市值的计算。 担保证券涉及收购情形时，客户不得通过信用证券账户申报预受要约。 担保证券进入终止上市程序的，客户应当在了结相关融资融券交易后，申请将有关证券从客户信用交易担保证券账户划转到其普通证券账户中，由证券登记结算公司按照现行方式办理退市登记等相关手续
融券交易期间权益的处理	客户融入证券后、归还证券前，在下列情形下应当按照融券数量对证券公司进行补偿： （1）证券发行人派发现金红利的，融券客户应当向证券公司补偿对应金额的现金红利。 （2）证券发行人派发股票红利或权证等证券的，融券客户应当根据双方约定向证券公司补偿对应数量的股票红利或权证等证券，或以现金结算方式予以补偿。 （3）证券发行人向原股东配售股份的，或者证券发行人增发新股以及发行权证、可转债等证券时原股东有优先认购权的，由证券公司和融券客户根据双方约定处理

2.8　信息披露与报告

表8-9　信息披露与报告

项　目	内　容
每个交易日应公布的信息	证券公司应当于每个交易日22：00前向证券交易所报送当日各标的证券融资买入额、融资还款额、融资余额，以及融券卖出量、融券偿还量和融券余量等数据。 证券交易所在每个交易日开市前，根据证券公司报送数据，向市场公布以下信息： （1）前一交易日单只标的证券融资融券交易信息，包括融资买入额、融资余额、融券卖出量、融券余量等信息。 （2）前一交易日市场融资融券交易总量信息
每一月结束后应报告的情况	证券公司应当在每一月份结束后10个工作日内，向中国证监会、注册地证监会派出机构和证券交易所书面报告当月的下列情况： （1）融资融券业务客户的开户数量。 （2）对全体客户和前10名客户的融资、融券余额。 （3）客户交存的担保物种类和数量。 （4）强制平仓的客户数量、强制平仓的交易金额。 （5）有关风险控制指标值。 （6）融资融券业务盈亏状况。 （7）要求报告的其他信息

命题点3　融资融券业务的风险及其控制

表8-10　证券公司融资融券业务的风险

项　目	内　容
客户信用风险	主要是指由于客户违约，不能偿还到期债务而导致证券公司损失的可能性
市场风险	主要是指因不可预见和控制的因素导致市场波动，交易异常，造成证券交易所融资融券交易无法正常进行、危及市场安全，或造成证券公司客户担保品贬值、维持担保比例不足，且证券公司无法实施强制平仓收回融出资金（证券）而导致损失的可能性
业务规模及集中度风险	主要是指证券公司融资融券规模失控，对单个客户融资融券规模过大、期限过长，而造成证券公司资产流动性不足、净资本规模和比例不符合监管规定的可能性
业务管理风险	主要是指证券公司融资融券业务经营中因制度不全、管理不善、控制不力、操作失误等原因导致业务经营损失的可能性
信息技术风险	主要是指因证券公司融资融券交易信息系统故障致使交易中断、监控失效而导致承担客户资产损失的赔偿责任或无法收回到期债权的可能性

表8-11　证券公司融资融券业务风险的控制

项　目	内　容
客户信用风险的控制	（1）建立客户选择与授信制度，明确规定客户选择与授信的程序和权限。 （2）严格合同管理、履行风险提示。证券公司应统一制定符合监管部门规定、内容完备的融资融券合同标准文本，同时，合同应由公司总部统一印刷、管理和与客户签订。 （3）证券公司应当在符合有关规定的基础上，确定可冲抵保证金的证券的种类及折算率、客户可融资买入和融券卖出的证券的种类、保证金比例和最低维持担保比例，并在营业场所内公示。 （4）建立健全预警补仓和强制平仓制度
市场风险的控制	对市场风险可能导致的市场波动、交易异常及危及市场安全等问题，一般由证券交易所通过对市场运行情况和融资融券交易的监控，针对不同情况采取如下措施进行控制： （1）单只标的证券的融资余额达到该证券上市可流通市值的25%时，证券交易所可以在次一交易日暂停其融资买入，并向市场公布。当该标的证券的融资余额降低至20%以下时，交易所可以在次一交易日恢复其融资买入，并向市场公布。 （2）单只标的证券的融券余量达到该证券上市可流通量的25%时，证券交易所可以在次一交易日暂停其融券卖出，并向市场公布。当该标的证券的融券余量降低至20%以下时，交易所可以在次一交易日恢复其融券卖出，并向市场公布。 （3）当融资融券交易出现异常时，证券交易所可视情况采取相关措施并向市场公布。 （4）融资融券交易存在异常交易行为的，证券交易所可以视情况采取限制相关账户交易等措施
业务规模和集中度风险控制	（1）证券公司要根据自有资金和证券状况，在净资本总额和比例符合监管要求、保持正常的资产流动性、风险可承受的前提下确定融资融券业务总规模。融资融券业务总规模一旦确定则不得随意扩大，并需通过技术手段进行实时监控。 （2）证券公司对客户的授信和融出资金、证券均应由公司总部统一控制和办理，严禁分支机构擅自对外办理相关业务。 （3）业务集中度严格控制在监管部门的有关规定范围内

续表

项目	内容
业务管理风险的控制	(1) 制定完备的内部控制制度、业务操作规范、风险管理措施等，并加强对相关业务人员进行管理制度和业务知识的培训。 (2) 对重要的业务环节，如征信调查、合同签署、开立账户、担保品审核、授信审批等实行双人双岗复核、审批，并强制留痕。 (3) 公司总部对业务经营情况、主要风险指标和每个客户的账户动态进行实时监控，并明确相应的处置措施，发现问题按相关规定及时处置。 (4) 公司业务合规和风险管理部门对营业部和融资融券业务管理部门的业务操作进行定期或不定期检查或稽核
信息技术风险的控制	(1) 建立完善的融资融券业务信息技术系统，包括日常业务运行系统、容错备份系统和灾难备份系统，并制定完善的备份方案和应急处理预案。 (2) 制定并严格执行信息技术系统日常运行管理制度，加强系统日常维护，确保系统正常运行。 (3) 定期或不定期组织融资融券业务管理部门和营业部对备份方案和应急预案进行演练，确保相关部门和人员熟悉相关内容和应急操作

命题点4　融资融券业务的监管和法律责任

表8－12　融资融券业务的监管和法律责任

项目		内容
业务的监管		(1) 证券交易所的监管。 (2) 证券登记结算机构的监管。 (3) 客户信用资金存管指定商业银行的监管。 (4) 客户查询。 (5) 信息公告。 (6) 监管机构的监管
法律责任	《证券公司融资融券业务试点管理办法》的有关规定	证券公司或其分支机构在融资融券业务试点中违反规定的，由中国证监会派出机构予以制止，责令限期改正；拒不改正或者情节严重的，由中国证监会视具体情形，依法采取警示、公开警示、责令处分有关责任人员、责令停止有关分支机构的融资融券业务活动、撤销融资融券业务许可等监管措施
	《证券公司监督管理条例》的有关规定	(1) 证券公司违反《证券公司监督管理条例》的规定，有下列情形之一的，责令改正，给予警告，没收违法所得，并处以违法所得1倍以上5倍以下的罚款；没有违法所得或者违法所得不足3万元的，处以3万元以上30万元以下的罚款。对直接负责的主管人员和其他直接责任人员单处或者并处警告、3万元以上10万元以下的罚款；情节严重的，撤销任职资格或者证券从业资格： ① 未按照规定程序了解客户的身份、财产与收入状况、证券投资经验和风险偏好。 ② 推荐的产品或者服务与所了解的客户情况不相适应。 ③ 未按照规定指定专人向客户讲解有关业务规则和合同内容，并以书面方式向其揭示投资风险。

续表

项　目		内　　容
法律责任	《证券公司监督管理条例》的有关规定	④ 未按照规定与客户签订业务合同，或者未在与客户签订的业务合同中载入规定的必备条款。 ⑤ 未按照规定编制并向客户送交对账单，或者未按照规定建立并有效执行信息查询制度。 ⑥ 未按照规定存放、管理客户担保账户内的资金、证券。 （2）证券公司未按照规定为客户开立账户的，责令改正；情节严重的，处以20万元以上50万元以下的罚款，并对直接负责的董事、高级管理人员和其他直接责任人员，处以1万元以上5万元以下的罚款。 （3）违反《证券公司监督管理条例》的规定，有下列情形之一的，责令改正，给予警告，没收违法所得，并处以违法所得1倍以上5倍以下的罚款；没有违法所得或者违法所得不足10万元的，处以10万元以上60万元以下的罚款；情节严重的，撤销相关业务许可。对直接负责的主管人员和其他直接责任人员给予警告，撤销任职资格或者证券从业资格，并处以3万元以上30万元以下的罚款： ① 证券公司、资产托管机构、证券登记结算机构违反规定动用客户担保账户内的资金、证券。 ② 资产托管机构、证券登记结算机构对违反规定动用客户担保账户内的资金、证券的申请、指令予以同意、执行。 ③ 资产托管机构、证券登记结算机构发现客户担保账户内的资金、证券被违法动用而未向国务院证券监督管理机构报告

【经典真题详解】

一、单项选择题（以下备选答案中只有一项最符合题目要求）

1. 证券公司申请融资融券业务试点，必须满足最近(　　)年各项风险控制指标持续符合规定。【2011年3月真题】

A. 1　　B. 2　　C. 3　　D. 5

【答案】B　证监会根据审慎监管的原则，批准符合规定条件的证券公司开展融资融券业务试点。证券公司申请融资融券业务试点，应当具备的条件之一为：财务状况良好，最近2年各项风险控制指标持续符合规定，最近6个月净资本均在12亿元以上。

2. 下列不属于信息技术风险的控制内容的是(　　)。【2010年12月真题】

A. 定期或不定期组织融资融券业务管理部门和营业部对备份方案和应急预案进行演练，确保相关部门和人员熟悉相关内容和应急操作

B. 制定并严格执行信息技术系统日常运行管理制度，加强系统日常维护，确保系统正常运行

C. 建立完善的融资融券业务信息技术系统，包括日常业务运行系统、容错备份系统和灾难备份系统，并制订完善的备份方案和应急处理预案

D. 对重要的业务环节，如征信调查、合同签署、开立账户、担保品审核、授信审批等实行双人双岗复核、审批，并强制留痕

【答案】D　D项属于业务管理风险控制的内容之一。

3. 下列(　　)依法对证券公司及其分支机构的融资融券业务活动中涉及的客户选择、合同签订、授信额度的确定、担保物的收取和管理、补交担保物的通知，以及处分担保物等事项进行非现场检查和现场检查。【2010 年 12 月真题】

A. 证券交易所　　B. 证监会派出机构

C. 证券登记结算机构　　D. 负责客户信用资金存管的指定商业银行

【答案】B　证监会派出机构按照辖区监管责任制的要求，依法对证券公司及其分支机构的融资融券业务活动中涉及的客户选择、合同签订、授信额度的确定、担保物的收取和管理、补交担保物的通知以及处分担保物等事项，进行非现场检查和现场检查。

二、多项选择题(以下备选答案中有两项或两项以上符合题目要求)

1. 开展融资融券业务试点的证券公司从事融资融券业务应当遵守的原则包括(　　)。【2011 年 3 月真题】

A. 必须经证监会和中国人民银行的批准

B. 遵守法律、行政法规和有关管理办法的规定

C. 证券公司融资融券业务的决策和主要管理职责应集中于证券公司总部

D. 证券公司融资融券业务的前、中、后台应当相互分离、相互制约

【答案】BCD　开展融资融券业务试点的证券公司从事融资融券业务应遵守以下原则：合法合规原则、集中管理原则、独立运行原则、岗位分离原则。A 项根据融资融券业务管理的合法合规原则，证券公司开展融资融券业务必须经证监会批准，无须经中国人民银行批准。

2. 在融资融券业务的决策与授权体系下，以下由业务决策机构负责的有(　　)。【2010 年 12 月真题】

A. 制定融资融券业务的基本管理制度

B. 对分支机构的业务操作进行审批、复核和监督

C. 制定融资融券业务操作流程

D. 确定对单一客户和单一证券的融资融券的期限

【答案】CD　在融资融券业务的决策与授权体系下，业务决策机构由有关高级管理人员及部门负责人组成，负责制定融资融券业务操作流程，选择可从事融资融券业务的分支机构，确定对单一客户和单一证券的授信额度、融资融券的期限和利率(费率)、保证金比例和最低维持担保比例、可充抵保证金的证券种类及折算率、客户可融资买入和融券卖出的证券种类。对分支机构的业务操作进行审批、复核和监督属于业务执行部门的职责；制定融资融券业务的基本管理制度属于董事会的职责。

三、判断题(正确的用 A 表示，错误的用 B 表示)

1. 取得融资融券业务试点资格的证券公司在开展融资融券业务前应向交易所申请融资融券交易权限。(　　)【2011 年 3 月真题】

【答案】A

2. 证券公司经营融资融券业务，应当以自己的名义，在证券登记结算机构分别开立融券专业证券账户、客户信用交易担保证券账户、信用交易证券交收账户、融资专用资金账户和信用交易资金交收账户。(　　)【2011 年 3 月真题】

【答案】B　证券公司经营融资融券业务，应当以自己的名义，在证券登记结算机构分别开立融券专用证券账户、客户信用交易担保证券账户、信用交易证券交收账户和信用交

易资金交收账户；在商业银行分别开立融资专用资金账户和客户信用交易担保资金账户。

3. 单只标的证券的融券余量达到该证券上市可流通量的30%时，交易所可以在次一交易日暂停其融券卖出，并向市场公布。该标的证券的融券余量降低到20%以下时，交易所可以在次一交易日恢复其融券卖出，并向市场公布。（　　）【2010年12月真题】

   【答案】B　单只标的证券的融券余量达到该证券上市可流通量的25%时，交易所可以在次一交易日暂停其融券卖出，并向市场公布。当该标的证券的融券余量降低至20%以下时，交易所可以在次一交易日恢复其融券卖出，并向市场公布。

4. 证券登记结算机构对违反规定的证券和资金划转指令，予以拒绝；发现异常情况的，应当要求证券公司作出说明，并向证券交易所报告。（　　）【2010年10月真题】

   【答案】B　证券登记结算机构应当按照业务规则，对与融资融券交易有关的证券划转和证券公司信用交易资金交收账户内的资金划转情况进行监督。对违反规定的证券和资金划转指令，予以拒绝；发现异常情况的，应当要求证券公司做出说明，并向证监会及该公司注册地证监会派出机构报告。

第九章 债券回购交易

【命题点规律】

对近年考试的命题进行研究可以发现，本章的命题规律体现在以下几个方面：

1. 债券质押式回购交易的概念；证券交易所债券质押式回购交易的基本规则；全国银行间市场债券质押式回购交易的基本规则是重要的命题点。

2. 债券买断式回购交易的含义；银行间市场买断式回购有关交易规则、风险控制及监管与处罚措施；上海证券交易所买断式回购交易基本规则及风险控制是常考的内容。

3. 我国债券回购交易的清算与交收是需要熟记的内容。

【命题点解读】

命题点1 债券质押式回购交易

1.1 债券质押式回购交易的概念

表9－1 债券质押式回购交易的概念

项目	内容
概念	债券质押式回购交易是指融资方(正回购方、卖出回购方、资金融入方)在将债券质押给融券方(逆回购方、买入返售方、资金融出方)融入资金的同时，双方约定在将来某一指定日期，由融资方按约定回购利率计算的资金额向融券方返回资金，融券方向融资方返回原出质债券的融资行为
相关时间	上海证券交易所于1993年12月、深圳证券交易所于1994年10月分别开办了以国债为主要品种的质押式回购交易。2002年12月30日和2003年1月3日，上海证券交易所和深圳证券交易所分别推出了企业债券回购交易

1.2 证券交易所债券质押式回购交易

表9－2 证券交易所债券质押式回购交易

项目		内容
证券交易所质押式回购制度和回购品种	制度	证券交易所质押式回购实行质押库制度。融资方应在回购申报前，通过证券交易所交易系统申报提交相应的债券作质押。 按照中国结算公司的相关规定，用于质押的债券需要转移至专用的质押账户(即进入“质押库”)。 证券交易所债券质押式回购实行标准券制度。标准券是由不同债券品种按相应折算率折算形成的回购融资额度

续表

项目		内容
证券交易所质押式回购制度和回购品种	品种	目前，上海证券交易所实行标准券制度的债券质押式回购分为1天、2天、3天、4天、7天、14天、28天、91天、182天9个品种。 深圳证券交易所现有实行标准券制度的债券质押式回购有1天、2天、3天、4天、7天、14天、28天、63天、91天、182天、273天11个品种。 实行标准券制度的质押式企业债回购有1天、2天、3天、7天4个品种
证券交易所债券质押式回购交易流程		证券公司营业部接受投资者的债券质押式回购交易委托时，应事先向投资者提交《债券回购交易风险提示书》，与投资者签订《债券质押式回购委托协议书》；应当要求投资者提交质押券，填写"质押券提交申请表"。 营业部应对投资者证券账户内可用于债券回购的标准券余额进行检查。标准券余额不足的，债券回购的申报无效。 债券回购交易申报中，融资方按"买入"(B)予以申报，融券方按"卖出"(S)予以申报
证券交易所质押式回购的申报要求		(1) 报价方式 以每百元资金的到期年收益率进行报价。 (2) 申报要求 沪、深证券交易所对申报单位、最小报价变动单位及申报数量的规定有所不同。 《上海证券交易所债券交易实施细则》规定，债券回购交易集中竞价时，其申报应当符合下列要求： ① 申报单位为手，1000元标准券为1手。 ② 计价单位为每百元资金到期年收益。 ③ 申报价格最小变动单位为0.005元或其整数倍。 ④ 申报数量为100手或其整数倍，单笔申报最大数量应当不超过1万手。 ⑤ 申报价格限制按照交易规则的规定执行。 深圳证券交易所规定，债券回购交易的申报单位为张，100元标准券为1张；最小报价变动为0.01元或其整数倍；申报数量为10张及其整数倍，单笔申报最大数量应当不超过10万张。其他规定与上海证券交易所类似

1.3 全国银行间债券市场质押式回购交易的基本规则

表9-3 全国银行间债券市场质押式回购交易的基本规则

项目	内容
含义	全国银行间债券市场债券质押式回购业务是指以商业银行等金融机构为主的机构投资者之间以询价方式进行的债券交易行为。 全国银行间债券市场回购的债券是指经中国人民银行批准、可在全国银行间债券市场交易的政府债券、中央银行债券和金融债券等记账式债券。 中国人民银行是全国银行间债券市场的主管部门。中国人民银行各分支机构对辖内金融机构的债券交易活动进行日常监督
全国银行间债券市场质押式回购参与者	(1) 在中国境内具有法人资格的商业银行及其授权分支机构。 (2) 在中国境内具有法人资格的非银行金融机构和非金融机构。 (3) 经中国人民银行批准经营人民币业务的外国银行分行

续表

项　目	内　容
全国银行间债券市场质押式回购成交合同	回购成交合同是回购双方就回购交易所达成的协议。 回购成交合同应采用书面形式，具体包括全国银行间同业拆借中心交易系统生成的成交单、电报、电传、传真、合同书和信件等。 回购成交合同的内容由回购双方约定，一般包括成交日期、交易员姓名、融资方名称、融券方名称、债券种类(券种代码与简称)、回购期限、回购利率、债券面值总额、首次资金清算额、到期资金清算额、首次交割日、到期交割日、债券托管账户和人民币资金账户、交割方式、业务公章、法定代表人(或授权人)签字等。以交易系统生成的成交单、电报和电传作为回购成交合同，业务公章和法定代表人(或授权人)签字可不作为必备条款
全国银行间债券市场质押式回购交易品种及交易单位	全国银行间债券市场回购期限最短为1天，最长为1年。参与者可在此区间内自由选择回购期限，回购到期时参与者必须按规定办理资金与债券的反向交割，不得展期。 全国银行间债券市场回购交易数额最小为债券面额10万元，交易单位为债券面额1万元。回购利率由交易双方自行确定
全国银行间债券市场质押式回购询价交易方式	全国银行间债券市场债券交易以询价方式进行，自主谈判，逐笔成交。债券交易采用询价交易方式，包括自主报价、格式化询价、确认成交3个交易步骤。 (1) 自主报价 参与者的自主报价分为两类：公开报价和对话报价。公开报价是指参与者为表明自身交易意向而面向市场做出的、不可直接确认成交的报价。对话报价是指参与者为达成交易而直接向交易对手方做出的、对手方确认即可成交的报价。 (2) 格式化询价 是指参与者必须按照交易系统规定的格式内容填报自己的交易意向。未按规定做的报价为无效报价。 (3) 确认成交 确认成交须经过“对话报价——确认”的过程，即一方发送的对话报价，由对手方确认后成交，交易系统及时反馈成交。 (4) 结算
全国银行间债券市场质押式回购违规行为及处罚	债券回购业务参与者有下列行为之一的，由中国人民银行给予警告，并可处3万元人民币以下的罚款，可暂停或取消其债券交易业务资格；对直接负责的主管人员和直接责任人员，由其主管部门给予纪律处分；违反中国人民银行有关金融机构高级管理人员任职资格管理规定的，按其规定处理： (1) 擅自从事借券、租券等融券业务。 (2) 擅自交易未经批准上市债券。 (3) 制造并提供虚假资料和交易信息。 (4) 操纵债券交易价格，或制造债券虚假价格。 (5) 不遵守有关规则或协议并造成严重后果。 (6) 违规操作对交易系统和债券簿记系统造成破坏

命题点 2 债券买断式回购交易

2.1 债券买断式回购交易的含义及作用

表 9-4 债券买断式回购交易的含义及作用

项目	内容
含义	所谓债券买断式回购交易(亦称“开放式回购”，简称“买断式回购”)是指债券持有人(正回购方)将一笔债券卖给债券购买方(逆回购方)的同时，交易双方约定在未来某一日期，再由卖方(正回购方)以约定价格从买方(逆回购方)购回相等数量同种债券的交易行为
作用	(1) 有利于降低利率风险，合理确定债券和资金的价格。 (2) 有利于金融市场的流动性管理。 (3) 有利于债券交易方式的创新

2.2 全国银行间市场买断式回购交易

表 9-5 全国银行间市场买断式回购交易

项目	内容
有关规则	市场参与者进行买断式回购应签订买断式回购主协议。 市场参与者进行每笔买断式回购还应订立书面形式的合同。 全国银行间市场买断式回购的期限由交易双方确定，但最长不得超过 91 天。交易双方不得以任何方式延长回购期限。买断式回购期间，交易双方不得换券、现金交割和提前赎回。 全国银行间市场买断式回购以净价交易，全价结算
风险控制	(1) 保证金或保证券制度 买断式交易双方都面临承担对手方不履约的风险。对于此类违约风险，全国银行间市场规定交易双方可以协商设定保证金或保证券。设定保证券时，回购期间保证券应在交易双方中的提供方托管账户冻结。保证金或保证券在一定程度上可以弥补交易对手违约所带来的损失。 (2) 仓位限制 全国银行间市场规定进行买断式回购，任何一家市场参与者单只券种的待返售债券余额应小于该只债券流通量的 20%，任何一家市场参与者待返售债券总余额应小于其在中央结算公司托管的自营债券总额的 200%
监管与处罚措施	同业中心负责买断式回购交易的日常监测工作，中央结算公司负责买断式回购结算的日常监测工作。发现异常交易、结算情况应及时向中国人民银行报告。 同业中心和中央结算公司负责依据中国人民银行有关买断式回购的规定制定相应的买断式回购业务的交易、结算规则。 中国人民银行各分支机构负责对辖区内市场参与者的买断式回购进行日常监督

2.3 上海证券交易所买断式回购交易的基本规则

表 9-6 上海证券交易所买断式回购交易的基本规则

项目	内容
参与主体	国债买断式回购的交易主体限于在中国结算公司上海分公司以法人名义开立证券账户的机构投资者(B、D 账户)

续表

项　目	内　　容
交易品种和报价方式	国债买断式回购交易的券种和回购期限由交易所确定并向市场公布。 买断式回购的回购期限从1天、2天、3天、4天、7天、14天、28天、91天和182天中选择。截止到2010年5月底，用于国债买断式回购交易的券种有“04国债(10)”、“05国债(1)”、“05国债(4)”、“05国债(5)”、“06国债(4)”等10只国债，回购期限设定为7天、28天和91天
风险控制措施	(1) 履约金制度 上海证券交易所买断式回购的履约金制度与银行间市场的保证金或保证券制度的初衷类似，也是为了防范到期违约风险。但相比而言，上海证券交易所履约金制度还存在以下特点： ① 双方均需缴纳履约金，而在银行间市场，是否引入保证金或保证券由交易双方协商。 ② 履约金比率由证券交易所确定，而在银行间市场，保证金或保证券的金额也由双方协商。 ③ 履约金到期归属按规则判定，而银行间市场则没有此类规则。 ④ 违约方承担的违约责任只以支付履约金为限，实际履约义务可以免除；而在银行间市场，保证金或保证券处置后仍不能弥补违约损失的，一般情况下守约方可以继续向违约方追索。 (2) 仓位控制 与银行间市场类似，上海证券交易所也规定每一机构投资者持有的单一券种买断式回购未到期数量累计不得超过该券种发行量的20%；累计达到20%的投资者，在相应仓位减少前不得继续进行该券种的买断式回购业务
结算	国债买断式回购交易按照“一次成交、两次清算”原则结算

命题点3　债券回购交易的清算与交收

3.1　证券交易所质押式回购的清算与交收

表9－7　证券交易所质押式回购的清算与交收

项　目	内　　容
初始清算交收	在回购交易日，中国结算公司于当日收市后根据结算备付金账户分户相关规定，按成交金额将结算参与人当日回购成交应收、应付资金数据，与当日其他应收、应付资金数据合并清算，轧差计算出结算参与人净应收或净应付资金余额
到期清算交收	回购交易到期清算日收市后，中国结算公司按到期购回金额将到期购回的应收、应付资金数据，与其到期清算当日其他应收、应付资金数据合并清算，轧差计算出结算参与人净应收或净应付资金余额。 到期购回金额＝购回价格×成交金额÷100 购回价格＝100＋成交年收益率×100×回购天数÷360
质押券管理	在回购交易存续期间，融资方需在质押库中存放足额的债券作为质押。融资方结算参与人通过交易系统向中国结算公司申报提交质押券，与中国结算公司建立质押关系。对自营融资回购业务，融资方结算参与人应将自营证券账户中的债券作为质押券向中国结算公司提交，并与中国结算公司建立质押关系

续表

项　目	内　容
违约处理	质押券欠库的，中国结算公司在该日日终暂不交付或从其资金交收账户中扣划与质押券欠库量等额的资金。如次一交易日未补充申报提交，或补充申报提交质押券后相关证券账户仍然发生质押券欠库的，从该交易日起（含节假日）向该融资方结算参与人收取违约金。 违约金 = 质押券欠库量等额金额 × 违约天数 × 违约金比例
标准券折算率的计算和公布	标准券折算率是指一单位债券可折成的标准券金额与其面值的比率。标准券折算率计算和公布的有关安排如下： （1）对已在证券交易所上市的、可用以进行回购交易的国债、企业债和其他债券，中国结算公司一般在每星期三收市后根据"标准券折算率计算公式"计算下一星期适用的标准券折算率。 （2）对于新上市债券，中国结算公司最迟在新上市债券上市前一日，按照"标准券折算率计算公式"计算该品种债券上市日（含当日）至适用星期适用的标准券折算率。 （3）标准券折算率由中国结算公司和沪、深证券交易所在计算当日日终分别通过各自通信系统和网站联合发布

3.2　全国银行间市场债券回购的清算与交收

表 9－8　全国银行间市场债券回购的清算与交收

项　目	内　容
清算	参与债券回购业务的金融机构应在中央结算公司开立债券托管账户，并将持有的债券托管于其账户。 债券交易的债券结算通过中央结算公司的中央债券簿记系统进行。债券交易的资金结算以转账方式进行。 商业银行应通过其准备金存款账户和人民银行资金划拨清算系统进行债券交易的资金结算，商业银行与其他参与者之间、其他参与者相互之间债券交易的资金结算途径由双方自行商定
交收	债券回购双方可以选择的交收方式包括： （1）见券付款 指在首次交收日完成债券质押登记后，逆回购方按合同约定将资金划至正回购方指定账户的交收方式。 （2）券款对付 指中央结算公司和债券交易的资金清算银行根据回购双方发送的债券和资金结算指令，于交收日确认双方已准备用于交收的足额债券和资金后，同时完成债券质押登记（或解除债券质押关系手续）与资金划账的交收方式。 （3）见款付券 指在到期交收日正回购方按合同约定将资金划至逆回购方指定账户后，双方解除债券质押关系的交收方式。 全国银行间债券市场回购期限是首次交收日至到期交收日的实际天数，以天为单位，含首次交收日，不含到期交收日。 到期资金清算额 = 首次资金清算额 ×（1 + 回购利率 × 回购期限 ÷ 365） 回购交易单位为万元，债券结算单位为万元，资金清算单位为元，保留两位小数

3.3 证券交易所买断式回购的清算与交收

表9-9 证券交易所买断式回购的清算与交收

项 目	内 容
时间	上海证券交易所于2005年12月推出了买断式回购品种。买断式回购采用"一次成交、两次结算"的方式
买断式回购初始结算	买断式回购初始结算业务流程如下： (1) 清算 买断式回购初始交易日(T日)，中国结算公司上海分公司清算系统根据证券交易所成交数据按参与人清算编号对买断式回购交易、履约金与其他品种的交易进行清算，形成一个清算净额。 (2) 资金交收和证券交收 资金方面，T日，中国结算公司上海分公司完成T-1日所有证券交易、有效认购的资金交收后，进行T+0资金预交收。T+1日，中国结算公司上海分公司进行资金交收时，将结算参与人应付净额由其资金交收账户划拨至中国结算公司上海分公司资金集中交收账户，在结算参与人已完成证券交收义务的前提下，将应收净额由资金集中交收账户划入其资金交收账户。 证券方面，中国结算公司上海分公司根据清算结果，按照货银对付的原则，将处于交收状态的国债在结算参与人证券交收账户和证券集中交收账户之间进行划拨
买断式回购到期购回结算	对于买断式回购到期购回结算，中国结算公司上海分公司按成交记录完成买断式回购到期购回交收。 国债买断式回购到期购回结算的交收时点为R+1日(R为到期日)14:00。 到期购回结算业务流程如下： (1) 到期购回日(R日) 回购到期清算日，中国结算公司上海分公司对参与人买断式回购到期购回进行单独清算，并通过结算明细文件向参与人发送明细清算数据。R日日终，中国结算公司上海分公司剔除融券方已作不履约申报的交易后，按买断式回购成交顺序自前往后逐笔检查各卖出证券账户中标的国债是否足额。 (2) 到期购回交收日(R+1日) 中国结算公司上海分公司于R+1日14:00进行买断式回购到期购回资金交收，在剔除融资方结算参与人已作不履约申报的交易后，按买断式回购的成交顺序自前往后逐笔检查其专用资金交收账户中是否有足额资金。 (3) 到期购回交收日(R+1日)日终 中国结算公司上海分公司当日交收完成后，通过结算明细文件向参与人发送交收明细数据
履约金返还规则	中国结算公司上海分公司清算系统根据买断式回购业务原则及当日交收结果判定履约金的归属，并将处理结果并入当日二级市场净额清算。 中国结算公司上海分公司于R+2日日终，在结算参与人现有资金交收账户内完成包括履约金返还的净额资金交收

【经典真题详解】

一、单项选择题(以下备选答案中只有一项最符合题目要求)

1. 下列不属于上海证券交易所债券质押式回购交易品种的是(　　)。【2011 年 3 月真题】

A. 3 天回购　　B. 8 天回购　　C. 28 天回购　　D. 182 天回购

【答案】B　目前，上海证券交易所实行标准券制度的债券质押式回购分为 1 天、2 天、3 天、4 天、7 天、14 天、28 天、91 天、182 天 9 个品种；深圳证券交易所现有实行标准券制度的债券质押式回购有 1 天、2 天、3 天、4 天、7 天、14 天、28 天、63 天、91 天、182 天、273 天 11 个品种。

2. 关于上海证券交易所质押式回购交易规则，下列表述中正确的是(　　)。【2011 年 3 月真题】

A. 计价单位为每千元资金到期年收益

B. 单笔申报最大数量不超过 5 万手

C. 申报价格最小报价变动单位为 0. 001 元或其整数倍

D. 申报单位为手，1000 元标准券为 1 手

【答案】D　《上海证券交易所债券交易实施细则》规定，债券回购交易集中竞价时，其申报应当符合下列要求：(1)申报单位为手，1000 元标准券为 1 手；(2)计价单位为每百元资金到期年收益；(3)申报价格最小变动单位为 0. 005 元或其整数倍；(4)申报数量为 100 手或其整数倍，单笔申报最大数量应当不超过 1 万手；(5)申报价格限制按照交易规则的规定执行。

3. 下列关于上海证券交易所国债买断式回购的参与主体的表述正确的是(　　)。【2010 年 12 月真题】

A. 不是所有交易所会员均可参与买断式回购

B. 会员公司代理客户参与买断式回购交易不承担债券和资金结算交收责任

C. 所有在中国结算上海分公司开立证券账户的投资者均可进行买断式回购交易

D. 国债买断式回购的交易主体仅限于在中国结算上海分公司以法人名义开立 B 字头证券账户的机构投资者

【答案】A　国债买断式回购的交易主体限于在中国结算公司上海分公司以法人名义开立证券账户的机构投资者(B、D 账户)。上海证券交易所在国债买断式回购引入了交易权限管理制度，即并不是所有会员均可参与买断式回购，只有满足一定条件、经过核准的会员公司才可以自营或代理参与买断式回购交易。会员公司代理客户参与买断式回购交易，需承担其客户在债券和资金结算方面的交收责任。

4. 某客户持有深圳证券交易所上市某国债现券 2 万手。该国债当日收盘价为 150. 61 元，当月的标准券折算率为 1. 33。在不考虑交易费用的条件下该客户最多可回购融入的资金是(　　)万元。【2010 年 12 月真题】

A. 2000　　B. 2660　　C. 3000　　D. 2003

【答案】B　因为回购可融入资金的额度取决于客户持有的标准券库存数量，而与其持有现券当时的市值无直接关系。所以，该客户回购可融入资金量 = 2000 × 1. 33 = 2660 (万元)。

二、多项选择题(以下备选答案中有两项或两项以上符合题目要求)

1. 关于证券交易所质押式回购的交易报价，说法正确的有(　　)。【2011 年 3 月真题】

A. 我国目前采用的是以年收益率作为报价方式

B. 上海证券交易所申报单位为手，1000 元标准券为 1 手

C. 我国目前采用的是以到期购回价作为报价方式

D. 深圳证券交易所申报单位为张，1 万元标准券为 1 张

【答案】AB　我国目前采用的是以债券回购交易资金的年收益率进行报价，C 项错误；深圳证券交易所规定，债券回购交易的申报单位为张，100 元标准券为 1 张，D 项表述错误。

2. 在全国银行间债券市场进行买断式回购，交易双方可以协商确定(　　)。【2011 年 3 月真题】

A. 回购期限　　B. 首期交易净价　　C. 到期交易净价　　D. 回购债券数量

【答案】ABCD　全国银行间债券市场买断式回购的期限由交易双方确定，但最长不得超过 91 天。交易双方不得以任何方式延长回购期限。买断式回购期间，交易双方不得换券、现金交割和提前赎回。全国银行间债券市场买断式回购以净价交易，全价结算。买断式回购的首期交易净价、到期交易净价和回购债券数量由交易双方确定，但到期交易净价加债券在回购期间的新增应计利息应大于首期交易净价。

3. 下列关于上海证券交易所债券买断式回购的计算说法正确的有(　　)。【2010 年 12 月真题】

A. 到期结算采用逐笔方式交收

B. 一次成交，两次结算

C. 两次结算包括初始结算和到期结算

D. 中国结算上海分公司作为共同对手方为结算提供交收担保

【答案】ABC　上海证券交易所于 2005 年 12 月推出了买断式回购品种。买断式回购采用"一次成交、两次结算"的方式。两次结算包括初始结算与到期结算。初始结算由中国结算公司上海分公司作为共同对手方担保交收。到期结算由中国结算公司上海分公司组织融资方结算参与人和融券方结算参与人双方采用逐笔方式交收。此时，中国结算公司上海分公司不作为共同对手方，不提供交收担保。

三、判断题(正确的用 A 表示，错误的用 B 表示)

1. 债券质押式回购交易过程中的融券方在回购期间内取得了债券的所有权。(　　)【2011 年 3 月真题】

【答案】B　债券质押式回购交易是指融资方(正回购方、卖出回购方、资金融入方)在将债券质押给融券方(逆回购方、买入返售方、资金融出方)融入资金的同时，双方约定在将来某一指定日期，由融资方按约定回购利率计算的资金额向融券方返回资金，融券方向融资方返回原出质债券的融资行为。在债券质押式回购交易中，融资方是指在债券回购交易中融入资金、出质债券的一方；融券方是指在债券回购交易中融出资金、享有债券质权的一方。融券方只是取得了暂时的质权，而非所有权。

2. 全国银行间债券市场买断式回购交易双方经协商，可以延长回购期限。(　　)【2010 年 12 月真题】

【答案】B　全国银行间债券市场买断式回购的期限由交易双方确定，但最长不得超过 91

天。交易双方不得以任何方式延长回购期限。买断式回购期间，交易双方不得换券、现金交割和提前赎回。

3. T日，中国结算公司上海分公司进行资金交收时，将结算参与人应付净额由其资金交收账户划拨至中国结算公司上海分公司资金集中交收账户。（　　）[2009年9月真题]

【答案】B　T+1日，中国结算公司上海分公司进行资金交收时，将结算参与人应付净额由其资金交收账户划拨至中国结算公司上海分公司资金集中交收账户，在结算参与人已完成证券交收义务的前提下，将应收净额由资金集中交收账户划入其资金交收账户。

第十章　证券登记与交易结算

【命题点规律】

对近年考试的命题进行研究可以发现，本章的命题规律体现在以下几个方面：

1. 证券登记的概念、种类及其主要内容是需要熟记的内容。

2. 清算、交收的概念、清算和交收的联系与区别、清算与交收的原则是常考的知识点。

3. 结算账户管理的有关规定和要求、证券交易结算流程及各主要环节的基本内容是命题采分点。

4. 证券交易结算风险的种类及其防范措施是需要熟悉的内容。

【命题点解读】

命题点1　证券登记

1.1　证券登记的概念及分类方法

表10－1　证券登记的概念及分类方法

项　目		内　容
概念		证券登记是指证券登记结算机构为证券发行人建立和维护证券持有人名册的行为。 证券登记具有确定或变更证券持有人及其权利的法律效力，是保障投资者合法权益的重要环节，也是规范证券发行和证券交易过户的关键所在
分类方法	按证券种类划分	（1）股份登记。 （2）基金登记。 （3）债券登记。 （4）权证登记。 （5）交易型开放式指数基金登记
	按性质划分	（1）初始登记。 （2）变更登记。 （3）退出登记

1.2 证券登记按性质划分

表 10－2 证券登记按性质划分

项目		内容
初始登记	含义	指已发行的证券在证券交易所上市前，由中国结算公司根据证券发行人的申请维护证券持有人名册，并将证券记录到投资者证券账户中。 初始登记是投资者后续进行买卖、转让、质押等流转和处置行为的前提
	流程	（1）已发行的证券在证券交易所上市前，证券发行人应当在中国结算公司规定的时间内提出办理证券初始登记的申请。 （2）中国结算公司对审核申请材料后，办理证券持有人名册的初始登记。 （3）中国结算公司完成证券持有人名册初始登记后，向证券发行人出具证券登记证明文件
	分类	（1）股份初始登记 包括首次公开发行登记、增发新股登记、送股（或转增股本）登记和配股登记等。 （2）基金募集登记 证券投资基金网上发行和网下发行要进行募集登记。基金募集登记的办法是参照股份首次公开发行登记的相关内容来办理的。 （3）债券发行登记 记账式国债在证券交易所挂牌分销或在场外合同分销的，中国结算公司根据证券交易所确认的分销结果，办理记账式初始国债登记。公司债和企业债的初始登记与股份首次公开发行登记类似。 （4）权证发行登记 权证发行登记参照股份首次公开发行登记办理。 （5）交易型开放式指数基金发行登记 指数基金募集结束后，基金管理人应到中国结算公司办理交易型开放式指数基金份额上市前的有关登记手续
变更登记	含义	指由证券登记结算机构执行并确认记名证券过户的行为。具体做法是以账户划转的方式在投资者或账户之间转移，并相应更改股东名册或债权人名册
	分类	（1）证券过户登记 按照引发变更登记需求的不同，可以将证券过户登记划分为证券交易所集中交易过户登记（以下简称"集中交易过户登记"）和非集中交易过户登记（以下简称"非交易过户登记"）。 （2）其他变更登记 包括证券司法冻结、质押、权证创设与注销、权证行权、可转换公司债券转股、可转换公司债券赎回或回售、交易型开放式指数基金申购或赎回等引起的变更登记
退出登记		股票终止上市后，股票发行人或其代办机构应当及时到中国结算公司办理证券交易所市场的退出登记手续。 股票发行人或其代办机构未按规定办理证券交易所市场退出登记手续的，中国结算公司可将其证券登记数据和资料送达该股票发行人或其代办机构，并由公证机关进行公证，视同该股票发行人证券交易所市场退出登记手续办理完毕。 债券提前赎回或到期兑付的，其证券交易所市场登记服务业务自动终止，视同债券发行人交易所市场退出登记手续办理完毕

命题点2　证券交易清算与交收

表10-3　证券交易清算与交收

项　目	内　　容
概念	(1) 清算 清算一般有三种解释： ① 一定经济行为引起的货币资金关系应收、应付的计算。 ② 公司、企业结束经营活动、收回债务、处置分配财产等行为的总和。 ③ 银行同业往来中应收或应付差额的轧抵。 (2) 交收 证券交易的交收指根据清算的结果在事先约定的时间内履行合约的行为，一般指买方支付一定款项以获得所购证券，卖方交付一定证券以获得相应价款。交收的实质是依据清算结果实现证券与价款的收付，从而结束整个交易过程。 清算和交收两个过程统称为结算
联系与区别	(1) 联系 从时间发生及运作的次序来看，清算是交收的基础和保证，交收是清算的后续与完成。清算结果正确才能确保交收顺利进行；而只有通过交收，才能最终完成证券或资金收付，结束整个交易过程。 (2) 区别 清算是对应收、应付证券及价款的计算，其结果是确定应收、应付数量或金额，并不发生财产实际转移；交收则是根据清算结果办理证券和价款的收付，发生财产实际转移(虽然有时不是实物形式)
交收种类	证券交易从结算的时间安排来看，可以分为滚动交收和会计日交收。 滚动交收要求某一交易日成交的所有交易有计划地安排距成交日相同营业日天数的某一营业日进行交收。 会计日交收，即在一段时间内的所有交易集中在一个特定日期进行交收。 我国内地市场目前存在两种滚动交收周期，即T+1与T+3。T+1滚动交收目前适用于我国内地市场的A股、基金、债券、回购交易等；T+3滚动交收适用于B股(人民币特种股票)
原则	(1) 净额清算原则 净额清算又称差额清算，指在一个清算期中，对每个结算参与人价款的清算只计其各笔应收、应付款项相抵后的净额，对证券的清算只计每一种证券应收、应付相抵后的净额。 (2) 共同对手方制度 共同对手方(Central Counter Party，CCP)是指在结算过程中，同时作为所有买方和卖方的交收对手并保证交收顺利完成的主体，一般由结算机构充当。如果买卖中的一方不能按约定条件履约交收，结算机构也要依照结算规则向守约一方先行垫付其应收的证券或资金。 (3) 货银对付原则 货银对付(Delivery Versus Payment，DVP)又称款券两讫或钱货两清。货银对付是指证券登记结算机构与结算参与人在交收过程中，当且仅当资金交付时给付证券，证券交付时给付资金。 (4) 分级结算原则 证券和资金结算实行分级结算原则。证券登记结算机构负责证券登记结算机构与结算参与人之间的集中清算交收，结算参与人负责办理结算参与人与客户之间的清算交收

命题点 3　结算账户的管理

表 10－4　结算账户的管理

项　目	内　容
开立	根据中国结算公司《结算备付金管理办法》，结算参与人申请开立资金交收账户时，应当提交结算参与人资格证书、法定代表人授权委托书、开立资金交收账户申请表、资金交收账户印鉴卡、指定收款账户授权书等材料。结算参与人同时应在中国结算公司预留指定收款账户，用于接收其从资金交收账户汇划的资金。 指定收款账户应当是在中国证监会备案的客户交易结算资金专用存款账户和自有资金专用存款账户，且账户名称与结算参与人名称应当一致
管理	（1）资金交收账户计息 结算备付金指资金交收账户中存放的用于资金交收的资金，因此资金交收账户也称为结算备付金账户。 中国结算公司按照中国人民银行规定的金融同业活期存款利率向结算参与人计付结算备付金利息。结算备付金利息每季度结息一次，结息日为每季度第三个月的 20 日，应计利息记入结算参与人资金交收账户并滚入本金。遇中国人民银行调整存款利率的，中国结算公司统一按结息日的利率计算利息，不分段计算。 （2）最低结算备付金限额 ① 最低备付的含义。指结算公司为资金交收账户设定的最低备付限额，结算参与人在其账户中至少应留足该限额的资金量。 ② 最低备付的调整。根据各结算参与人的风险程度，中国结算公司每月为各结算参与人确定最低结算备付金比例，并按照各结算参与人上月证券日均买入金额和最低结算备付金比例，确定其最低结算备付金限额。 ③ 最低备付不足。结算参与人每日应及时查询资金交收账户的余额
撤销	结算系统参与人无对应交易席位且已结清与中国结算公司的一切债权、债务后，可申请终止在中国结算公司的结算业务，撤销结算账户

命题点 4　证券交易的结算流程

表 10－5　证券交易的结算流程

项　目	内　容
交易数据接收	沪、深证券交易所在闭市后，会按约定将证券交易数据通过专门通讯链路传输给中国结算公司沪、深分公司。 中国结算公司沪、深分公司接收数据时，应当核对所接收数据的完整性。
清算	接收完证券交易数据后，中国结算公司沪、深分公司一般在当日日终，作为共同对手方，以结算参与人为单位，对各结算参与人负责清算的证券交易对应的应收和应付价款进行轧抵处理。在清算过程中，除计算应收和应付价款外，还需将印花税、经手费、监管规费等税费一并纳入净额清算中。 除净额清算外，在一些证券品种上还存在逐笔交收制度，如权证的行权、买断式回购的到期结算等

续表

项　目	内　容
发送清算结果	清算完毕后，中国结算公司沪、深分公司会通过专用通讯网络，将清算结果数据发送给各结算参与人。
结算参与人组织证券或资金以备交收	结算参与人应当根据收到的清算结果，组织证券或资金以备交收。 结算参与人净应付款项的，应当及时核查自身资金交收账户的资金是否足额；如不足，应当在最终交收时点前，向其资金交收账户划入资金。 对于证券，一般情况下，客户证券原先即托管在证券公司，客户也不可能卖出超过其实际可卖数量的证券，因此证券公司不需要专门组织证券以备交收
证券交收和资金交收	在最终交收时点（A 股、基金、债券、ETF、权证等品种最终交收试点为 T+1 日 16:00），中国结算公司沪、深分公司将进行证券交收和资金交收。 （1）证券交收 证券交收包含两个层面：一是中国结算公司沪、深分公司与结算参与人的证券交收。二是结算参与人与客户之间的证券交收。 （2）资金交收 因中国结算公司沪、深分公司并不直接维护客户的资金账户，因此资金交收仅包括中国结算公司沪、深分公司与结算参与人的资金交收这一"集中资金交收"环节，中国结算公司并不具体处理结算参与人与客户的资金交收
发送交收结果	中国结算公司沪、深分公司在完成证券交收和资金交收后，会将交收结果发送给结算参与人，供结算参与人对账、向客户提供证券余额查询服务、用于自身系统的前端监控等。另外，中国结算公司沪、深分公司也会在次日开市前，将完成交收后的证券账户余额等数据发送给证券交易所，供证券交易所实行前端监控
结算参与人划回款项	如果结算参与人根据资金交收结果并妥善估计已达成证券交易的资金净应收或应付的情况，确认其资金交收账户内的资金足额，则可向中国结算公司沪、深分公司申请划出资金，但划出后其资金交收账户余额不得低于最低备付要求
交收违约处理	（1）资金交收违约处理 对于资金交收违约，中国结算公司沪、深分公司将暂不向该结算参与人交付其应收的证券，同时按规则计收违约金。另外，由于在结算参与人资金交收违约时，中国结算公司沪、深分公司作为共同对手方需垫付款项给守约结算参与人，为弥补自身成本，中国结算公司沪、深分公司还需向违约结算参与人收取垫付资金的利息。 （2）证券交收违约处理 对于证券交收违约，中国结算公司沪、深分公司将暂不向该结算参与人交付其应收的资金，同时按规则计收违约金。中国结算公司沪、深分公司将责令违约结算参与人通过补缴或补购证券等措施尽快弥补证券交收违约

命题点5　结算风险及防范

表10－6　结算风险及防范

项　目	内　　容
概念	证券结算风险是证券登记结算机构在组织结算过程中所面临的风险
种类	（1）信用风险 信用风险包括买方不能履行资金交收义务的风险，或卖方不能履行证券交收义务的风险。 信用风险可以进一步细分为“本金风险”和“价差风险”（价差风险也称“重置风险”）。前者指证券登记结算机构付出证券但收不到对应款项，或者付出款项但收不到对应证券的风险。后者是指证券登记结算机构采取处置措施时价格发生不利变化的风险。 （2）流动性风险 在面临资金或证券交收违约时，证券登记结算机构需要垫付资金或证券给守约方。证券登记结算机构一旦出现流动性风险，后果将十分严重，很可能导致证券登记结算系统无法正常运转，证券市场被迫闭市。此外，由于守约方无法收到原先预期能收到的款项或证券，因此也极易引发连锁反应，波及到其他金融市场。 （3）操作风险 是指由于证券登记结算机构的硬件、软件和通讯系统发生故障，或人为操作失误，证券登记结算机构管理效率低下致使结算业务中断、延误和发生偏差而引起的风险。 （4）法律风险 是指因为法律法规不透明、不明确或法规适用不当，导致证券登记结算机构遭受损失的风险。 （5）结算银行风险 结算银行破产、倒闭时，证券登记结算机构存放在结算银行的存款将面临无法足额收回的风险
防范措施	世界各国采用了许多措施来管理和防范结算风险，主要包括： （1）采用事前防范措施，强化结算参与人的资格管理。 （2）在共同对手方制度下，通过货银对付交收机制来防范本金风险，保证证券和资金的所有权同时进行实质性交收，也就是“一手交钱、一手交货”。 （3）采取盯市制度、收取担保品来防范价差风险。 （4）建立结算互保金和其他财务资源，防范流动性风险。 （5）妥善选择结算银行，防范结算银行风险。 （6）加强证券登记结算机构内部管理，完善证券登记结算系统软、硬件设施，防止操作风险。 （7）建立完善的法律法规体系和健全的业务规则体系，减少结算行为和结算关系在法律上的不确定性，防范法律风险。 （8）提高快速处置风险的能力，防止系统性风险的发生
我国的结算风险防范和管理措施	《证券登记结算管理办法》（以下简称《办法》）针对交收风险、法律风险、操作风险、技术风险，明确了有关证券登记结算机构风险防范和控制措施，形成了一套严密的结算风险管理体系。 （1）事前防范措施 对于结算参与人信用风险的事前防范，《办法》规定了以下三种措施：

续表

项　目	内　　　容
我国的结算风险防范和管理措施	① 要求建立结算参与人制度，设立结算参与人资格门槛。 ② 建立结算参与人风险评估体系。 ③ 对于持续或重大交收违约的结算参与人，限制其净买入额，或暂停、终止办理其部分、全部结算业务。 (2) 本金风险的防范 针对本金风险，《办法》规定证券登记结算机构需引入货银对付机制。 (3) 价差风险的防范 《办法》规定证券登记结算机构可以要求高风险参与人提供交收履约担保。另外，当结算参与人资金交收违约且其当日买入暂不交付的证券不足以弥补违约交收资金时，证券登记结算机构可以扣划其自营证券，或要求其提供担保；结算参与人在规定期限仍无法偿还资金的，可以通过变卖相关暂不交付的证券、担保品等予以弥补；处置所得不足的，可以向违约结算参与人追索；在规定期限内无法追回的，可用结算互保金弥补。 (4) 流动性风险的防范 《办法》规定，证券登记结算机构可以动用结算参与人的担保资金、结算互保金和其他资金完成资金交收。另外，《办法》还规定证券登记结算机构可以按照有关规定申请授信额度，或将专用清偿证券账户中的证券用于质押申请贷款。 (5) 其他风险的防范

【经典真题详解】

一、单项选择题(以下备选答案中只有一项最符合题目要求)

1. 根据现行有关规定，(　　)对证券发行人的申请材料审核通过后，根据其申请派发相应股份，于权益登记日登记送股(转增股)。【2011 年 3 月真题】

A. 中国证监会　　B. 证券公司　　C. 中国结算公司　　D. 证券交易所

【答案】C　中国结算公司对证券发行人的申请材料审核通过后，根据其申请派发相应股份，于权益登记日登记送股(转增股)。

2. 下列不属于清算与交收原则的是(　　)。【2011 年 3 月真题】

A. 共同对手方制度　　B. 货银对付原则　　C. 次日交收原则　　D. 净额清算原则

【答案】C　清算与交收的原则包括：(1)净额清算原则；(2)共同对手方制度；(3)货银对付原则；(4)分级结算原则。

3. 某结算参与人 4 月份买入 A 股股票总金额为 400 万元，4 月份交易天数为 21 天，中国结算公司为其确定的最低结算备付金比例为 25%，则 5 月份该结算参与人结算账户中的最低结算备付金应为(　　)万元。【2010 年 12 月真题】

A. 3.3333　　B. 4.5454　　C. 4.7619　　D. 5.1472

【答案】C　根据最低结算备付金公式计算可得：最低结算备付金限额 = 上月证券买入金额/上月交易天数 × 最低结算备付金比例 = 400/21 × 25% = 4.7619(万元)。

4. 中国结算公司沪、深分公司接收数据时，应当核对所接收数据的(　　)。【2010 年 12 月真题】

A. 及时性　　B. 完整性　　C. 真实性　　D. 准确性

【答案】B　沪、深证券交易所在闭市后，会按约定将证券交易数据通过专门通讯链路传输给中国结算公司沪、深分公司。中国结算公司沪、深分公司接收数据时，应当核对所接收数据的完整性。

5. (　　)指证券登记结算机构付出证券但收不到对应款项，或者付出款项但收不到对应证券的风险。【2010 年 10 月真题】

A. 本金风险　　B. 流动性风险　　C. 操作风险　　D. 价差风险

【答案】A　信用风险包括买方不能履行资金交收义务的风险，或卖方不能履行证券交收义务的风险。信用风险可以进一步细分为“本金风险”和“价差风险”。本金风险指证券登记结算机构付出证券但收不到对应款项，或者付出款项但收不到对应证券的风险；价差风险是指证券登记结算机构采取处置措施时价格发生不利变化的风险。

二、多项选择题(以下备选答案中有两项或两项以上符合题目要求)

1. 下列关于清算与交收的说法正确的有(　　)。【2011 年 3 月真题】

A. 清算是对应收、应付证券及价款的计算

B. 交收是确立应收、应付数量和金额，完成财产实际转移的过程

C. 清算与交收是整个证券交易过程中必不可少的两个重要环节

D. 清算是交收的基础和保证，交收是清算的后续与完成

【答案】ACD　清算与交收是整个证券交易过程中必不可少又相互联系的两个重要环节。其中，清算是对应收、应付证券及价款的计算，其结果是确定应收、应付数量或金额，并不发生财产实际转移；交收则是根据清算结果办理证券和价款的收付，发生财产实际转移。清算是交收的基础和保证，交收是清算的后续与完成。

2. 在实行滚动交收的情况下，在证券清算中(　　)。【2011 年 3 月真题】

A. 清算价款时，不同清算期发生的价款不能合并计算

B. 清算价款时，同一清算期内发生的不同种类证券的买卖价款可以合并计算

C. 清算证券时，只有在同一清算期内且同种证券才能合并计算

D. 清算证券时，不同清算期内同种证券能合并计算

【答案】ABC　目前，通过证券交易所达成的交易大多采取多边净额清算方式。净额清算方式的主要优点是可以简化操作手续，减少资金在交收环节的占用。应该注意的是，在实行滚动交收的情况下，清算价款时同一清算期内发生的不同种类证券的买卖价款可以合并计算，但不同清算期发生的价款不能合并计算；清算证券时，只有在同一清算期内且同种的证券才能合并计算。

3. 证券交收主要包括(　　)。【2010 年 12 月真题】

A. 客户与客户之间的证券交收

B. 结算参与人与客户之间的证券交收

C. 中国结算公司沪、深分公司与客户的证券交收

D. 中国结算公司沪、深分公司与结算参与人的证券交收

【答案】BD　证券交收包含两个层面：(1)中国结算公司沪、深分公司与结算参与人的证券交收；(2)结算参与人与客户之间的证券交收。

三、判断题(正确的用 A 表示，错误的用 B 表示)

1. 中国结算公司根据基金托管人提供的投资者交易型开放式指数基金份额有效明细数据办

理初始登记。(　　)【2011 年 3 月真题】

【答案】B　交易型开放式指数基金募集结束后，基金管理人应到中国结算公司办理交易型开放式指数基金份额上市前的有关登记手续。中国结算公司根据基金管理人提供的投资者交易型开放式指数基金份额有效明细数据办理初始登记。

2. 结算账户不能撤销，但可以按规定转让。(　　)【2011 年 3 月真题】

【答案】B　结算系统参与人无对应交易席位且已结清与中国结算公司的一切债权、债务后，可申请终止在中国结算公司的结算业务，撤销结算账户。

3. 由于沪、深证券交易所对 A 股等多数品种实施前端监控，一般情况下不可能出现证券交收违约，因此对证券登记结算机构来说，证券流动性风险并不突出。(　　)【2010 年 12 月真题】

【答案】A

第二部分　模拟试卷

模拟试卷(一)

一、单项选择题(本大题共 60 小题，每小题 0.5 分，共 30 分。以下各小题所给出的 4 个选项中，只有一项最符合题目要求。)

1. 关于证券发行与证券交易的关系，以下说法不正确的是(　　)。
   A. 证券发行与证券交易互相促进　B. 证券交易决定了证券发行的规模
   C. 证券交易有利于证券发行的顺利进行　D. 证券发行是证券交易的前提
2. 证券是用来证明证券(　　)有权取得相应权益的凭证。
   A. 发行人　B. 持有人　C. 交易组织者　D. 运行监督人
3. 证券交易的主要特征表现为证券的(　　)。
   A. 风险性、收益性、流动性　B. 安全性、收益性、流动性
   C. 收益性、流动性、安全性　D. 收益性、流动性、风险性
4. 证券交易公开原则的核心要求是(　　)。
   A. 公正地对待证券交易的参与各方　B. 参与交易的各方应当获得平等的机会
   C. 实现市场信息公开化　D. 公正处理证券交易事务
5. 上海证券交易所和深圳证券交易所先后于(　　)开业。
   A. 1991 年 11 月和 1990 年 4 月　B. 1990 年 12 月和 1991 年 7 月
   C. 1992 年 11 月和 1992 年 2 月　D. 1992 年 12 月和 1993 年 11 月
6. 股票交易在证券交易所进行，通常称为(　　)。
   A. 店头交易　B. 场外交易　C. 上市交易　D. 柜台交易
7. 下列不属于金融衍生工具交易的是(　　)。
   A. 权证交易　B. 金融期货交易　C. 可交换债券交易　D. 可转换债券交易
8. (　　)是在交易所进行的标准化的远期交易。
   A. 期权交易　B. 权证交易　C. 可转换债券交易　D. 期货交易
9. 下列说法错误的是(　　)。
   A. 证券交易所的会员只能是境内证券公司或境外证券经营机构设立的驻华代表处
   B. 对于实行会员制的证券交易所，投资者是通过证券交易所会员来代理买卖证券的
   C. 沪深两家证券交易所对会员资格的规定有较大的差异
   D. 证券交易所会员应当设会员代表 1 名，组织、协调会员与证券交易所的各项业务往来
10. 下列(　　)不属于证券交易的基本过程的步骤。
    A. 委托　B. 开户　C. 申报　D. 结算
11. 下列不属于根据委托时效限制分类的委托指令的是(　　)。
    A. 开市委托　B. 无期限委托　C. 买进委托　D. 当周委托

12. 在订单匹配原则方面，根据各国(地区)证券市场的实践，主要的优先原则不包括(　　)。

A. 客户优先原则　　B. 按重要程度优先原则

C. 数量优先原则　　D. 经纪商优先原则

13. 对于在上海证券交易所交易的证券，其托管制度是和制定交易制度联系在一起的，指定交易制度于(　　)起推行。

A. 1997 年 10 月 1 日　　B. 1998 年 4 月 1 日

C. 1999 年 7 月 1 日　　D. 1990 年 12 月 19 日

14. 我国证券交易所规定，股票单笔申报最大数量应当不超过(　　)。

A. 1000 万股(份)　　B. 100 万股(份)　　C. 200 万张　　D. 10 万手

15. 某国债面值为 100 元，票面利率为 5%，起息日为 7 月 5 日，交易日是 12 月 22 日，则已计息天数为(　　)天。

A. 165　　B. 166　　C. 169　　D. 168

16. 因担心价格调整，冯先生急于卖掉手里 2000 股 C 股票，并希望马上成交，他迅速地卖掉了股票，但发现成交价格出乎意料的不理想，冯先生最可能使用的是(　　)。

A. 限价指令　　B. 止损指令　　C. 市价指令　　D. 限购指令

17. 按照我国现行证券交易规则规定，ST 类股票在一个交易日内的价格相对上一个交易日收市价格的最高涨跌幅比例为(　　)。

A. 5%　　B. 7%　　C. 10%　　D. 无涨跌幅限制

18. 在上海证券交易所，每个交易日的(　　)，交易所交易主机对买卖双方的成交申报进行成交确认。

A. 15:00 ~ 15:30　　B. 15:00 ~ 16:00　　C. 15:30 ~ 16:00　　D. 15:00 ~ 16:30

19. 基金大宗交易单笔买卖申报数量不低于____，或交易金额不低于____。(　　)

A. 100 万份，100 万元　　B. 200 万份，200 万元

C. 300 万份，300 万元　　D. 500 万份，500 万元

20.《中小企业板股票暂停上市、终止上市特别规定》于(　　)制定。

A. 2005 年 10 月　　B. 2005 年 11 月　　C. 2006 年 10 月　　D. 2006 年 11 月

21. 某上市公司每 10 股派发现金红利 1.50 元，同时按 10 配 5 的比例向现有股东配股，配股价格为 6.40 元。若该公司股票在除权除息日的前收盘价为 11.05 元，则除权(息)参考价应为(　　)元。

A. 10.00　　B. 6.40　　C. 11.05　　D. 9.40

22. 深证 100 指数属于深圳证券交易所目前公布的股票价格(　　)指数。

A. 分类　　B. 专业　　C. 综合　　D. 样本

23. 下列各项中，不属于证券经纪业务要素的是(　　)。

A. 中国证监会　　B. 证券经纪商　　C. 证券交易所　　D. 证券交易对象

24. 在证券经纪业务中，代理委托关系建立的一个环节是开户，另一个环节是(　　)。

A. 结算　　B. 委托　　C. 代理　　D. 过户

25. 营业部应按照要求妥善保存客户开户资料、委托记录、交易记录和与内部管理、业务经营有关的各项资料，不得遗失、隐匿、伪造、篡改或损毁。上述资料在客户账户销户后(　　)内不得销毁。

A. 15 年　　B. 10 年　　C. 20 年　　D. 30 年

26. 境内法人申请开立证券账户的，客户应填写机构证券账户(　　)。
A. 注册登记表　　B. 授权委托书　　C. 开立申请表　　D. 注册申请表
27. 在证券经纪业务营销活动中，招揽客户的前提和基础是(　　)。
A. 品牌建立　　B. 客户关系建立
C. 目标市场与营销渠道选择　　D. 客户促成
28. 证券经纪业务营销活动中，按照(　　)细分是指根据投资者的投资动机、投资偏好、交易行为、持仓结构等行为特征来细分客户，然后根据不同的行为特征所对应的不同需求，为其提供差异化的服务。
A. 地理因素　　B. 行为因素　　C. 人口因素　　D. 心理因素
29. 依照《证券法》规定，证券公司诱使客户进行不必要的证券交易，应处以(　　)的罚款。
A. 1 万元以上 10 万元以下　　B. 1 万元以上 5 万元以下
C. 3 万元以上 10 万元以下　　D. 10 万元以上 30 万元以下
30. 关于新股网上定价发行与网上竞价发行的区别，下列说法正确的是(　　)。
A. 发行场所的确定方式不同　　B. 发行时间的确定方式不同
C. 发行价格的确定方式不同　　D. 发行对象的确定方式不同
31. 自(　　)起，我国开始实行首次公开发行股票的询价制度。
A. 2000 年 1 月 1 日　　B. 2005 年 1 月 1 日
C. 2006 年 1 月 1 日　　D. 2006 年 5 月 20 日
32. 深圳证券交易所规定，申购单位为____股，但不得超过主承销商在发行公告中确定的申购上限，且不超过____股。(　　)
A. 1000；9999.9 万　　B. 500；9999.9 万
C. 500；999999500　　D. 1000；999999500
33. 根据现行有关部门制度规定，T 日为申购日，上海证券交易所上市的 A 股现金红利派发权益登记日为(　　)。
A. T+2 日　　B. T+4 日　　C. T+3 日　　D. T+5 日
34. 新股申购过程中，在验资结束后，将根据最终的有效申购总量对有效申购按(　　)顺序进行统一的连续配号。
A. 价格优先　　B. 时间先后　　C. 资金多少　　D. 先机构后散户
35. 下列属于股票网上发行的优点的是(　　)。
A. 适应性　　B. 经济性　　C. 安全性　　D. 便捷性
36. 在我国现阶段，对 A 股的配股权证的要求是(　　)。
A. 挂牌交易，允许转托管　　B. 不挂牌交易，不允许转托管
C. 不挂牌交易，允许转托管　　D. 挂牌交易，不允许转托管
37. 下列关于证券自营业务的说法错误的是(　　)。
A. 自营业务是证券公司以营利为目的、为自己买卖证券、通过买卖价差获利的一种经营行为
B. 自营买卖必须在以自己名义开设的证券账户中进行；并且只能买卖依法公开发行的或中国证监会认可的其他有价证券
C. 从事证券自营业务的证券公司其注股资本最低限额应达到 2 亿元人民币，净资本不得低于 1 亿元人民币
D. 在从事自营业务时，证券公司必须使用自有或依法筹集可用于自营的资金

38. 证券公司自营业务的最高决策机构是(　　)。

A. 投资决策机构　B. 会员大会　C. 董事会　D. 自营业务部门

39. 自营业务必须以(　　)自身名义，通过专用自营席位进行，并由非自营业务部门负责自营账户的管理，包括开户、销户、使用登记等。

A. 登记结算公司　B. 个人　C. 证券公司　D. 证券业协会

40. 下列关于自营业务的规模及比例控制的说法错误的是(　　)。

A. 自营固定收益类证券的合计额不得超过净资本的500%

B. 持有一种权益类证券的成本不得超过净资本的30%

C. 自营权益类证券及证券衍生品的合计额不得超过净资本的100%

D. 持有一种权益类证券的市值与其总市值的比例不得超过10%，但因包销导致的情形和中国证监会另有规定的除外

41. 为单一客户办理定向资产管理业务的特点不包括(　　)。

A. 特定性，即要设定特定的投资目标

B. 证券公司与客户必须是一对一的

C. 必须在单一客户的专用证券账户中经营运作

D. 具体投资方向应在资产管理合同中约定

42. 证券公司从事资产管理业务应当符合的条件之一是：资产管理业务人员具有证券业从业资格，无不良行为记录，其中，具有3年以上证券自营、资产管理或者证券投资基金管理从业经历的人员不少于(　　)人。

A. 3　B. 4　C. 5　D. 10

43. 证券公司可以自有资金参与本公司设立的集合资产管理计划。证券公司参与1个集合计划的自有资金，不得超过计划成立规模的____，并且不得超过____亿元。(　　)

A. 2%；1　B. 5%；2　C. 10%；2　D. 5%；5

44. 资产托管机构根据证券公司、客户的委托，对客户的资产进行保管，办理资金收付事项、监督证券公司投资行为指的是(　　)。

A. 客户投资委托　B. 客户资产托管　C. 客户资产代理　D. 客户资产监管

45. 证券公司可以接受本公司(　　)成为定向资产管理业务客户。

A. 董事　B. 从业人员的同学　C. 监事　D. 从业人员

46. 在集合资产管理计划中，客户主要享有的权利不包括(　　)。

A. 知情的权利

B. 保证委托资产来源及用途的合法性

C. 根据集合资产管理合同的约定，参与和退出集合资产管理计划

D. 除合同另有规定外，按投入资金占集合资产计划资产净值的比例分享投资收益

47. 根据《证券公司融资融券业务试点管理办法》规定，证券公司开展融资融券业务试点，必须经(　　)批准。

A. 中国人民银行　B. 国务院　C. 中国证券业协会　D. 中国证监会

48. 用于记录客户委托证券公司持有、担保证券公司因向客户融资融券所生债权的证券的账户属于(　　)。

A. 融券专用证券账户　B. 融资专用资金账户

C. 客户信用交易担保资金账户　D. 客户信用交易担保证券账户

49. 证券公司应当健全业务隔离制度，确保融资融券业务与证券资产管理、证券自营、投资银行等业务在机构、人员、信息、账户等方面相互分离、独立运行。这属于证券公司从事融资融券业务应遵守的(　　)原则。

A. 岗位分离　　B. 合法合规　　C. 独立运行　　D. 集中管理

50. 融资融券业务的决策与授权体系原则上按照(　　)的架构设立和运行。

A. 高级管理层—业务决策机构—业务执行部门—分支机构

B. 董事会—业务决策机构—业务执行部门—分支机构

C. 董事会—业务执行部门—业务决策机构—分支机构

D. 分支机构—业务执行机构—业务决策部门—董事会

51. 下列关于证券公司在融资融券业务中对业务规模和集中度风险的控制的说法错误的是(　　)。

A. 融资融券业务总规模一旦确定则不得随意扩大，并需通过技术手段进行实时监控

B. 业务集中度严格控制在监管部门的有关规定范围内，对单一客户融券业务规模不得超过净资本的10%

C. 证券公司对客户的授信和融出资金、证券均应由公司总部统一控制和办理，严禁分支机构擅自对外办理相关业务

D. 证券公司要根据自有资金和证券状况，在净资本总额和比例符合监管要求、保持正常的资产流动性、风险可承受的前提下确定融资融券业务总规模

52. 证券交易所债券质押式回购实行(　　)制度。其是由不同债券品种按相应折算率折算形成的回购融资额度。

A. 非标准券　　B. 标准券　　C. 政府债券　　D. 企业债券

53. 全国银行间债券市场债券质押式回购业务是指以商业银行等金融机构为主的机构投资者之间以(　　)进行的债券交易行为。

A. 自主定价方式　　B. 询价方式　　C. 竞价方式　　D. 招投标方式

54. 对已在证券交易所上市的、可用以进行回购交易的国债、企业债和其他债券，中国结算公司一般在每(　　)收市后根据“标准券折算率计算公式”计算下一星期适用的标准券折算率。

A. 星期一　　B. 星期二　　C. 星期三　　D. 星期五

55. 下列关于全国银行间市场债券回购的清算与交收的说法错误的是(　　)。

A. 参与债券回购业务的金融机构应在中央结算公司开立债券托管账户，并将持有的债券托管于其账户。债券交易的债券结算通过中央结算公司的中央债券簿记系统进行

B. 回购交易单位为万元，债券结算单位为万元，资金清算单位为元，保留两位小数

C. 见款付券指在到期交收日正回购方按合同约定将资金划至逆回购方指定账户后，双方解除债券质押关系的交收方式

D. 全国银行间债券市场回购期限是首次交收日至到期交收日的实际天数，以天为单位，含首次交收日和到期交收日

56. 某证券公司持有一种国债，面值500万元，当时标准券折算率为1.18。该公司标准券余额应为(　　)万元。

A. 410　　B. 500　　C. 590　　D. 600

57. 全国银行间市场规定进行买断式回购，任何一家市场参与者单只券种的待返售债券余额应小于该只债券流通量的____，任何一家市场参与者待返售债券总余额应小于其在中央结算公司托管的自营债券总额的____。(　　)

A. 10%；150%　　B. 20%；100%　　C. 50%；200%　　D. 20%；200%

58. 对于我国证券交易所市场实行多边净额清算的证券交易，(　　)是承担相应交易交收责任的所有结算参与人的共同对手方。

A. 中国结算公司　　B. 中国证券业协会　　C. 中国证监会　　D. 证券交易所

59. 某证券公司持有一种国债，面值400万元，当时标准券折算率为1.28。当日该公司有现金余额5000万元。买入股票50万股，均价为每股23元；申购新股600万股，每股价格5元。为保证当日资金清算和交收，该公司需要回购融入(　　)万元资金。

A. 100　　B. 125　　C. 150　　D. 200

60. 将结算参与人相对于另一个交收对手方的证券和资金的应收、应付额加以轧抵，得出该结算参与人相对于另一个交收对手方的证券和资金的应收、应付净额是指(　　)。

A. 单边净额清算　　B. 多边净额清算　　C. 双边净额清算　　D. 团体净额清算

二、多项选择题(本大题共40小题，每小题1分，共40分。以下各小题所给出的4个选项中，至少有两项符合题目要求。)

1. 按照交易对象的品种划分，证券交易的种类有(　　)。

A. 股票交易　　B. 债券交易

C. 金融衍生工具交易　　D. 基金交易

2. 从基金的基本类型看，基金一般可分为(　　)。

A. 公司型基金　　B. 契约型基金　　C. 开放式基金　　D. 封闭式基金

3. 下列关于政府债券的说法，正确的有(　　)。

A. 地方政府发行的债券称为地方债

B. 中央政府发行的债券称为国债

C. 政府债券的发行主体是中央政府和地方政府

D. 政府债券是国家为了筹措资金而向投资者出具的，承诺在一定时期支付利息和到期还本的债务凭证

4. 我国证券交易所规定的会员必须承担的义务包括(　　)。

A. 维护投资者和证券交易所的合法权益

B. 遵守证券交易所章程、各项规章制度

C. 按规定缴纳各项经费和提供有关信息资料

D. 遵守国家的有关法律法规、规章和政策

5. 下列关于证券账户开户表述正确的是(　　)。

A. 深圳证券账户当日开立，次一交易日生效

B. 开户有两个方面，即开立证券账户和开立资金账户

C. 开立证券账户应坚持合法性和真实性的原则

D. 资金账户用来记载和反映投资者买卖证券的货币收付和结存数额

6. 开立证券账户的基本原则有(　　)。

A. 安全性　　B. 合法性　　C. 真实性　　D. 保密性

7. 委托指令的基本要素包括(　　)。

A. 证券账号和日期　B. 品种和买卖方向　C. 价格和时间　D. 有效期和签名

8. 关于委托撤单，以下说法正确的有(　　)。
   A. 在委托成交之前，委托人有权撤销委托
   B. 委托成交部分不得撤单
   C. 对委托人撤销的委托，证券营业部须在 T+1 日将冻结的资金或证券解冻
   D. 在委托未成交前，委托人有权变更委托
9. 深圳证券交易所协议平台接受交易用户申报的类型包括(　　)。
   A. 意向申报　B. 定价申报　C. 双边报价　D. 单边报价
10. 上海证券交易所进行的证券买卖符合以下(　　)条件的，可以采用大宗交易。
    A. B 股单笔交易金额不低于 30 万港币
    B. A 股单笔买卖申报数量不低于 50 万股，或者金额不低于 300 万人民币
    C. B 股单笔买卖申报数量不低于 50 万股
    D. 基金单笔买卖申报数量不低于 300 万份
11. 证券经纪业务的特点包括(　　)。
    A. 证券经纪商的中介性　B. 客户指令的权威性
    C. 业务对象的广泛性　D. 客户资料的保密性
12. 《上海证券交易所交易规则》规定，上海证券交易所对下列(　　)可能影响证券交易价格或者证券交易量的异常交易行为，应予以重点监控。
    A. 一段时期内进行大量且连续的交易
    B. 两个或两个以上固定的或涉嫌关联的证券账户之间，大量或者频繁进行互为对手方的交易
    C. 大笔申报、连续申报或者密集申报，以影响证券交易价格
    D. 巨额申报，且申报价格明显偏离申报时的证券市场成交价格
13. 证券经纪商是证券市场的中坚力量，其作用主要表现在(　　)。
    A. 可以赚差价，并收取一定比例的佣金作为报酬
    B. 业务对象的广泛性
    C. 充当证券买卖的媒介
    D. 提供信息服务
14. 中小企业板上市公司有下列(　　)情形之一的，深圳证券交易所对其股票交易进行退市风险警示。
    A. 最近一个会计年度的审计结果显示其股东权益值为负
    B. 连续 20 个交易日，公司股票每日收盘价均低于每股面值
    C. 连续 120 个交易日内，公司股票通过深圳证券交易所系统实现的累计成交量低于 300 万股
    D. 最近一个会计年度的审计结果显示，公司违法违规为其控股股东及其他关联方提供的资金余额超过 1000 万或者占净资产值的 70% 以上
15. 下列关于证券经纪业务中客户资料保密性的表述正确的是(　　)。
    A. 保密的资料包括资金账户中的资金余额
    B. 保密的资料包括客户开户的基本情况
    C. 证券经纪商有义务为客户保密，但法律另有约定的除外
    D. 如因证券经纪商泄露客户资料而造成客户损失，证券经纪商应承担赔偿责任

16. 在证券经纪业务中，证券经纪商的权利主要有(　　)。

A. 对违约或损害经纪商自身权益的客户，经纪商有通过留置其资金、证券或司法途径要求其履约或赔偿的权利

B. 有拒绝接受不符合规定的委托要求的权利，即客户的委托要求应符合有关法律和规章制度的规定

C. 有按规定收取服务费用的权利，如收取交易佣金等

D. 不接受全权委托

17. 根据我国《证券法》等相关法律法规和中国证券业协会《证券业从业人员执业行为准则》的规定，下列各项中，(　　)属于证券经纪业务的禁止行为。

A. 为牟取佣金收入，诱使客户进行不必要的证券买卖

B. 在批准的营业场所之外私下接受客户委托买卖证券

C. 隐匿、伪造、篡改或者毁损交易记录

D. 贬损同行或以其他不正当竞争手段争揽业务

18. 经纪业务营运管理的主要内容包括(　　)。

A. 账户管理　　B. 清算交割　　C. 证券委托买卖　　D. 证券投资顾问

19. 初始的转股价格可因公司(　　)进行调整。

A. 送红股　　B. 增发新股　　C. 配股　　D. 降低转股价格

20. 按照我国现行规定，关于证券公司代办股份转让服务业务，以下说法正确的有(　　)

A. 投资者参与股份转让，其委托指令以连续竞价方式配对成交

B. 证券公司营业部必须在营业场所发布股份转让的价格信息

C. 投资者委托股份转让和非转让过户，按规定要缴纳手续费

D. 投资者委托股份转让和非转让过户，按规定不用缴纳印花税

21. 投资者办理身份验证并激活网上用户名后，即可参加今后各有关上市公司股东大会网络投票，其流程包括(　　)。

A. 点击“投票表决”下的“网上行权”

B. 登录网站 www. chinaclear. cn

C. 输入网上用户名、密码及附加码

D. 浏览股东大会列表，选择具体的投票参与方式

22. 在权证交易中，禁止事项有(　　)。

A. 权证发行人不得买卖自己发行的权证

B. 禁止任何人直接操纵权证价格

C. 标的证券发行人不得买卖标的证券对应的权证

D. 禁止内幕信息知情人员利用内幕信息进行权证交易活动，获取不正当利益

23. 下列(　　)属于证券自营买卖的主要对象。

A. 权证　　B. 证券投资基金

C. 柜台自营买卖　　D. 银行间市场的自营买卖

24. 证券公司自营买卖业务决策的自主性特点主要表现在(　　)。

A. 在证券的自营买卖业务中，证券公司作为投资者，买卖的收益与损失完全由证券公司自身承担

B. 证券公司自主决定是否买入或卖出某种证券

C. 证券公司在买卖证券时，是通过证券交易所买卖还是通过其他场所买卖，由证券公司在法规规定范围内依一定的时间、条件自主决定

D. 证券公司在进行自营买卖时，可根据市场情况，自主决定买卖品种、价格

25. 证券公司应建立健全自营业务内部报告制度，报告内容包括(　　)。

A. 自营业务账户、席位情况　　B. 投资决策执行情况

C. 风险监控情况　　D. 自营资产质量

26. 资产管理业务主要有(　　)。

A. 为大客户办理综合理财计划　　B. 为单一客户办理定向资产管理业务

C. 为多个客户办理集合资产管理业务　　D. 为客户特定目的办理专项资产管理业务

27. 证券公司申请资产管理业务资格，应当向中国证监会提交的材料包括(　　)。

A. 资产管理业务计划书和业务操作规程

B. 净资本计算表和经具有证券相关业务资格的会计师事务所审计的最近 1 期财务报表

C. 经营证券业务许可证和企业法人营业执照副本复印件

D. 申请人出具的资产管理业务人员无不良行为记录的证明

28. 集合资产管理合同应当对(　　)作出约定。

A. 资产托管机构的职责

B. 集合资产管理计划开始运作的条件和日期

C. 客户资产净值的估算

D. 客户参与和退出集合资产管理计划的时间、方式、价格、程序等事项

29. 下列关于定向资产管理业务客户准入及委托标准说法正确的是(　　)。

A. 证券公司开展定向资产管理业务，接受单一客户委托资产净值的最低限额应当符合中国证监会的规定

B. 证券公司不得接受本公司董事、监事、从业人员及其配偶成为定向资产管理业务客户

C. 定向资产管理业务客户应当是符合法律、行政法规和中国证监会规定的自然人、法人或者依法成立的其他组织

D. 证券公司可以在规定的最高限额的基础上，提高本公司客户委托资产净值最低标准

30. 上海证券交易所规定在集合资产管理计划投资运作前 5 个工作日，应通过会籍办理系统报备的材料有(　　)。

A. 集合资产管理计划托管机构名称　　B. 负责资产管理计划主办人员情况

C. 集合资产管理合同　　D. 集合资产管理计划说明书

31. 证券公司经营融资融券业务应当具备的条件包括(　　)。

A. 有完善的融资融券业务管理制度和实施方案

B. 证券公司治理结构健全，内部控制有效

C. 有经营融资融券业务所需的专业人员、技术条件、资金和证券

D. 风险控制指标符合规定，财务状况、合规状况良好

32. 证券公司申请融资融券交易权限应当向交易所提交的书面文件有(　　)。

A. 公司合规总监出具的专项合规意见

B. 负责融资融券业务的高级管理人员与业务人员名单及其联络方式

C. 融资融券业务试点实施方案、内部管理制度的相关文件

D. 中国证监会颁发的获准开展融资融券业务试点的经营证券业务许可证及其他有关批准文件

33. 证券公司受理向客户融资融券业务申请后，应当办理客户征信，客户征信调查内容一般应包括(　　)。

A. 融资融券需求　B. 投资经验　C. 诚信记录　D. 还款能力

34. 融资融券业务合同中甲乙双方的声明与保证包括但不限于(　　)。

A. 甲乙双方均自愿遵守有关法律、行政法规、规章及其他规范性文件的规定

B. 甲乙双方用于融资融券交易的资产来源的合法性并不存在任何权利瑕疵

C. 甲方自行承担融资融券交易的风险和损失，乙方不以任何方式保证甲方获得投资收益或承担甲方投资损失

D. 甲方如实向乙方提供身份证明材料、资信证明文件及其他相关材料，并对所提交的各类文件、资料、信息的真实性、准确性、完整性和合法性负责

35. 证券公司与客户签订融资融券业务合同后，下列说法正确的是(　　)。

A. 客户信用资金账户是证券公司客户信用交易担保资金账户的一级账户，用于记载客户交存的担保资金的明细数据

B. 客户用于 1 家证券交易所上市证券交易的信用证券账户可以是多个

C. 证券公司应当委托证券登记结算机构，根据清算、交收结果等对客户信用证券账户内的数据进行变更

D. 客户信用证券账户与其普通证券账户开户人的姓名或者名称以及有效身份证明文件号码应当一致

36. 证券公司应当在每一月份结束后 10 个工作日内，向中国证监会、注册地证监会派出机构和证券交易所书面报告当月下列(　　)情况。

A. 对全体客户和前 5 名客户的融资、融券余额

B. 融资融券业务盈亏状况

C. 强制平仓的客户数量、强制平仓的交易金额

D. 客户交存的担保物种类和数量

37.《上海证券交易所债券交易实施细则》规定，债券回购交易集中竞价时，其申报应当符合的要求包括(　　)。

A. 计价单位为每百元资金到期年收益

B. 申报单位为手，1000 元标准券为 1 手

C. 申报数量为 100 手或其整数倍，单笔申报最大数量应当不超过 1 万手

D. 申报价格最小变动单位为 0.001 元或其整数倍

38. 全国银行间市场对买断式回购采取的风险控制措施包括(　　)。

A. 仓位限制　B. 保证金或保证券制度

C. 信用担保　D. 政府监管

39. 我国证券市场清算与交易的原则包括(　　)。

A. 净额清算原则　B. 共同对手方制度　C. 货银对付原则　D. 分级结算原则

40. 证券结算风险是证券登记结算机构在组织结算过程中所面临的风险，根据成因大致可以分为(　　)。

A. 操作风险　B. 法律风险　C. 结算银行风险　D. 流动性风险

三、判断题(本大题共 60 小题，每小题 0.5 分，共 30 分。判断以下各小题的对错，正确的为 A，错误的为 B。)

1. 股票交易就是以股票为对象进行的流通转让活动。(　　)

2. 证券交易所总经理由理事会任免。(　　)
3. 境外证券经营机构设立的驻华代表处，若符合条件，经申请可以成为我国上海证券交易所和深圳证券交易所的普通会员。(　　)
4. 指令驱动系统的特点既包括证券成交价格的形成由做市商决定，也包括投资者买卖证券都以做市商为对手，但与其他投资者发生直接关系。(　　)
5. 交易单元是指证券交易所会员取得席位后向证券交易所申请设立的、参与证券交易所证券交易与接受证券交易所监管及服务的基本业务单位。(　　)
6. 证券交易所会员可以共有席位，但席位不得退回证券交易所。(　　)
7. 我国《证券法》规定，设立证券公司应当具备的条件包括主要股东具有持续盈利能力，信誉良好，最近3年无重大违法违规记录，净资产不低于人民币2亿元。(　　)
8. 目前我国通过证券交易所进行的股票交易均采用书面报价。(　　)
9. 上海证券账户当日开立，次一交易日生效。(　　)
10. 市价委托方式的优点是：股票可以投资者预期的价格或更有利的价格成交，有利于投资者实现预期投资计划。(　　)
11. 中小企业板股票连续竞价期间有效竞价范围为最近成交价的上下3%。(　　)
12. 对于债券交易报价来说，客户需要注意债券标价的内涵。从交易价格的组成看，债券交易有两种：全价交易和净价交易。(　　)
13. 过户费是委托买卖的股票、基金成交后，买卖双方为变更证券登记所支付的费用。这笔收入属于证券公司的收入，由证券经纪商在同投资者清算交收时代为扣收。(　　)
14. 自助终端委托是指客户通过证券营业部设置的专用委托电脑终端，凭证券交易磁卡和交易密码进入电脑交易系统委托状态，自行将委托内容输入电脑交易系统，以完成证券交易。(　　)
15. 大宗交易要纳入指数计算，成交量则在收盘后计入该证券成交总量。(　　)
16. 深圳证券交易所决定撤销退市风险警示的，公司应按照深圳证券交易所要求在撤销退市风险警示前一个交易日做出公告。(　　)
17. 技术性停牌或临时停市原因消除后，证券交易所可以决定恢复交易，并向市场公告。(　　)
18. 我国证券指数的编制遵循高效原则。(　　)
19. 合格境外机构投资者应当委托境内商业银行作为托管人托管资产，委托证券公司办理境内的证券交易活动。(　　)
20. 按照我国现行规定，合格境外机构投资者进行境内证券交易，只能委托1家具有交易所会员资格的境内证券公司办理相关证券交易业务。(　　)
21. 在证券经纪业务中，证券公司可以赚差价，并收取一定比例的佣金作为业务收入。(　　)
22. 证券经纪商是独立于证券买方和卖方的第三者。(　　)
23. 证券公司营业部工作人员不得私下接收代理客户办理相关业务。(　　)
24. 证券营业部日常经营管理的主要内容就是经纪业务的营运管理。(　　)
25. 与一般企业营销类似，证券经纪业务营销的内容也包括产品设计、定价策略、品牌及广告策划及营销渠道选择等。(　　)
26. 证券公司在开展证券经纪业务营销时，只可以营销本公司提供的经纪业务服务及与经纪业务相联结的其他服务产品，不可以代销其他公司产品及服务。(　　)

27. 我国新股网上竞价发行低价是由主承销商确定的。(　　)
28. 申购配号根据实际有效申购进行，每一有效申购单位配一号，对所有有效申购单位按投资者实力排名连续配号。(　　)
29. 上市公司要进行网络投票的，要提前20天刊登公告。(　　)
30. 买卖、申购、赎回ETF的基金份额时，当日买入的证券，同日可以用于申购基金份额。(　　)
31. 从基本特征看，代办股份转让并没有在证券交易所挂牌，而是通过证券公司进行交易。(　　)
32. 股份转让公司的股份必须按照有关规定重新确认，登记和托管后方可进行股份转让。这些工作由股份转让公司负责办理。(　　)
33. 证券公司进行证券自营买卖，其收益主要来源于低买高卖的价差，收益有稳定性。(　　)
34. 证券机构委托其他证券公司代为买卖证券是被禁止的。(　　)
35. 自营业务是证券公司的营利为目的，为自己买卖证券，通过买卖价差获利的一种经营行为。(　　)
36. 证券公司注册地中国证监会派出机构应当按照有关规定对申报材料进行审查，并自中国证监会决定受理其申报材料后15个工作日内，将对申报材料的书面意见报送到中国证监会。(　　)
37. 定向资产管理合同约定的投资管理期限届满或者发生合同约定的其他事由，应当终止资产管理合同的，证券公司在扣除合同约定的各项费用后，必须将客户账户内的全部资产交还客户自行管理。(　　)
38. 集合资产管理计划推广期间，应当由中国证监会负责托管与集合资产管理计划推广有关的全部账户和资金。(　　)
39. 集合资产管理计划存续期届满展期、解散或终止的，应在中国证监会批复同意后5个工作日内通过会籍办理系统向上海证券交易所报备。(　　)
40. 客户资产管理合同中证券公司不得向客户承诺收益，但可承诺分担损失。(　　)
41. 证券公司办理集合资产管理业务，可以设立限定性集合资产管理计划和非限定性集合资产管理计划。(　　)
42. 证券公司从事资产管理业务，应当符合的条件之一是：净资本不低于5亿元人民币，且符合中国证监会关于经营证券资产管理业务的各项风险监控指标的规定。(　　)
43. 证券公司从事资产管理业务应当遵守公平、公正的原则，维护客户的合法权益，诚实守信，勤勉尽责，避免利益冲突。(　　)
44. 证券公司申请融资融券业务试点，应当具备的条件之一是：公司及其董事、监事、高级管理人员最近5年内未因违法违规经营受到行政处罚和刑事处罚，且不存在因涉嫌违法违规正被证监会立案调查或者正处于整改期间的情形。(　　)
45. 证券公司的法定代表人和经营管理的主要负责人应当在融资融券业务试点申请书上签字，承诺申请材料的内容真实、准确、完整，并对申请材料中存在的虚假记载、误导性陈述和重大遗漏承担相应的法律责任。(　　)
46. 证券公司向客户融资，应当使用自有资金或者依法筹集的资金；向客户融券，应当使用自有证券或者依法取得处分权的证券。(　　)
47. 证券公司融资融券业务的决策和主要管理职责应集中于证券公司董事会。(　　)

48. 证券公司融资融券业务的前、中、后台应当相互分离、相互制约。(　　)
49. 证券登记结算机构应当对证券公司报送的当日客户融资融券交易的有关信息进行汇总、统计，并在次一交易日前予以公告。(　　)
50. 客户可以与多家证券公司签订融资融券合同，向多家证券公司融入资金和证券。(　　)
51. 实行分级结算原则主要是出于防范结算风险的考虑。(　　)
52. 中国证监会是全国银行间债券市场的主管部门。(　　)
53. 对于买断式回购到期购回结算，结算参与人多笔应付、应收不做轧差处理，同一笔交易不拆分交收。(　　)
54. 券款对付指在到期交收日正回购方按合同约定将资金划至逆回购方指定账户后，双方解除债券质押关系的交收方式。(　　)
55. 上海证券交易所买断式回购挂牌品种均同时在竞价交易系统和大宗交易系统进行交易。(　　)
56. 全国银行间市场债券交易交易成交前，进入对话报价的双方可在规定的次数内轮流向对手方报价。超过规定的次数仍未成交的对话，可以继续进行报价。(　　)
57. 全国银行间债券回购合同在办理质押登记后生效。合同一经成立，交易双方应全面履行合同规定的义务，但可以单方面变更或解除合同。(　　)
58. 中国人民银行指定的办理债券的登记、托管与结算的机构是中央国债登记结算有限责任公司。(　　)
59. 为办理证券登记业务，沪、深证券交易所设立了电子化证券登记簿记系统。(　　)
60. 我国内地市场目前存在两种滚动交收周期，T+1 滚动交收适用于 B 股(人民币特种股票)；T+3 滚动交收目前适用于我国内地市场的 A 股、基金、债券、回购交易等。(　　)

模拟试卷(二)

一、单项选择题(本大题共 60 小题，每小题 0.5 分，共 30 分。以下各小题所给出的 4 个选项中，只有一项最符合题目要求。)

1. 上海证券交易所和深圳证券交易所开始接受融资融券交易的申报时间是(　　)。
A. 2006 年 1 月 1 日　　B. 2009 年 10 月 30 日
C. 2010 年 3 月 31 日　　D. 2010 年 4 月 16 日
2. 从积极的意义上看，证券市场(　　)为证券市场有效配置资源奠定了基础。
A. 稳定性　　B. 有效性　　C. 流动性　　D. 风险性
3. 2004 年 5 月(　　)批准深圳证券交易所在主板市场内开设中小企业板块，并核准了中小企业板块的实施方案。
A. 中国证券监督管理委员会　　B. 中国证券业协会
C. 国务院证券监督管理机构　　D. 全国人民代表大会常务委员会
4. 根据(　　)的不同，债券主要有政府债券、金融债券和公司债券三大类。
A. 债券持有人　　B. 债券承销商　　C. 发行主体　　D. 发行对象

5. 根据交易合约的签订与实际交割之间的关系，证券交易的方式不包括(　　)。
A. 远期交易　　B. 近期交易　　C. 现货交易　　D. 期货交易

6. 信用交易是投资者通过交付(　　)取得经纪商信用而进行的交易。
A. 押金　　B. 抵押物　　C. 保证金　　D. 金融工具

7. 证券公司经营证券承销与保荐、证券自营、证券资产管理、其他证券业务四项业务之一的，注册资本最低限额为人民币(　　)。
A. 5000 万元　　B. 1 亿元　　C. 5 亿元　　D. 1000 万元

8. 下列不属于证券交易所会员权利的是(　　)。
A. 参加证券交易所组织的证券交易，享受证券交易所提供的服务
B. 对证券交易所事务的提议权和表决权
C. 参加会员大会
D. 优先购买股票

9. 在证券交易市场发展的早期，柜台市场是一种重要的形式，其又称为(　　)。
A. 集中性市场　　B. 场内交易市场　　C. 店头市场　　D. 分散性市场

10. 关于证券交易成交中的订单匹配原则，下列表述正确的是(　　)。
A. 各证券交易所普遍以时间优先原则为第一优先原则
B. 我国只采用价格优先原则
C. 优先原则包括按比例分配原则、数量优先原则、客户优先原则等
D. 优先原则不包括做市商优先原则和经纪商优先原则

11. 中国结算公司为申请人开出的记载其证券持有及变更的权利凭证是(　　)。
A. 银行账户　　B. 期货账户　　C. 证券账户　　D. 信用账户

12. 投资者不能以(　　)的形式发出委托指令。
A. 全权委托　　B. 柜台委托　　C. 电话委托　　D. 网上委托

13. 某国债面值为 100 元，票面利率为 5%，每年付息一次，起息日为 7 月 6 日，交易日是 12 月 22 日，则已计息天数是 167 天。交易日挂牌显示的应计利息额为(　　)元。
A. 1.86　　B. 1.95　　C. 2.36　　D. 2.28

14. 沪、深证券交易所现行的集合竞价时间为每个交易日上午(　　)。
A. 9:00～9:30　　B. 9:15～9:25　　C. 9:25～9:30　　D. 9:10～9:25

15. 根据上海证券交易所的规定，下列关于买卖无价格涨跌幅限制的证券在集合竞价阶段申报价格的说法正确的是(　　)。
A. 股票申报价格无限制
B. 股票申报价格不高于前收盘价格的 900%，且不低于前收盘价的 10%
C. 基金交易申报价格最高不高于前收盘价的 900%，且不低于前收盘价的 70%
D. 债券交易申报价格最高不高于前收盘价的 150%，且不低于前收盘价的 70%

16. 下列(　　)不属于 A 股账户按持有人分类的账户类型。
A. 证券公司自营证券账户
B. 境外投资者证券账户
C. 自然人证券账户
D. 基金管理公司的证券投资基金专用证券账户

17. 债券交易有全价交易和净价交易的分类，主要是从(　　)来看。

A. 交易价格的组成　　B. 申报类型

C. 交易的计价单位　　D. 交易价格的限制形式

18. 根据深圳证券交易所现行大宗交易规定，A 股大宗交易的申报最低限额为(　　)。

A. 数量不低于 50 万股　　B. 数量不低于 10 万股

C. 交易金额不低于 500 万元　　D. 交易金额不低于 100 万元

19. 在上海证券交易所，B 股的结算费为(　　)。

A. 0.5%　　B. 1%　　C. 0.5‰　　D. 1‰

20. 根据我国现行的交易规则，证券交易所证券交易的开盘价首先通过(　　)方式产生。

A. 集合竞价的加权平均价　　B. 询价

C. 连续竞价　　D. 集合竞价

21. 某上市公司每 10 股派发现金红利 2.50 元，同时按 10 配 5 的比例向现有股东配股，配股价格为 6.80 元。若该公司股票在除权除息日的前收盘价为 12.25 元，则除权(息)参考价应为(　　)元。

A. 10.27　　B. 6.80　　C. 11.05　　D. 9.40

22. 证券交易所对 A 股和基金每日涨跌幅比例大于等于(　　)的前三只股票，要公布其成交金额最大的 5 家会员营业部或交易单元的名称及成交金额。

A. 5%　　B. 6%　　C. 7%　　D. 8%

23. 证券经纪业务中，客户指令具有(　　)。

A. 广泛性　　B. 中介性　　C. 风险性　　D. 权威性

24. 在证券经纪业务中，同一证券公司在同时接受两个以上委托人就相同种类、相同数量的证券按相同价格分别作委托买入和委托卖出时，应该(　　)完成交易。

A. 自行对冲　　B. 在证券交易所批准后对冲

C. 与委托人协商对冲　　D. 向证券交易所竞价申报

25. 在证券经纪业务中，证券经纪商的义务不包括(　　)。

A. 必须忠实办理受托业务　　B. 按规定收取服务费用

C. 坚持为客户保密制度　　D. 如实记录客户资金和证券的变化

26. 证券经纪业务营运管理的一般要求不包括(　　)。

A. 前台人员负责市场营销，后台人员负责业务运行操作及管理，前后台人员不得兼职

B. 电脑人员可兼任清算员

C. 资金存取不得和其他岗位合并

D. 营业部工作人员不得私下接受代理客户办理相关业务

27. 在证券经纪业务营销活动中，(　　)是客户招揽的保证。

A. 目标市场选择　　B. 营销渠道选择　　C. 客户促成　　D. 客户关系建立

28. 证券经纪业务营销活动中，(　　)是指细分市场在观念上要能够被区别，并且对不同的营销组合因素和方案应有不同的反应。

A. 可行性　　B. 可度量性　　C. 差异性　　D. 可接近性

29. 客户投诉最根本的原因是(　　)。

A. 客户得到的收益较小　　B. 客户没有得到预期的服务

C. 实际情况与客户期望无区别　　D. 客户所承受的风险较大

30. 2006年5月19日，深圳证券交易所和(　　)共同发布《资金申购上网定价公开发行股票实施办法》。

A. 中国证监会　B. 国务院　C. 中国结算公司　D. 中国人民银行

31. 如果有效申购总量大于该次股票发行量的，主承销商将于(　　)组织摇号抽签，确认摇号中签结果。

A. T+4日　B. T+1日　C. T+2日　D. T+3日

32. 关于分红派息，以下说法错误的是(　　)。

A. 分红派息是股东实现自己权益的过程

B. 上市公司分红派息工作须在年终决算之前进行

C. 发放现金股利是分红派息的一种形式

D. 发放股票股利是分红派息的一种形式

33. 沪深证券交易所进行网络投票，采用申报股数来代表表决意见，其中申报1股、2股、3股分别代表的意见正确的是(　　)。

A. 反对、同意、弃权　B. 同意、反对、弃权

C. 同意、弃权、反对　D. 弃权、反对、同意

34. 深圳证券交易所上市开放式基金合同生效后进入封闭期，封闭期一般不超过(　　)。

A. 2个月　B. 3个月　C. 5个月　D. 6个月

35. 单笔权证买卖申购数量不得超过______份，申报价格最小变动单位是______元人民币。(　　)

A. 100万；0.01　B. 10万；0.001　C. 100万；0.001　D. 10万；0.01

36. 采用网上申购一般程序，T日为申购日，资金冻结时间为(　　)。

A. T+3日　B. T+2日　C. T+1日　D. T+4日

37. 下列关于证券自营业务自主性的表述中，不正确的是(　　)。

A. 交易行为的自主性　B. 选择交易品种、价格的自主性

C. 交易方式的自主性　D. 信息采集的自主性

38. 下列(　　)属于明文列示的证券公司操纵市场行为。

A. 与他人串通，以事先约定的时间、价格和方式相互进行证券交易，影响证券交易价格或者证券交易量

B. 内幕人员利用内幕信息买卖证券或根据内幕信息建议他人买卖证券

C. 将自营账户借给他人使用

D. 委托其他证券公司代为买卖证券

39. 自营业务的管理和操作由证券公司(　　)专职负责，非自营业务部门和分支机构不得以任何形式开展自营业务。

A. 投资决策机构　B. 董事会

C. 客户服务部门　D. 自营业务部门

40. 下列不属于证券公司自营业务的内部控制措施的是(　　)。

A. 证券公司应建立独立的实时监控系统

B. 建立"防火墙"制度

C. 建立健全自营业务信息报告制度，自觉接受外部监督

D. 应加强自营账户的集中管理和访问权限控制

41. 根据中国证监会《证券公司证券资产管理业务试行办法》的规定，证券公司从事资产管理业务应当遵守的原则不包括(　　)。

A. 守法合规　　B. 公平公正　　C. 分散管理　　D. 风险控制

42. 证券公司办理定向资产管理业务，接受单个客户的资产净值不得低于人民币(　　)万元。

A. 50　　B. 80　　C. 100　　D. 150

43. 证券公司设立集合资产管理计划的，应当自中国证监会出具无异议意见或者作出批准决定之日______个月内启动推广工作，并在______个工作日内完成设立工作并开始投资运作。(　　)

A. 2；60　　B. 3；90　　C. 5；50　　D. 6；60

44. 定向资产管理业务的投资风险由(　　)承担。

A. 证券公司　　B. 证券公司与客户共同

C. 客户自行　　D. 资产托管机构

45. 在集合资产管理计划投资运作前 5 个工作日，应通过会籍办理系统报备的材料不包括(　　)。

A. 集合资产管理合同

B. 购买资产管理计划份额的人员情况

C. 中国证监会出具的集合资产管理计划同意批复或无异议函

D. 集合资产管理计划使用的专用交易单元和专用证券账户

46. 如果客户采用自助委托方式，则当其输入(　　)后，即视同确认了身份。

A. 数字证书　　B. 网上委托通讯密码

C. 身份证号码　　D. 相关的账号和正确的密码

47. 中国证监会印发《关于开展证券公司融资融券业务试点工作的指导意见》对首批申请试点的证券公司应当满足的条件作出的规定是：要求证券公司最近 6 个月净资本均在(　　)亿元以上。

A. 20　　B. 30　　C. 50　　D. 80

48. 融资融券交易中，融券卖出的申报价格不得低于该证券的____；当天没有产生成交的，申报价格不得低于其____。(　　)

A. 最新成交价；前收盘价　　B. 报盘价；收盘价

C. 收盘价；平均价　　D. 前收盘价；报盘价

49. 客户融资买入、融券卖出的证券，不得超出证券交易所和证券公司规定的范围。标的证券为股票的，应当符合的条件不包括(　　)。

A. 股东人数不少于 4000 人

B. 在交易所上市交易满 6 个月

C. 近 3 个月内日均换手率不低于基准指数日均换手率的 20%（试点初期暂不执行），日均涨跌幅的平均值与基准指数涨跌幅的平均值的偏离值不超过 4 个百分点，且波动幅度不超过基准指数波动幅度的 500% 以上

D. 融资买入标的股票的流通股本不少于 1 亿股或流通市值不低于 5 亿元，融券卖出标的股票的流通股本不少于 2 亿股或流通市值不低于 8 亿元

50. 证券公司向客户融资融券，应当向客户收取一定比例的(　　)。

A. 抵押金　　B. 保证金　　C. 滞纳金　　D. 质押金

51. 证券公司或其分支机构未经批准擅自经营融资融券业务的，依照《证券法》规定处罚，即“没收违法所得，暂停或者撤销相关业务许可，并处以非法融资融券等值以下的罚款。对直接负责的主管人员和其他直接责任人员给予警告，撤销任职资格或者证券业从业资格，并处以(　　)的罚款。”

A. 二万元以上十万元以下　　B. 三万元以上三十万元以下

C. 五万元以上十万元以下　　D. 五万元以上五十万元以下

52. (　　)主要是指证券公司融资融券规模失控，对单个客户融资融券规模过大、期限过长，而造成证券公司资产流动性不足、净资本规模和比例不符合监管规定的可能性。

A. 客户信用风险　　B. 市场风险

C. 业务管理风险　　D. 业务规模及集中度风险

53. 深圳证券交易所现有实行标准券制度的债券质押式回购共有(　　)个品种。

A. 4　　B. 11　　C. 15　　D. 20

54. 全国银行间债券市场回购利率是正回购方支付给逆回购方在回购期间融入资金的利息与融入资金的比例，以(　　)表示。

A. 日利率　　B. 月利率　　C. 季利率　　D. 年利率

55. 下列关于全国银行间市场质押式回购成交合同说法不正确的是(　　)。

A. 以交易系统生成的成交单、电报和电传作为回购成交合同，业务公章和法定代表人(或授权人)签字需作为必备条款

B. 回购双方需在中央结算公司办理债券的质押登记

C. 回购成交合同是回购双方就回购交易所达成的协议

D. 回购成交合同应采用书面形式，具体包括全国银行间同业拆借中心交易系统生成的成交单、电报、电传、传真、合同书和信件等

56. 债券持有人(正回购方)将一笔债券卖给债券购买方(逆回购方)的同时，交易双方约定在未来某一日期，再由卖方(正回购方)以约定价格从买方(逆回购方)购回相等数量同种债券的交易行为被称为(　　)。

A. 交易式回购　　B. 买断式回购　　C. 封闭式回购　　D. 质押式回购

57. 在首次交收日完成债券质押登记后，逆回购方按合同约定将资金划至正回购方指定账户的交收方式是(　　)。

A. 券款对付　　B. 见券付款　　C. 见款付券　　D. 转账交收

58. 下列关于证券初始登记的表述错误的是(　　)。

A. 股份登记包括首次公开发行登记、增发新股登记、送股(或转增股本)登记和配股登记等

B. 公积金转增股本是指股份公司将其拟分配的红利转增为股本

C. 记账式国债通过招投标或其他方式发行的，中国结算公司根据财政部和证券交易所相关文件确认的结果，建立证券持有人名册，完成初始登记

D. 证券投资基金网上发行和网下发行要进行募集登记

59. 滚动交收目前已被各国(地区)证券市场广泛采用。美国证券市场采取____，我国香港市场采取____。(　　)

A. T+1；T+1　　B. T+1；T+2　　C. T+3；T+2　　D. T+2；T+1

60. (　　)是指在一个清算期中，对每个结算参与人价款的清算只计其各笔应收、应付款项相抵后的净额，对证券的清算只计每一种证券应收、应付相抵后的净额。

A. 全额清算　　B. 净额清算　　C. 交割清算　　D. 分级清算

二、多项选择题(本大题共 40 小题，每小题 1 分，共 40 分。以下各小题所给出的 4 个选项中，至少有两项符合题目要求。)

1. 证券交易必须遵循的原则有(　　)。

A. 互利原则　　B. 公平原则　　C. 公正原则　　D. 公开原则

2.《中华人民共和国证券法》规定，证券登记结算机构是为证券交易提供(　　)服务，不以营利为目的的法人。

A. 集中登记　　B. 存管　　C. 委托　　D. 结算

3. 下列关于定期交易的特点，说法不正确的有(　　)。

A. 批量指令可以提供价格的稳定性

B. 市场为投资者提供了交易的即时性

C. 指令执行和结算的成本相对比较低

D. 交易过程中可以提供更多的市场价格信息

4.《中华人民共和国证券法》规定，证券交易所、证券公司和证券登记结算机构的从业人员、证券监督管理机构的工作人员以及法律、行政法规禁止参与股票交易的其他人员，在任期或者法定限期内不得有(　　)行为。

A. 直接或者以化名持有、买卖股票　　B. 借他人名义持有、买卖股票

C. 就股票趋势提出自己的看法　　D. 收受他人赠送的股票

5. 委托指令根据委托订单的数量分类分为(　　)。

A. 限价委托　　B. 整数委托　　C. 收市委托　　D. 零数委托

6. 按照账户用途划分，证券账户的种类为(　　)。

A. 人民币普通股票账户　　B. 人民币特种股票账户

C. 证券投资基金账户　　D. 创业板交易账户

7. 关于限价委托，以下说法正确的是(　　)。

A. 在限价委托买入中，证券经纪商执行委托指令时，必须以限价买进证券

B. 在限价委托卖出中，证券经纪商执行委托指令时，必须按限价卖出证券

C. 在限价委托买入中，证券经纪商执行委托指令时，必须以低于限价买进证券

D. 在限价委托卖出中，证券经纪商执行委托指令时，必须以此限价更有利的价格卖出证券

8. 以下关于证券交易过户费的说法，正确的是(　　)。

A. 深圳证券交易所的过户费包含在交易经手费中

B. 深圳证券交易所 B 股过户费也叫结算登记费，是成交金额的 0.5‰，最高 500 港元

C. 基金交易目前不收过户费

D. 上海证券交易所 A 股过户费为成交面额的 1‰，起点为 1 元人民币

9. 根据我国现行的交易制度，可以实行当日回转交易的有(　　)。

A. 深圳证券交易所对专项资产管理计划收益权份额协议交易

B. B 股

C. 债券竞价交易

D. 权证交易

10. 关于开盘价和收盘价，以下说法正确的有(　　)。
A. 按照一般的意义，开盘价和收盘价分别是交易日证券的首尾买卖价格
B. 根据我国现行规定，证券交易所交易的开盘价只能由集合竞价方式产生
C. 我国目前证券交易所证券交易的收盘价为当日该证券最后一笔交易前 1 分钟所有交易的成交量加权平均价
D. 以前收盘价为当日收盘价的情况是有可能发生的
11. 下列关于证券固定收益平台交易方式说法正确的是(　　)。
A. 询价交易中，交易商须以实名方式申报
B. 报价交易中，交易商可以匿名或实名方式申报
C. 固定收益平台交易采用报价交易和询价交易两种方式
D. 报价交易中，交易商的每笔买卖报价应标明采用确定报价或待定报价，固定收益平台对确定报价和待定报价按照价格高低顺序进行排列
12. 深圳证券交易所规定，开盘、收盘集合竞价期间的即时行情内容包括(　　)。
A. 未匹配量　　B. 证券代码
C. 集合竞价参考价格　　D. 匹配量
13. 在证券经纪业务中包含的要素有(　　)。
A. 委托人　　B. 证券经纪商　　C. 证券交易所　　D. 证券交易对象
14. 在证券经纪业务中，证券经纪商有义务为客户保密，保密的资料包括(　　)。
A. 客户开户的基本情况
B. 客户委托的有关事项
C. 客户股东账户中的库存证券种类和数量
D. 客户进行交易的场所
15. 下列属于定向资产管理合同应当包括的基本事项的有(　　)。
A. 投资目标和管理期限
B. 各类风险揭示
C. 合同解除、终止的条件、程序及客户资产的清算返还事宜
D. 当事人的权利与义务
16. 在证券经纪业务中，委托人的义务主要有(　　)。
A. 履行交割清算义务
B. 对自己购买的证券的持有权和处置权
C. 按要求如实提供有关证件，填写开户书并接受证券经纪商的审核
D. 按规定缴存交易结算资金
17. 关于非交易过户，下列表述正确的是(　　)。
A. 自然人因遗产继承可以办理公众股非交易过户
B. 自然人因出国定居向受赠人赠与公司职工股办理非交易过户
C. 经办人查验申请人所提供资料的真实性、有效性、完整性及一致性
D. 经办人于收到登记结算公司非交易过户确认单的下两个工作日将该确认单交申请人，并扣除实际发生的费用
18. 资金账户管理的一般规定包括(　　)。
A. 营业部依法为客户开立的账户保密
B. 营业部办理经纪业务，必须为客户开立资金账户

C. 客户开立资金账户时必须签署《证券贸易委托代理协议书》、《风险揭示书》、《买者自负承诺函》(均一式两份)，以及《客户资金第三方存管协议书》(一式三份)等文件

D. 客户开立资金账户应到证券公司营业部柜台提出书面申请，出示有效身份证件

19. 下列关于可转换债券操作流程的表述正确的是(　　)。

A. 可转换债券的债转股需要规定一个转换器，一般须在可转换债券发行后 6 个月后才可以进行

B. 转股申报，不得撤单

C. 可转换债券的买卖申报优先于转股申报

D. 同一交易日多次申报转股，以第一次申报数量为准

20. 证券公司根据客户融资融券申请、提交的保证金额度及客户征信调查等情况，确定对客户融资融券的授信，包括融资融券(　　)。

A. 期限　　B. 额度　　C. 利率　　D. 方式

21. 根据我国证券交易所的规定，买卖申购，赎回 ETF 的基金分额时，应当遵守的规定有(　　)。

A. 当日申购的基金分额，同日内不得卖出，可以赎回

B. 当日买入的基金份额，同日内不可以赎回，可以卖出

C. 当日赎回的证券，同日可以卖出，不可用于申购基金份额

D. 当日买入的证券，同日可以用于申购基金份额

22. 根据中国证券业协会发布的有关证券公司代办股份转让服务试点办法规定，主办券商的主办业务包括(　　)。

A. 对拟推荐在代办股份转让系统挂牌的公司全体董事、监事、高级管理人员进行辅导

B. 开立非上市股份有限公司股份转让账户

C. 指导和督促股份转让公司依照相关法律、法规和协议，真实、准确、完整、及时地披露信息

D. 对股份转让业务中出现问题，依据有关规则和协议及时处理并报协会备案

23. 证券公司自营业务的风险主要有(　　)。

A. 市场风险　　B. 技术风险　　C. 经营风险　　D. 合规风险

24. 证券公司自营业务的禁止行为包括(　　)。

A. 假借他人名义或者个人名义进行自营业务

B. 违反规定委托他人代为买卖证券

C. 违反规定购买本证券公司控股股东或者与本证券公司有其他重大利害关系的发行人发行的证券

D. 将自营业务与代理业务混合操作

25. 证券交易内幕信息的知情人包括(　　)。

A. 由于所任公司职务可以获取公司有关内幕信息的人员

B. 持有公司 2% 以上股份的股东及其董事、监事、高级管理人员，公司的实际控制人及其董事、监事、高级管理人员

C. 发行人的董事、监事、高级管理人员

D. 保荐机构、承销的证券公司、证券交易所、证券登记结算机构、证券服务机构的有关人员

26. 为单一客户办理定向资产管理业务的特点包括(　　)。

A. 必须在单一客户的专用证券账户中经营运作

B. 证券公司与客户必须是一对一的

C. 特定性，即要设定特定的投资目标

D. 具体投资方向应在资产管理合同中约定

27. 中国证监会依据有关规定，对证券公司资产管理业务活动进行监督管理，监管措施主要有(　　)。

A. 中国证监会及其派出机构依法履行职责，证券公司、资产托管机构应当予以配合

B. 证券公司应当在每个年度结束之日起 30 日内，完成资产管理业务合规检查年度报告、内部稽核年度报告和定向资产管理业务年度报告，并报注册地中国证监会派出机构备案

C. 证券公司集合资产管理业务制度不健全，净资本或者其他风险控制指标不符合规定，或者违规开展资产管理业务的，中国证监会及其派出机构依法责令其限期改正

D. 证券公司和资产托管机构应当按照有关法律、行政法规的规定保存资产管理业务的会计账册，并妥善保存有关的合同、协议、交易记录等文件、资料

28. 下列关于证券公司办理资产管理业务的一般规定的说法正确的是(　　)。

A. 证券公司应当将集合资产管理计划设定为均等份额

B. 证券公司办理定向资产管理业务，接受单个客户的资产净值不得低于人民币 200 万元

C. 证券公司可以自有资金参与本公司设立的集合资产管理计划

D. 证券公司办理集合资产管理业务，只能接受货币资金形式的资产

29. 下列关于定向资产管理业务的投资范围的表述正确的是(　　)。

A. 股票、债券、证券投资基金、集合资产管理计划属于定向资产管理业务的投资范围

B. 应当与客户的风险认知与承受能力，以及证券公司的投资经验、管理能力和风险控制水平相匹配

C. 证券公司将委托资产投资于本公司、资产托管机构以及与本公司、资产托管机构有关联方关系的公司发行的证券，无需事先将相关信息通知客户，其有权进行自主投资

D. 定向资产管理合同约定的投资范围不得超出法律、行政法规和中国证监会规定允许客户投资的范围

30. 证券公司定向资产管理业务的研究工作应当符合的要求包括(　　)。

A. 保持独立、客观

B. 建立研究与投资决策之间的交流制度，保持交流渠道畅通

C. 建立和完善投资对象备选库制度，建立和维护备选库

D. 建立严密的研究工作业务流程，运用科学、有效的研究方法

31. 证券公司申请融资融券业务试点，应当向证监会提交的材料包括(　　)。

A. 融资融券业务试点实施方案

B. 内部管理制度

C. 融资融券业务试点申请书

D. 负责融资融券业务的高级管理人员与业务人员的名册及资格证明文件

32. 下列关于客户信用账户的说法正确的是(　　)。

A. 客户申请开展融资融券业务要在证券公司开立实名信用资金台账和信用证券账户，在指定商业银行开立实名信用资金账户

B. 客户信用资金台账是客户在证券公司开立的用于记载客户交存的担保资金及融资融券负债明细数据的账户

C. 客户信用资金账户是客户在存管银行开立的用于记载客户交存的担保资金的明细数据的账户，该账户是证券公司客户信用交易担保资金账户的子账户

D. 客户信用证券账户是证券公司根据证券登记结算公司相关规定为客户开立的、用于记载客户委托证券公司持有的担保证券的明细数据的账户

33. 下列(　　)属于融资融券业务合同应载明的事项。

A. 订立合同的需求和方式

B. 约定融资融券交易所涉及的权益处理事项

C. 约定适用的法律和争议处理方式

D. 约定甲方从事融资融券交易的保证金比例及计算公式、保证金可用余额计算公式、可充抵保证金的有价证券范围和折算率、标的证券范围等

34. 机构客户申请开立信用证券账户和信用资金账户应向证券公司提交的材料有(　　)。

A. 法定代表人授权书

B. 加盖公章的预留印鉴卡

C. 法定代表人证明书原件及加盖公章的法定代表人身份证明复印件

D. 加盖银行章的专用于信用交易的银行账户

35. 下列(　　)可依照规定履行证券公司融资融券业务监管或者自律管理职责，可以要求证券公司提供与融资融券业务有关的信息、资料。

A. 证券交易所　　　　B. 中国证券业协会

C. 中国证监会及其派出机构　　　　D. 中国银监会

36. 证券公司融资融券业务的风险主要包括(　　)。

A. 信息技术风险　　　　B. 市场风险

C. 法律风险　　　　D. 业务规模及集中度风险

37. 如今，全国银行间同业拆借中心开办了国债、政策性金融债等债券的回购业务，参与主体是银行间市场会员，主要是(　　)等金融机构。

A. 财务公司　　B. 证券投资基金　　C. 保险公司　　D. 商业银行

38. 下列关于买断式回购初始结算业务流程说法正确的是(　　)。

A. T日日终，中国结算公司上海分公司按照结算参与人委托，将国债从买入证券账户划拨至结算参与人证券交收账户，再统一划拨至证券集中交收账户

B. 资金方面，T日，中国结算公司上海分公司完成T+1日所有证券交易、有效认购的资金交收后，进行T+2资金预交收

C. T+1日，中国结算公司上海分公司进行资金交收时，将结算参与人应付净额由其资金交收账户划拨至中国结算公司上海分公司资金集中交收账户，在结算参与人已完成证券交收义务的前提下，将应收净额由资金集中交收账户划入其资金交收账户

D. 买断式回购初始交易日(T日)，中国结算公司上海分公司清算系统根据证券交易所成交数据按参与人清算编号对买断式回购交易、履约金与其他品种的交易进行清算，形成一个清算净额

39. 证券登记簿记系统的主要功能是根据证券账户的记录，办理证券持有人名册的登记。记录的信息包括(　　)。

A. 司法冻结　　B. 证券持有人通讯地址

C. 持有证券名称　　D. 证券账户号码

40. 我国的结算风险防范和管理措施主要包括(　　)。

A. 本金风险的防范　B. 价差风险的防范　C. 事前防范措施　D. 流动性风险的防范

三、判断题(本大题共 60 小题，每小题 0.5 分，共 30 分。判断以下各小题的对错，正确的为 A，错误的为 B。)

1. 证券交易的主要特征表现为收益性、流通性、安全性。(　　)
2. 证券交易和证券发行是两个不同的领域，它们互相独立，没有联系。(　　)
3. 期货合约是由交易双方订立的，约定在未来某日期按成交时约定的价格交割一定数量的某种商品的标准化协议。(　　)
4. 证券公司一旦成为证券交易所会员，便自动取得了交易席位。(　　)
5. 在我国，证券交易所普通席位只能从事股票、债券和基金交易。(　　)
6. 2009 年 10 月 30 日创业板在上海证券交易所开市。(　　)
7. 注册资本不足 1 亿元人民币的证券公司不可经营证券资产管理业务。(　　)
8. 在证券交易所市场，证券交易的基本过程中开户有两个方面，即开立证券账户和开立资金账户。(　　)
9. 在成交价格确定方面，只能通过买卖双方直接竞价形成交易价格。(　　)
10. 证券存管一般指投资者将持有的证券委托给证券公司保管，并由后者代为处理有关证券权益事务的行为。(　　)
11. 网上委托可以代替柜台委托、电话委托等其他委托方式。(　　)
12. 有甲、乙、丙、丁投资者四人，均申报卖出 Y 股票，申报价格和申报时间分别为：甲的卖出价 10.80 元，时间 13:36；乙的卖出价 10.40 元，时间 13:40；丙的卖出价 10.85 元，时间 13:26；丁的卖出价 10.40 元，时间 13:38。那么这四位投资者交易的优先顺序为：丁、乙、甲、丙。(　　)
13. 委托指令有效期一般有当日有效与约定日有效两种。我国现行规定的委托期为当日有效。(　　)
14. 证券公司与其客户之间的资金清算交收由证券登记结算公司负责完成。(　　)
15. 根据深圳证券交易所有关综合协议平台的规定，公司债券的大宗交易成交确认时间为 15:00 ~ 15:30。(　　)
16. 证券无论是停牌还是摘牌，证券交易所发布的行情中都包括该证券信息。(　　)
17. 上海证券交易所固定收益平台的交易商必须具备做市能力。(　　)
18. 固定收益平台采用报价交易和询价交易两种方式。询价交易中，交易商可以以匿名方式申报。(　　)
19. 合格境外机构投资者不可以参与新股发行、可转换债券发行。(　　)
20. 我国证券交易所是在股权登记日次一交易日对该证券做除权除息处理。(　　)
21. 在证券经纪业务中，证券公司的收入来源于投资者缴付的手续费。(　　)
22. 证券经纪商有义务严格按照委托人的要求办理委托事务，如证券经纪商无故违反委托人的指令并使委托人遭受损失，证券经纪商应承担赔偿责任。(　　)

23. 合伙企业、创业投资企业申请注销：企业依法解散的，清算人应当自清算结束之日起10日内申请注销。(　　)
24. 在产品销售的过程中，证券公司和证券公司营销人员为了达到充分沟通和促销的目的，可以采取人员推销、广告促销、营业推广和公共关系等促销手段。(　　)
25. 在证券公司资金不足时，只要保证支付，可以暂时借用客户委托买卖的证券或者客户账户上的资金。(　　)
26. 根据对待风险的不同态度，可以把客户的风险偏好分为风险偏好型、风险厌恶型、风险中性型。(　　)
27. 每只新股发行，每个证券账户在参与申购中，以交易系统确认的该投资者的最后一笔申购为有效申购，其余申购均为无效申购。(　　)
28. 投资者通过证券交易所为上市公司股东进行投票均选择买入。(　　)
29. 权证存续期满前10个交易日，权证终止交易，但可以行权。(　　)
30. 股份转让公司可以委托多家证券公司办理股份的转让，并与证券公司分别签订委托协议。(　　)
31. 证券公司不直接或间接为客户从事期货交易提供融资或担保。(　　)
32. 上市开放式基金份额的转托管业务包含两种类型，系统内转托管和跨系统转托管。(　　)
33. 证券公司应建立健全相对集中、权责统一的投资决策与授权机制。自营业务决策机构原则上应当按照“自营业务部门—投资决策机构—董事会”的三级体制设立。(　　)
34. 自营业务资金的出入可以以公司名义进行，也可以用个人名义从自营账户中调入调出资金。(　　)
35. 根据《证券交易所管理办法》的规定，每年5月31日和12月31日过后的30日内，向中国证监会报送各家会员截止到该日的证券自营业务情况。(　　)
36. 根据相关规定，严禁通过报刊、电视、广播及其他公共媒体推广集合资产管理计划。(　　)
37. 证券公司设立集合资产管理计划，办理集合资产管理业务，设立限定性集合资产管理计划的净资本不低于2亿元人民币，设立非限定性集合资产管理计划的净资本不低于6亿元人民币。(　　)
38. 客户资产托管是指资产托管机构根据证券公司、客户的委托，对客户的资产进行保管，办理资金收付事项、监督证券公司投资行为等。(　　)
39. 证券公司从事定向资产管理业务，买卖证券交易所的交易品种，应当使用定向资产管理专用证券账户。专用证券账户应当以客户名义开立，客户的普通证券账户不能转换为专用证券账户。(　　)
40. 证券公司应当在定向资产管理合同失效、被撤销、解除或者终止后30日内，向证券登记结算机构代为申请注销专用证券账户，或者根据客户要求，代理客户向证券登记机构申请将专用证券账户转换为普通证券账户。(　　)
41. 建立集合资产管理计划投资主办人员须具有5年以上证券自营、资产管理或证券投资基金从业经历，且应当具备良好的职业道德，无不良行为记录。(　　)
42. 上海证券交易所规定，集合资产管理计划的投资交易活动应当集中在专用账户和专用交易单元上进行。单个会员管理的多个集合资产管理计划由同一托管机构托管的，可以共用一个专用交易单元。(　　)

43. 托管银行、证券交易所应当对集合资产管理计划的投资范围和投资组合进行监控，发现有重大违规行为的，须及时报告国务院。(   )
44.《证券公司融资融券业务试点管理办法》规定，证券公司开展融资融券业务试点，必须经中国证券业协会批准。(   )
45. 证监会派出机构应当自收到证券公司提交的申请融资融券业务试点的申请材料之日起30个工作日内，向中国证监会出具是否同意申请人开展融资融券业务试点的书面意见。(   )
46. 证券公司从事融资融券业务应当遵守合法合规原则。(   )
47. 证券公司应当健全业务隔离制度，确保融资融券业务与证券资产管理、证券自营、投资银行等业务在机构、人员、信息、账户等方面相互分离、独立运行。(   )
48. 证券公司应按《证券公司融资融券业务试点管理办法》规定的有关条件和征信的要求制定选择客户的具体标准。从资产状况来看要求是非证券公司股东或关联人。(   )
49. 客户在证券公司开立信用证券账户和信用资金账户后，应向证券公司提交不低于交易所和证券公司规定比例的融资融券保证金。(   )
50. 证券公司向客户融资融券，充抵保证金的有价证券，在计算保证金金额时，应当以证券市值按折算率进行折算，其中的国债折算率最高不超过90%。(   )
51. 证券公司通过客户信用交易担保证券账户持有的股票不计入其自有股票，证券公司无须因该账户内股票数量的变动而履行相应的信息报告、披露或者要约收购义务。(   )
52. 单只标的证券的融券余量达到该证券上市可流通量的15%时，交易所可以在次一交易日暂停其融券卖出，并向市场公布。(   )
53. 融资方(正回购方、卖出回购方、资金融入方)在将债券质押给融券方(逆回购方、买入返售方、资金融出方)融入资金的同时，双方约定在将来某一指定日期，由融资方按约定回购利率计算的资金额向融券方返回资金，融券方向融资方返回原出质债券的融资行为是指债券质押式回购交易。(   )
54. 证券交易所质押式回购实行质押库制度。当日购买的债券，当日可用于质押券申报，并可进行相应的债券回购交易业务。当日申报转回的债券，次日才可以卖出。(   )
55. 证券交易所质押式回购的报价方式以每百元面值标准券的到期年收益率进行报价。(   )
56. 全国银行间债券回购参与者进入全国银行间债券市场除签订回购主协议外，回购双方进行回购交易应逐笔订立回购成交合同。回购成交合同与债券回购主协议共同构成回购交易完整的回购合同。(   )
57. 全国银行间债券市场回购期限最短为1天，最长为1年。参与者可在此区间内自由选择回购期限，回购到期时参与者必须按规定办理资金与债券的反向交割，可以展期。(   )
58. 同业中心负责买断式回购结算的日常监测工作，中央结算公司负责买断式回购交易的日常监测工作。(   )
59. 根据规定，证券应当登记在证券持有人本人名下，但符合法律、行政法规和中国证监会规定的，可以登记在名义持有人名下。目前，境内多数投资者持有的股票均登记在名义持有人名下。(   )
60. 证券登记结算机构负责证券登记结算机构与结算参与人之间的集中清算交收，结算参与人负责办理结算参与人与客户之间的清算交收。(   )

模拟试卷(三)

一、单项选择题(本大题共 60 小题，每小题 0.5 分，共 30 分。以下各小题所给出的 4 个选项中，只有一项最符合题目要求。)

1. 下列不属于证券交易特征的是(　　)。

A. 收益性　　B. 流动性　　C. 安全性　　D. 风险性

2.《中华人民共和国证券法》于(　　)正式开始实施，标志着维系证券交易市场运作的法规体系趋向完善。

A. 1992 年 5 月 1 日　　B. 1995 年 5 月 1 日

C. 1999 年 7 月 1 日　　D. 2004 年 7 月 1 日

3. 下列关于基金的叙述，正确的是(　　)。

A. 封闭式基金设立后规模可变　　B. 封闭式基金可以在证券交易所上市

C. 开放式基金设立后其规模不变　　D. 开放式基金是在交易所进行交易的基金

4. 可转换债券具有(　　)的双重特性。

A. 股权和期权　　B. 债权和股权　　C. 债权和权证　　D. 债权和期权

5. 2005 年 10 月重新修订的(　　)取消了证券公司不得为客户交易融资融券的规定。

A.《中华人民共和国证券法》　　B.《证券交易所管理办法》

C.《中华人民共和国公司法》　　D.《证券账户管理规则》

6. 证券公司经营相关业务时，国务院证券监督管理机构根据审慎监管原则和各项业务的风险程度可以调整(　　)，但不得少于《中华人民共和国证券法》规定的限额。

A. 注册资本最高限额　　B. 实收资本最高限额

C. 注册资本最低限额　　D. 实收资本最低限额

7. 证券交易所的决策机构是(　　)。

A. 董事会　　B. 理事会　　C. 专门委员会　　D. 会员大会

8. 提高市场透明度是加强证券市场(　　)的重要措施。

A. 有效性　　B. 稳定性　　C. 安全性　　D. 流动性

9. 在报价驱动系统中做市商的收入来源是(　　)。

A. 手续费　　B. 买卖证券的差价　　C. 佣金　　D. 过户费

10. 零数委托是指买进或卖出的证券不足证券交易所规定的(　　)个交易单元。

A. 0.5　　B. 1　　C. 100　　D. 10

11. 在(　　)情况下，成交价格与债券的应计利息是分解的，价格随行就市，应计利息则根据票面利率按天计算。

A. 全价交易　　B. 市价交易　　C. 净价交易　　D. 买卖价交易

12. 证券经纪商在收到客户委托后，经审查符合要求后，才能接受委托。其中验证主要是对(　　)进行核实。

A. 客户填写的委托单　　B. 客户委托时提交的相关证件

C. 客户的资金账户　　D. 客户的证券账户

13. 一般来说，证券买卖委托受理过程不包括(　　)。

A. 验证　　B. 审单

C. 查验资金及证券　　D. 审查客户的证券投资风险承受能力

14. 我国＊ST 股票日涨跌幅度不得超过(　　)。

A. 5%　　B. 10%　　C. 15%　　D. 20%

15. 在上海证券交易所，A 股的过户费为成交面额的___，起点为___元。(　)

A. 0.1‰；1　　B. 0.05‰；5　　C. 0.1‰；5　　D. 0.05‰；1

16. 证券交易所在证券交易中有多种接受报价的方式，目前我国通过证券交易所进行的证券交易均采用(　　)方式。

A. 书面报价　　B. 口头报价　　C. 柜台报价　　D. 电脑报价

17. 章阿姨购买了500股的F股票，成交价为10.92元的F股票成交金额是5460元。深圳证券交易所免收A股过户费，按成交金额2.8‰计算佣金。则章阿姨买入F股票的实际付出为(　　)元。

A. 5500　　B. 5475.29　　C. 5480.75　　D. 5486.21

18. 证券的开盘价通过(　　)产生。

A. 集合竞价方式　　B. 连续竞价方式　　C. 公开竞价方式　　D. 网上竞价方式

19. 某A股的股权登记日除权(息)日的前收盘价为32元/股，送配方案每10股配5股，配股价为12元/股，则该股除权参考价为(　　)元/股。

A. 23.33　　B. 32　　C. 25.33　　D. 16.25

20. 交易异常情况出现后，证券交易所可视情况需要单独或同时采取技术性停牌、临时停市、暂缓进入交收等措施。证券交易所采取这些措施，要及时报告(　　)。

A. 董事会　　B. 中国结算公司　　C. 中国证监会　　D. 中国证券业协会

21. 在我国，合格境外机构投资者境内证券投资制度于(　　)启动。

A. 2000年　　B. 2002年　　C. 2004年　　D. 2006年

22. 上海证券交易所目前公布的股票价格指数不包括(　　)。

A. 分类指数类　　B. 样本指数类　　C. 专业指数类　　D. 综合指数类

23. 证券经纪商与客户的关系是(　　)。

A. 表现代理关系　　B. 指定代理关系　　C. 委托代理关系　　D. 法定代理关系

24. 下列不属于经纪业务客户账户的是(　　)。

A. 客户在中国结算公司开立的资金账户

B. 代理中国结算公司开立的各市场证券账户

C. 代理基金注册登记机构开立的开放式基金账户

D. 经核准允许受理的其他金融产品账户

25. 证券营业部日常经营管理的主要内容是(　　)。

A. 内部监管的控制管理　　B. 从业人员的日常管理

C. 客户开发的维护管理　　D. 经纪业务的营运管理

26. 证券经纪业务服务的核心是(　　)。

A. 有形服务　　B. 交易通道服务　　C. 信息咨询服务　　D. 无形服务

27. 目前，我国证券公司的营销渠道基本上是(　　)。

A. 间接销售渠道　　B. 直接销售渠道　　C. 网络销售渠道　　D. 第三方销售渠道

28. 证券公司委托证券经纪人开展证券经纪业务营销的，应当对证券经纪人进行不少于____个小时的执业前培训，其中法律法规和职业道德的培训时间不少于____个小时。(　　)

A. 60；20　　B. 50；10　　C. 40；20　　D. 60；10

29. 在证券经纪业务内部控制中，客户回访应当留痕，相关资料应当保存不少于(　　)年。

A. 3　　B. 5　　C. 8　　D. 10

30. 上海证券交易所规定，每一申购单位为____股，上限最高不得超过当次社会公众股上网发行总量的1‰，且不超过____股。(　　)

A. 1000；9999.9万　　B. 500；9999.9万

C. 500；999999500　　D. 1000；999999500

31. 新股网上定价发行时，未中签的申购款于申购日后的(　　)予以解冻。

A. 第一个交易日　　B. 第二个交易日　　C. 第三个交易日　　D. 第四个交易日

32. 根据现行有关部门制度规定，上海证券交易所上市的B股现金红利发放日为(　　)日。

A. T+2　　B. T+11　　C. T+4　　D. T+6

33. 上市公司要进行网络投票的，要提前(　　)刊登公告。

A. 60天　　B. 45天　　C. 10天　　D. 30天

34. 由证券交易所指定主办券商的退市公司，未与主办券商签订委托代办股份转让协议，或不履行基本信息披露义务的退市公司，其股份实行(　　)。

A. 每周3次的转让方式　　B. 每周5次的转让方式

C. 每周星期五转让1次的方式　　D. 不予以转让

35. 证券公司申请从事代办股份转让服务业务，应当符合的条件之一是：有(　　)家以上营业部，并且布局合理。

A. 10　　B. 15　　C. 25　　D. 20

36. 根据我国《上市公司证券发行管理办法》的规定，可转换公司债券在发行结束(　　)后方可转换为公司股票。

A. 9个月　　B. 3个月　　C. 6个月　　D. 1个月

37. 根据《证券公司监督管理条例》的规定，证券公司的证券自营账户，应当自开户之日起3个交易日内报(　　)备案。

A. 中国证监会　　B. 中国证券业协会　　C. 中国银监会　　D. 证券交易所

38. 根据《证券法》的规定，操纵证券市场的，责令依法处理非法持有的证券，没收违法所得，并处以违法所得(　　)的罚款。

A. 1倍以上2倍以下　　B. 1倍以上3倍以下

C. 1倍以上5倍以下　　D. 1倍以上10倍以下

39. 根据《证券交易所管理办法》规定，关于证券交易所对会员的证券自营业务实施的日常监督管理，下列说法错误的是(　　)。

A. 要求会员的自营买卖业务必须使用专门的股票账户和资金账户，并采取技术手段严格管理

B. 要求会员按月编制库存证券报表，并于次月10日前报送证券交易所

C. 检查开设自营账户的会员是否具备规定的自营资格

D. 每年6月30日和12月31日过后的30日内，向中国证监会报送各家会员截止到该日的证券自营业务情况

40. 证券公司在自营业务中，由于投资决策失误、规模失控，管理不善、内控不严或操作失误而使自营业务受到损失的风险是(　　)。

A. 技术风险　　B. 合规风险　　C. 经营风险　　D. 市场风险

41. 根据规定，证券公司将其所管理的客户资产投资于一家公司发行的证券，不得超过该证券发行总量的(　　)。

A. 2%　　B. 5%　　C. 10%　　D. 25%

42. 下列关于会员应当在集合资产管理计划运作期间向深圳证券交易所履行的持续报告义务说法错误的是(　　)。

A. 专用证券账户发生变更的，应于变更当日在深圳证券交易所网站“会员之家”网页的“业务在线——资产管理”栏目下更新相关资料

B. 每个交易日上午 9:00 之前在深圳证券交易所网站“会员之家”网页的“业务在线——资产管理”栏目下报备经托管机构复核的前一交易日的集合资产管理计划资产净值

C. 每个会计年度结束后 6 个月内以书面形式向深圳证券交易所报送集合资产管理计划的单项审计意见

D. 托管机构、资产管理业务分管负责人、集合资产管理计划投资主办人员变更的，应于变更当日在深圳证券交易所网站“会员之家”网页的“业务在线——资产管理”栏目下更新相关资料

43. 证券公司申报设立集合资产管理计划应按规定编制集合资产管理计划说明书。下列不属于其主要内容的是(　　)。

A. 投资理念与投资策略

B. 集合计划成立的条件和时间

C. 集合计划管理人、托管机构、推广机构简介

D. 集合计划项目的优势和不足

44. 下列不属于证券公司申请设立集合资产管理计划提交的申报材料的是(　　)。

A. 法律意见书

B. 实施规划书

C. 推广方案及推广代理协议

D. 资产托管协议及与资产托管机构的联机联网测试报告

45. 证券公司应当制作(　　)，充分揭示客户参与定向资产管理业务的市场风险、管理风险、流动性风险及其他风险，以及上述风险的含义、特征、可能引起的后果。

A.《风险预测书》　B.《风险揭示书》　C.《风险规划书》　D.《风险评估书》

46. 下列不属于资产管理业务类型的是(　　)。

A. 为客户特定目的办理专项资产管理业务

B. 为单一客户办理定向资产管理业务

C. 为多个客户办理集合资产管理业务

D. 为大客户办理综合资产管理业务

47. 下列关于融资融券业务的账户体系说法不正确的是(　　)。

A. 信用交易证券交收账户，用于客户融资融券交易的证券结算

B. 客户信用交易担保证券账户，用于记录客户委托证券公司持有、担保证券公司因向客户融资融券所生债权的证券

C. 在以证券公司名义开立的客户信用交易担保证券账户和客户信用交易担保资金账户内，不需为每一客户单独开立信用账户

D. 客户信用交易担保资金账户，用于存放客户交存的、担保证券公司因向客户融资融券所生债权的资金

48. 证券公司应当于每个交易日(　　)前向证券交易所报送当日各标的证券融资买入额、融资还款额、融资余额，以及融券卖出量、融券偿还量和融券余量等数据。

A. 18:00　　B. 21:00　　C. 22:00　　D. 24:00

49. 充抵保证金的有价证券，在计算保证金金额时，下列关于其折算率的说法错误的是(　　)。

A. 国债折算率最高不超过95%

B. 所有股票折算率最高不超过80%

C. 上证180指数成分股股票及深证100指数成分股股票折算率最高不超过70%

D. 交易所交易型开放式指数基金折算率最高不超过90%

50. 在客户融资融券期间，证券持有人的权益按“客户融资买入证券的权益归____所有、客户融券卖出证券的权益归____所有”的原则处理。(　　)

A. 客户；证券公司　　B. 证券公司；客户

C. 客户；证券交易所　　D. 证券交易商；证券公司

51. 证券公司在融资融券业务中对业务管理风险的控制不包括(　　)。

A. 制定完备的内部控制制度、业务操作规范、风险管理措施等，并加强对相关业务人员进行管理制度和业务知识的培训

B. 公司总部对业务经营情况、主要风险指标和每个客户的账户动态进行实时监控，并明确相应的处置措施，发现问题按相关规定及时处置

C. 证券公司对客户的授信和融出资金、证券均应由公司总部统一控制和办理，严禁分支机构擅自对外办理相关业务

D. 对重要的业务环节，如征信调查、合同签署、开立账户、担保品审核、授信审批等实行双人双岗复核、审批，并强制留痕

52. 下列关于融资融券业务中证券交易所的监管说法错误的是(　　)。

A. 单一证券的市场融资买入量或者融券卖出量占其市场流通量的比例达到规定的最高限额的，证券交易所可以暂停接受该种证券的融资买入指令或者融券卖出指令

B. 证券交易所应当按照业务规则，采取措施，对融资融券交易的指令进行前端检查，对买卖证券的种类、融券卖出的价格等违反规定的交易指令予以拒绝

C. 融资融券交易活动出现异常，已经或者可能危及市场稳定，有必要暂停交易的，证券交易所应当按照业务规则的规定，暂停全部或者部分证券的融资融券交易并公告

D. 证券交易所无权对每一证券的市场融资买入量和融券卖出量占其市场流通量的比例、融券卖出的价格做出限制性规定

53. 深圳证券交易所规定，债券回购交易的申报单位为张，100元标准券为1张；最小报价变动为(　　)或其整数倍。

A. 0.01元　　B. 0.05元　　C. 1元　　D. 10元

54. 经中国人民银行批准，代理其他参与者办理债券交易和结算的金融机构是(　　)。

A. 委托代理人　　B. 销售代理人　　C. 结算代理人　　D. 代理经纪人

55. 中央结算公司按照回购双方通过中央债券簿记系统发送并相匹配的回购结算指令，在融资方债券托管账户将回购成交合同指定的债券进行冻结的行为属于(　　)。

A. 委托登记　B. 抵押登记　C. 质押登记　D. 交易冻结

56. 下列关于全国银行间市场买断式回购的有关规则表述不正确的是(　　)。

A. 全国银行间市场买断式回购的期限由交易双方确定，但最长不得超过 180 天

B. 买断式回购期间，交易双方不得换券、现金交割和提前赎回

C. 全国银行间市场买断式回购以净价交易，全价结算

D. 市场参与者进行买断式回购应签订买断式回购主协议。该主协议须具有履约保证条款，以保证买断式回购合同的切实履行

57. 国债买断式回购到期购回结算的交收时点为(　　)。

A. R+3 日(R 为到期日)09:00　B. R+1 日(R 为到期日)14:00

C. R+1 日(R 为到期日)14:30　D. R+2 日(R 为到期日)14:00

58. (　　)是指在结算过程中，同时作为所有买方和卖方的交收对手并保证交收顺利完成的主体，一般由结算机构充当。

A. 担保方　B. 抵押方　C. 共同对手方　D. 管理方

59. 在面临资金或证券交收违约时，(　　)需要垫付资金或证券给守约方。

A. 证券交易所　B. 中国人民银行　C. 中国结算公司　D. 证券登记结算机构

60. 下列关于货银对付说法不正确的是(　　)。

A. 货银对付实现了资金和证券的同时划转，无法有效规避结算参与人交收违约带来的风险，降低了证券交易的安全性

B. 货银对付又称款券两讫或钱货两清

C. 根据货银对付原则，一旦结算参与人未能履行对证券登记结算机构的资金交收义务，证券登记结算机构就可以暂不向其交付其买入的证券，反之亦然

D. 货银对付是指证券登记结算机构与结算参与人在交收过程中，当且仅当资金交付时给付证券，证券交付时给付资金

二、多项选择题(本大题共 40 小题，每小题 1 分，共 40 分。以下各小题所给出的 4 个选项中，至少有两项符合题目要求。)

1. 我国证券交易所特别会员享有的权利有(　　)。

A. 列席证券交易所会员大会　B. 对证券交易所事务的提议权和表决权

C. 向证券交易所提出相关建议　D. 接受证券交易所提供的相关服务

2. 根据发行主体的不同，债券主要有(　　)。

A. 政府债券　B. 集体债券　C. 公司债券　D. 金融债券

3. 证券交易所在会员监管过程中，对存在或者可能存在问题的会员，可以根据需要采取以下(　　)措施。

A. 约见谈话　B. 要求整改　C. 口头警示　D. 专项调查

4. 证券连续交易的特点有(　　)。

A. 市场为投资者提供了交易的即时性

B. 指令执行和结算的成本相对比较低

C. 在交易过程中可以提供更多的市场价格信息

D. 批量指令可以提供价格的稳定性

5. 深圳证券交易所的托管可以概括为(　　)。

A. 自动托管　　B. 哪买哪卖　　C. 随处通买　　D. 转托不限

6. 在证券交易中，从委托价格的限制形式看，可以将委托分为(　　)。

A. 人工委托　　B. 限价委托　　C. 自助委托　　D. 市价委托

7. 下列关于委托指令有效期的说法正确的是(　　)。

A. 委托有效期满，委托指令自然失效

B. 我国现行规定的委托期为当日有效

C. 委托指令有效期一般有当日有效与约定日有效两种

D. 委托指令的有效期间，如果委托指令未能成交或未能全部成交，证券经纪商应继续执行委托

8. 连续竞价确定成交价的原则为(　　)。

A. 最高买入申报与最低卖出申报价位相同，以该价格为成交价

B. 与该价格相同的买方或卖方至少有一方全部成交的价格

C. 买入申报价格高于即时揭示的最低卖出申报价格时，以即时揭示的最低卖出申报价格为成交价

D. 卖出申报价格低于即时揭示的最高买入申报价格时，以即时揭示的最高买入申报价格为成交价

9. 在证券交易所的交易制度中，特殊交易事项包括(　　)。

A. 开盘价和收盘价的确定　　B. 除权与除息

C. 挂牌、摘牌、停牌与复牌　　D. 交易异常情况处理

10. 证券固定收益平台交易采用(　　)方式。

A. 自助交易　　B. 报价交易　　C. 询价交易　　D. 限价交易

11. 连续竞价期间，上海证券交易所和深圳证券交易所的即时行情内容包括(　　)。

A. 证券代码　　B. 最新成交价格

C. 当日最高成交价格　　D. 当日累计成交数量

12. 证券交易所会员如果发现投资者的证券交易出现异常交易行为，对情节严重的异常交易行为，证券交易所可以视情况采取的措施有(　　)。

A. 约见谈话

B. 上报中国证监会查处

C. 口头或书面警示

D. 报请中国证监会冻结相关证券账户或资金账户

13. 广大投资者不能直接进入证券交易所买卖证券的主要原因有(　　)。

A. 证券交易的专业性　　B. 证券交易方式的特殊性

C. 交易规则的严密性　　D. 操作程序的复杂性

14. 个人投资者开立证券交易结算资金账户，须提交的证件和材料有(　　)。

A. 户口本　　B. 身份证明　　C. 银行结算账户　　D. 证券账户

15. 根据客户与证券经纪业务营销人员的关系来划分，客户可分为(　　)。

A. 直接关系型　　B. 间接关系型　　C. 陌生关系型　　D. 介绍关系型

16. 根据证券经纪业务规范管理和经营监督的要求，证券公司总部应对经纪业务的(　　)实行集中管理。

A. 操作权限　　B. 客户服务　　C. 清算　　D. 交易

17. 在代理开立证券账户的过程中，经办人要查验申请人所提供资料的(　　)，在申请表单上签章后，将所有资料交复核员实时复核。

A. 真实性　　B. 有效性　　C. 完整性　　D. 一致性

18. 投资者教育和适当性管理应重点突出的内容包括(　　)。

A. 对有具体适当性管理要求、规定准入条件的交易业务，要切实按适当性管理的有关规定办理有关开户、开通交易权限等手续

B. 证券公司在进行产品和业务推介时，应当清楚说明不同产品和业务的区别，使客户充分认识不同产品和业务的风险特征，使每一个客户了解自己要购买的是什么产品、有何特点和风险

C. 要从开户环节着手风险揭示，向客户讲解有关业务合同、协议的内容，明示证券投资的风险，并由客户在《风险揭示书》上签字确认

D. 证券公司应当向客户明确告知公司的法定业务范围，帮助投资者增强自我保护意识，提高识别能力，警惕和自觉抵制各种不受法律保护的非法证券活动

19. 我国目前上市公司分红派息的主要形式有(　　)。

A. 股票股利　　B. 配股　　C. 权证　　D. 现金股利

20. 证券公司申请从事代办股份转让服务业务应具备的条件包括(　　)。

A. 有从事网上证券委托业务的资格

B. 最近5年内在证券市场没有重大违法违规行为

C. 有相应的从事代办股份转让服务业务的设施

D. 有健全的内部控制制度和风险防范机制

21. 股份转让与现有代办股份转让系统的股份转让和证券交易所市场的股票交易不同之处有(　　)。

A. 挂牌公司属性不同　　B. 转让方式不同

C. 信息披露标准不同　　D. 结算方式不同

22. 证券公司代办股份转让服务，应该遵守(　　)原则，不得损害投资者的合法权益。

A. 公正　　B. 公平　　C. 公开　　D. 公允

23. 证券公司应建立健全自营业务信息报告制度，自觉接受外部监督，报告内容包括(　　)。

A. 自营风险监控报告

B. 自营业务账户、席位情况

C. 涉及自营业务规模、风险限额、资产配置、业务授权等方面的重大决策

D. 投资决策执行情况

24. 证券自营业务的特点包括(　　)。

A. 买卖的间接性　　B. 交易的风险性　　C. 收益的稳定性　　D. 决策的自主性

25. 下列属于内幕交易的行为有(　　)。

A. 内幕信息的知情人利用内幕信息买卖证券或者根据内幕信息建议他人买卖证券

B. 内幕信息的知情人向他人透露内幕信息，使他人利用该信息进行内幕交易

C. 非法获取内幕信息的人利用内幕信息买卖证券或者建议他人买卖证券

D. 利用不转移所有权自买自卖的方式人为地控制价格

26. 专项资产管理业务的特点主要有(　　)。

A. 较严格的信息披露　　B. 特定性

C. 综合性　　D. 通过专门账户经营运作

27. 资产管理业务存在的风险主要有(　　)。

A. 合规风险　　B. 经营风险　　C. 市场风险　　D. 管理风险

28. 资产托管机构办理集合资产管理计划资产托管业务应当履行的职责有(　　)。

A. 出具资产托管报告

B. 安全保管集合资产管理计划资产

C. 执行证券公司的投资或者清算指令，并负责办理集合资产管理计划资产运营中的资金往来

D. 监督证券公司集合资产管理计划的经营运作，发现证券公司的投资或清算指令违反法律、行政法规、中国证监会的规定或者集合资产管理合同约定的，应当要求改正；未能改正的，应当拒绝执行，并向中国证监会报告

29. 在集合资产管理计划中，客户主要承担的义务有(　　)。

A. 保证委托资产来源及用途的合法性

B. 根据集合资产管理合同的约定，参与和退出集合资产管理计划

C. 按合同约定承担投资风险

D. 不得非法汇集他人资金参与集合资产管理计划

30. 下列关于集合资产管理业务运作中内控制度说法正确的是(　　)。

A. 投资主办人员须具有 5 年以上证券自营、资产管理或证券投资基金从业经历，且应当具备良好的职业道德，无不良行为记录

B. 严格执行相关会计制度的要求，为集合资产管理计划建立独立完整的账户、核算、报告、审计和档案管理制度

C. 对集合资产管理业务实行集中统一管理，建立严格的业务隔离制度

D. 建立集合资产管理计划投资主办人员制度，即应当指定专门人员具体负责每一个集合资产管理计划的投资管理事宜

31. 证券公司申请融资融券业务试点应当具备的条件包括(　　)。

A. 公司治理健全，内部控制有效，能有效识别、控制和防范业务经营风险和内部管理风险

B. 经营证券经纪业务已满 5 年，且已被中国证券业协会评审为创新试点类证券公司

C. 客户资产安全、完整，客户交易结算资金第三方存管方案已经证监会认可，且已对实施进度作出明确安排

D. 已完成交易、清算、客户账户和风险监控的集中管理，对历史遗留的不规范账户已设定标识并集中监控

32. 证券公司融资融券业务客户选择的具体标准包括(　　)。

A. 关联关系：非证券公司股东或关联人

B. 投资风格及业绩：投资风格稳健，无重大失误和损失，有一定的风险承受能力

C. 信誉状况：客户信誉良好，无重大违约记录

D. 从事证券交易时间：要求客户在申请开展融资融券业务的证券公司所属营业部开设普通证券账户并从事交易满半年以上(试点初期一般都要求满 18 个月以上)

33. 融资融券业务合同中约定融资融券特定的财产信托关系，具体包括(　　)。

A. 信托财产来源　　B. 信托财产的处分

C. 信托财产范围　　D. 信托财产的管理

34.《融资融券交易风险揭示书》至少应包括的内容有(　　)。

A. 提示客户在开户从事融资融券交易前，必须了解所在的证券公司是否具有开展融资融券业务的资格

B. 提示客户在从事融资融券交易期间，如果其信用资质状况降低，证券公司会相应降低对其的授信额度，或者证券公司提高相关警戒指标、平仓指标所产生的风险，可能会给客户造成的经济损失

C. 提示客户应妥善保管信用账户卡、身份证件和交易密码等资料。如客户将信用账户、身份证件、交易密码等出借给他人使用，由此造成的后果由客户承担

D. 提示客户注意融资融券交易具有普通证券交易所具有的政策风险、市场风险、违约风险、系统风险等各种风险，以及其特有的投资风险放大等风险

35. 证券登记按证券种类可以划分为(　　)。

A. 基金登记　　B. 债券登记　　C. 股份登记　　D. 权证登记

36. 开展融资融券业务试点的证券公司从事融资融券业务应遵守的原则包括(　　)。

A. 独立运行原则　　B. 集中管理原则　　C. 合法合规原则　　D. 岗位分离原则

37. 全国银行间市场债券交易采用询价交易方式，其交易步骤主要包括(　　)。

A. 格式化询价　　B. 自主报价　　C. 虚拟交易　　D. 确认成交

38.《全国银行间债券市场交易管理办法》规定，债券回购业务参与者有下列(　　)行为之一的，由中国人民银行给予警告，并可处 3 万元人民币以下的罚款，可暂停或取消其债券交易业务资格。

A. 擅自交易未经批准上市债券　　B. 制造并提供虚假资料和交易信息

C. 擅自从事借券、租券等融券业务　　D. 操纵债券交易价格，或制造债券虚假价格

39. 股份登记包括下列(　　)。

A. 送股(或转增股本)登记　　B. 增发新股登记

C. 首次公开发行登记　　D. 配股登记

40. 证券交易从结算的时间安排来看，可以分为(　　)。

A. 滚动交收　　B. 按月交收　　C. 会计日交收　　D. 按周交收

三、判断题(本大题共 60 小题，每小题 0.5 分，共 30 分。判断以下各小题的对错，正确的为 A，错误的为 B。)

1. 申请设立的证券公司的主要股东应满足的条件之一是最近 2 年无重大违法违规记录。(　　)
2. 证券投资者是买卖证券的主体，可以是自然人，也可以是法人。(　　)
3. 证券交易所交易席位一般不得退回，但在一定条件下允许转让。(　　)
4. 证券公司只能为投资者提供代理证券买卖的中介服务。(　　)
5. 上海证券交易所和深圳证券交易所先后于 1992 年 12 月 3 日和 1993 年 11 月 19 日开业。(　　)
6. 中国证券登记结算有限责任公司在上海和郑州两地各设立了一个分公司。(　　)
7. 证券的稳定性是证券市场生存的条件。(　　)
8. 证券交易的基本过程包括开户、委托、申报和结算等步骤。(　　)
9. 证券账户是指中国结算公司为申请人开出的记载其证券持有及变更的权利凭证。(　　)
10. 证券存管一般指证券公司将投资者交给其保管的证券以及自身持有的证券统一送交给证券登记结算机构保管，并由后者代为处理有关证券权益事务的行为。(　　)

11. 证券经纪商接受投资者委托指令后进行申报的原则是“时间优先”“价格优先”。(　　)
12. 存管银行负责根据中国结算公司发送的结算数据和存管银行发送的客户资金存取数据完成客户资金的清算。(　　)
13. 上海证券交易所规定，接受会员竞价交易申报时间为每个交易日9:15~11:30，13:00~15:00。(　　)
14. 在委托未成交之前，客户有权变更和撤销委托。证券营业部申报竞价成交后，买卖即告成立，成交部分不得撤销。(　　)
15. 除权(息)日的证券买卖，除了证券交易所另有规定外，按除权(息)参考价作为计算涨跌幅度的基准。(　　)
16. 现行交易规则规定，出现无法申报的交易席位数量超过证券交易所已开通席位总数的15%以上的交易异常情况，证券交易所要实行临时停市。(　　)
17. 证券指数设置和编制的具体方法由中国证监会规定。(　　)
18. 每个合格境外机构投资者只能委托一个托管人，且不可以更换托管人。(　　)
19. 上市公司出现符合撤销退市风险警示的情形，深圳证券交易所自动撤销退市风险警示。(　　)
20. 我国A股实行次交易日起回转交易。(　　)
21. 客户开立资金账户，应到证券公司营业部柜台提出书面申请。(　　)
22. 目前，按照我国相关证券市场法律法规的规定，证券公司在开展经纪业务的过程中，不可以代销基金产品或开展期货中间介绍业务。(　　)
23. 委托柜台在为客户办理委托业务时，应严格按照时间优先的原则，不得漏报或插报。(　　)
24. 记账式国债通过招投标或其他方式发行的，中国结算公司根据财政部和证券交易所相关文件确认的结果，建立证券持有人名册，完成初始登记。(　　)
25. 证券营业部负责人应当至少每2年强制离岗一次，强制离岗时间应当连续不少于30个工作日。(　　)
26. 证券经纪业务是一种代理活动，证券经纪商可以以自己的资金进行证券买卖，承担交易中证券价格涨跌的风险。(　　)
27. 深圳证券交易所规定，申购单位为1000股。(　　)
28. 新股网上竞价发行是事先确定发行底价的，由发行时竞价决定发行价。(　　)
29. 所谓代办股份转让服务业务，是指证券公司以其自有而非租用的业务设施，为上市公司提供的股份转让服务业务。(　　)
30. 投资者参与股份转让，必须开立非上市公司股份转让账户。(　　)
31. T日内买入基金份额自T+1日开始可以在深圳证券交易所卖出或赎回。(　　)
32. 买卖、申购、赎回ETF的基金份额时，当日买入的基金份额，同日内不可以赎回，可以卖出。(　　)
33. 保荐机构、承销的证券公司、证券交易所、证券登记结算机构、证券服务机构的有关人员属于证券交易内幕信息的知情人。(　　)
34. 根据《证券法》的规定，证券公司从事证券自营业务，应当以公司名义建立证券自营账户，并报中国证券业协会备案。(　　)

35. 根据证券公司自营业务的特点和管理要求，证券公司应通过合理的预警机制、严密的账户管理、严格的资金审批调度、规范的交易操作及完善的交易记录保存制度等，控制自营业务运作风险。(　　)
36. 为单一客户办理定向资产管理业务是指证券公司与单一客户签订定向资产管理合同，通过该客户的账户为客户提供资产管理服务的一种业务。其特点是投资范围有限定性和非限定性之分。(　　)
37. 证券公司设立集合资产管理计划的，应当自中国证监会出具无异议意见或者作出批准决定之日6个月内启动推广工作，并在60个工作日内完成设立工作并开始投资运作。(　　)
38. 同一客户只能办理一个上海证券交易所专用证券账户和一个深圳证券交易所专用证券账户。(　　)
39. 证券公司应当按照股票投资的结算模式办理集合资产管理计划的结算业务。(　　)
40. 集合资产管理计划申购新股，不设申购上限，所申报的金额可以超过该计划的总资产，所申报的数量不得超过拟发行股票公司本次发行股票的总量。(　　)
41. 资产管理业务的经营风险主要是指证券公司在资产管理业务中投资决策或操作失误而使管理的客户资产受到损失。(　　)
42. 证券公司未经批准，用多个客户的资产进行集合投资，或者将客户资产专项投资于特定目标产品的，依照《证券法》第二百一十九条的规定处罚，即责令改正，没收违法所得，并处以违法所得1倍以上10倍以下的罚款；没有违法所得或者违法所得不足20万元的，处以20万元以上60万元以下罚款；情节严重的，责令关闭。(　　)
43. 证券公司应当建立完备的定向资产管理业务合规检查制度，对业务合法合规性进行事前审查、事中监控、事后检查，发现重大问题的，应当及时向公司注册地中国证监会派出机构报告。(　　)
44. 中国证监会印发《关于开展证券公司融资融券业务试点工作的指导意见》规定，首批申请试点的证券公司应当满足的条件之一是最近6个月净资本均在50亿元以上。(　　)
45. 证券公司分支机构可自行决定签约、开户、授信、保证金收取等业务事项。(　　)
46. 投资经验、诚信记录和还款能力属于客户征信调查的内容。(　　)
47. 证券公司对客户融资融券的比例不低50%，期限不超过12个月。(　　)
48. 在证券融资融券交易中，未了结相关融券交易前，客户融券卖出所得价款除买券还券外还可以挪作他用。(　　)
49. 在融资融券交易中，标的证券为股票的，融资买入标的股票的流通股本不少于2亿股或流通市值不低于10亿元，融券卖出标的股票的流通股本不少于1亿股或流通市值不低于12亿元。(　　)
50. 证券交易所可根据市场情况调整可充抵保证金证券的名单和折算率。证券公司公布的可充抵保证金证券的名单，可以超出证券交易所公布的可充抵保证金证券范围。(　　)
51. 证券公司融资融券业务的客户信用风险主要是指由于客户违约，不能偿还到期债务而导致证券公司损失的可能性。(　　)
52. 在以证券公司名义开立的客户信用交易担保证券账户和客户信用交易担保资金账户内，应当为客户集中开立信用账户。(　　)
53. 在债券质押式回购交易中，融券方是指在债券回购交易中融入资金、出质债券的一方。(　　)

54. 遇中国人民银行调整存款利率的，中国结算公司按调整前后利率分段计算利息。(　　)
55. 格式化询价是指全国银行间债券回购参与者必须按照交易系统规定的格式内容填报自己的交易意向。未按规定做的报价为无效报价。(　　)
56. 全国银行间债券市场回购期限是首次交收日至到期交收日的实际天数，以天为单位，含首次交收日，不含到期交收日。(　　)
57. 证券交易所买断式回购采用“两次成交、一次结算”的方式。(　　)
58. 2008 年，深圳证券交易所规定国债、企业债、公司债等可参与回购的债券均可折成标准券，并可合并计算，不再区分国债回购和企业债回购。(　　)
59. 净额清算又称差额清算，分为单边净额清算和多边净额清算。(　　)
60. 中国人民银行各分支机构对辖内金融机构的债券交易活动进行日常监督。(　　)

模拟试卷(四)

一、单项选择题(本大题共 60 小题，每小题 0.5 分，共 30 分。以下各小题所给出的 4 个选项中，只有一项最符合题目要求。)

1. 非银行金融机构依照法定程序发行并约定在一定期限内还本付息的有价证券是(　　)。
   A. 公司债券　B. 金融债券　C. 政府债券　D. 地方债券
2. 创业板于(　　)在深圳证券交易所开市。
   A. 2006 年 1 月 1 日　B. 2010 年 3 月 31 日
   C. 2009 年 10 月 1 日　D. 2009 年 10 月 30 日
3. 按照交易对象的品种划分，证券交易的种类不包括(　　)。
   A. 股票交易　B. 回购交易
   C. 金融衍生工具交易　D. 基金交易
4. 金融期货交易是指以(　　)为对象进行的流通转让活动。
   A. 权证　B. 金融期货合约　C. 股票　D. 金融衍生产品
5. 证券公司经营证券承销与保荐、证券自营、证券资产管理业务的，其注册资本不得低于人民币(　　)亿元。
   A. 1　B. 3　C. 5　D. 6
6. 以下关于证券连续交易的说法，不正确的是(　　)。
   A. 交易一定是连续的
   B. 两个投资者下达的买卖指令，只要符合成交条件就可以立即成交
   C. 在营业时间里订单匹配可以连续不断地进行
   D. 市场为投资者提供了交易的即时性是其特点之一
7. 证券市场的稳定性可以用(　　)来衡量。
   A. 市场价格的波动性　B. 市场指数的波动性
   C. 市场指数的风险度　D. 市场价格的风险度
8. 证券交易方式可以从不同的角度来认识。如果投资者在买卖证券时允许向经纪人融资融券则发生(　　)。
   A. 回购交易　B. 期货交易　C. 信用交易　D. 远期交易

9. 上海证券交易所和深圳证券交易所的组织形式是(　　)。
A. 公司制　　B. 会员制　　C. 合同制　　D. 承包制

10. 投资者向经纪商下达买进或卖出证券的指令，称为(　　)。
A. 结算　　B. 开户　　C. 申报　　D. 委托

11. 下列关于证券交易所交易系统成交的说法错误的是(　　)。
A. 根据订单的成交规则进行撮合配对，符合成交条件的予以成交
B. 在订单匹配原则方面，我国采用价格优先和时间优先原则
C. 在成交价格确定方面，一种情况是通过买卖双方直接竞价形成交易价格；另一种情况是交易价格由交易商报出，投资者接受交易商的报价后即可与交易商进行证券买卖
D. 根据订单的成交规则进行撮合配对。不符合成交条件的订单失效，超过了委托时效的继续等待成交

12. 按我国现行的做法，投资者入市应事先到证券登记结算公司及其代理点开立(　　)。
A. 资金账户　　B. 证券账户　　C. 结算账户　　D. 委托账户

13. 下列关于人民币特种股票账户的表述不正确的是(　　)。
A. B 股账户是我国目前用途最广、数量最多的一种通用型证券账户
B. 人民币特种股票账户简称 B 股账户
C. B 股也称境内上市外资股
D. 按持有人分可以分为境内投资者证券账户和境外投资者证券账户

14. 填写委托单时，填写证券名称的方法不包括(　　)。
A. 简称　　B. 全称　　C. 代码　　D. 英文缩写

15. 在证券交易的方式中，回购交易更多地具有(　　)的属性。
A. 短期融资　　B. 中期融资　　C. 长期融资　　D. 短期融券

16. 证券营业部接受投资者委托后应按(　　)原则进行申报竞价。
A. 时间优先　　B. 价格优先
C. 时间优先，客户优先　　D. 价格优先，时间优先

17. 实践中，对于证券公司与客户之间的证券清算交收，一般由(　　)根据成交纪律按照业务规则自动办理。
A. 中国结算公司　　B. 证券交易所　　C. 证券公司　　D. 存管银行

18. 在指数计算中，大宗交易(　　)。
A. 纳入综合指数计算　　B. 纳入成分指数计算
C. 不纳入指数计算　　D. 纳入分类指数计算

19. 证券交易所证券交易的收盘价为当日该证券最后一笔交易前(　　)所有交易的成交量加权平均价。
A. 1 分钟　　B. 2 分钟　　C. 3 分钟　　D. 5 分钟

20. 根据我国现行的交易规则，证券交易所证券交易的开盘价为(　　)。
A. 当日该证券的最高一笔成交价　　B. 当日该证券的最低一笔成交价
C. 该证券上一交易日的最后一笔成交价　　D. 当日该证券的第一笔成交价

21. 固定收益平台的交易时间为(　　)。
A. 9:30～11:30，13:00～14:00　　B. 9:30～11:30，13:00～15:00
C. 9:30～11:30，13:30～15:30　　D. 9:30～11:30，13:30～14:30

22. 证券的开盘价通过集合竞价方式产生，不能产生开盘价的，以(　　)产生。
A. 市场定价方式　B. 连续竞价方式　C. 限价方式　D. 申报价方式
23. 在证券经纪业务中，证券公司的业务收入为(　　)。
A. 证券买卖差价　B. 垫付资金利息　C. 佣金　D. 财政拨款
24. (　　)是指客户交易结算资金第三方存管协议中的客户证券资金台账。
A. 证券委托账户　B. 证券交易账户　C. 资金账户　D. 证券账户
25. 证券投资者在证券营业部开立资金账户时不须签署的文件是(　　)。
A. 保密协议　B. 风险揭示书
C. 买者自负承诺函　D. 证券贸易委托代理协议书
26. 境内法人申请开立资金账户时，经办人需通过(　　)查验客户提交的证券账户的状态。
A. 中国证监会　B. 证券交易所
C. 证券登记结算系统　D. 工商管理系统
27. 自然人客户开办资金管理账户开户申请的方法不包括(　　)。
A. 客户本人办理开户　B. 委托他人代办开户
C. 授权他人以本人名义开户　D. 授权他人代理证券交易
28. 资金账户管理的不包括(　　)。
A. 资金账户的开户和销户　B. 交易委托方式及操作权限
C. 指定或撤销指定交易　D. 非交易过户
29. 证券经纪业务营销活动的第一个环节是(　　)。
A. 客户服务　B. 选择营销渠道　C. 客户促成　D. 客户招揽
30. 投资者通过上海证券交易所股东大会网络投票系统进行投票时，买卖方向为(　　)。
A. 卖出　B. 买入　C. 买入或卖出　D. 不申报买卖方向
31. 若出现不足转换 1 股的可转换债券余额时，应在 T+1 日交收时由发行公司通过证券登记结算公司(　　)。
A. 代为保管　B. 以现金兑付　C. 零股凑整　D. 延期支付
32. 利用证券交易所的交易系统，新股发行主承销商在证券交易所挂牌销售，投资者通过证券经纪商进行申购的发行方式是(　　)。
A. 网上发行　B. 配售发行　C. 网下发行　D. 上市发行
33. 根据现行有关部门制度规定，上海证券交易所上市的 B 股现金红利派发权益登记日为(　　)。
A. T+2 日　B. T+4 日　C. T+11 日　D. T+6 日
34. 投资者通过深圳证券交易所交易系统投票的要点中，对于采用累积投票制的议案，在“委托数量”下填报表决意见，2 股代表(　　)。
A. 同意　B. 弃权　C. 反对　D. 交易双方
35. 代办股价转让的基本规则要求，股份转让公司的股份必须按照有关规定重新确认、登记和托管后方可进行股份转让，这些工作由(　　)负责办理。
A. 证券交易所　B. 股份转让公司　C. 证券清算机构　D. 证券登记结算机构
36. 代办股份转让服务业务是指证券公司以其自有或租用的业务设施，为(　　)提供的股份转让服务业务。
A. 非上市公司　B. 上市公司　C. 申报公司　D. 亏损公司

37. 证券自营业务的特点不包括(　　)。

A. 高回报性　　B. 交易的风险性

C. 收益的不确定性　　D. 决策的自主性

38. 证券自营业务原始凭证以及有关业务文件、资料、账册、报表和其他必要的材料至少妥善保存(　　)。

A. 30 年　　B. 20 年　　C. 10 年　　D. 5 年

39. 机构或个人利用其资金、信息等优势，影响证券交易价格或交易量，制造证券交易假象，诱导或者致使投资者在不了解事实真相的情况下作出证券投资决定，扰乱证券市场秩序，以达到获取利益或减少损失的目的的行为是(　　)。

A. 内幕交易　　B. 操纵市场　　C. 幕后交易　　D. 诱导交易

40. 根据《证券公司监督管理条例》的规定，下列说法不正确的是(　　)。

A. 证券公司违反规定委托他人代为买卖证券，情节严重的，暂停或者撤销其相关证券业务许可。对直接负责的主管人员和其他直接责任人员，给予警告，并处以 1 万元以上 5 万元以下的罚款；情节严重的，撤销任职资格或者证券从业资格

B. 证券自营业务投资范围或者投资比例违反规定的，责令改正，给予警告，没收违法所得，并处以违法所得 1 倍以上 5 倍以下的罚款

C. 证券公司未按照规定将证券自营账户报证券交易所备案的，对直接负责的主管人员和其他直接责任人员单处或者并处警告、3 万元以上 10 万元以下的罚款

D. 证券公司未按照规定将证券自营账户报证券交易所备案的，情节严重的，撤销任职资格或者证券从业资格

41. 证券公司从事定向资产管理业务，买卖证券交易所的交易品种，应当使用定向资产管理(　　)证券账户。

A. 普通　　B. 特定　　C. 结算　　D. 专用

42. 下列不属于证券公司开展定向资产管理业务应遵循的基本原则的是(　　)。

A. 健全制度，规范运作　　B. 客户为主，注重服务

C. 公平公正，诚实守信　　D. 投资风险，客户自担

43. 下列关于上海证券交易所信息披露与报告有关规定说法错误的是(　　)。

A. 发生投资者巨额退出或出现其他可能对集合资产管理计划的持续运作产生重大影响的，应在发生之日起 10 个工作日内以书面形式向上海证券交易所报告有关情况

B. 因证券市场波动等外部因素致使组合投资比例不符合集合资产管理合同约定的，应在有关事实 10 个工作日内进行调整，并于调整次日以书面形式向上海证券交易所报告调整情况

C. 集合资产管理规模在开始运作之日起 6 个月内首次达到合同约定比例的，应于次日以书面形式向上海证券交易所报告达到的日期及投资组合情况

D. 集合资产管理计划开始投资运作后，应通过会籍办理系统，在每月前 5 个工作日内，向上海证券交易所提供上月资产净值(包括上月中每个工作日的资产净值)

44. 关于中国证监会对证券公司申请设立集合资产管理计划的受理，下列说法不正确的是(　　)。

A. 证券公司已申报的集合资产管理计划尚在审核期间，中国证监会暂不受理其设立新的集合资产管理计划的申请

B. 证券公司已核准的集合资产管理计划未开始运作之前，中国证监会可以受理其设立新的集合资产管理计划的申请

C. 证券公司注册地中国证监会派出机构应当按照有关规定对申报材料进行审查，并自中国证监会决定受理其申报材料后 10 个工作日内，将对申报材料的书面意见报送到中国证监会

D. 中国证监会自收到申报材料后对申报材料的齐备性进行审查，并书面通知证券公司是否受理其申请

45. 证券公司从事证券资产管理业务，接受一个客户的单笔委托资产价值低于规定的最低限额；投资范围或者投资比例违反规定的，责令改正，给予警告，没收违法所得，并处以违法所得(　　)的罚款。

A. 1 倍以上 3 倍以下　　B. 2 倍以上 5 倍以下

C. 1 倍以上 5 倍以下　　D. 2 倍以上 8 倍以下

46. 下列(　　)不属于证券公司在开展资产管理业务中禁止的行为。

A. 利用客户委托资产进行内幕交易、操纵证券价格

B. 对客户投资收益或者赔偿投资损失作出承诺

C. 经客户允许，将定向资产管理客户委托资产用于融资或者担保

D. 通过报刊、电视、广播、互联网和其他公共媒体公开推介具体的定向资产管理业务方案和集合资产管理计划

47. 证券公司、托管机构应当保证客户能够按照集合资产管理合同约定的时间和方式，至少(　　)披露一次集合计划份额净值。

A. 每日　　B. 每周　　C. 每月　　D. 每季

48. 在证券交易所或者国务院批准的其他证券交易场所进行的证券交易中，证券公司向客户出借资金供其买入证券或者出借证券供其卖出，并由客户交存相应担保物的经营活动是(　　)。

A. 融资融券业务　　B. 证券投资业务　　C. 资金托管业务　　D. 债券回购业务

49. 证监会根据审慎监管的原则，批准符合规定条件的证券公司开展融资融券业务试点。关于证券公司申请融资融券业务试点应当具备的条件表述不正确的是(　　)。

A. 财务状况良好，最近 3 年各项风险控制指标持续符合规定，最近 6 个月净资本均在 10 亿元以上

B. 已制定切实可行的融资融券业务试点实施方案和内部管理制度，具备开展融资融券业务试点所需的专业人员、技术系统、资金和证券

C. 经营证券经纪业务已满 3 年，且已被中国证券业协会评审为创新试点类证券公司

D. 公司及其董事、监事、高级管理人员最近 2 年内未因违法违规经营受到行政处罚和刑事处罚，且不存在因涉嫌违法违规正被证监会立案调查或者正处于整改期间的情形

50. 证券公司对融资融券业务要实行集中统一管理。下列相关说法错误的是(　　)。

A. 业务决策部门负责融资融券业务的具体管理和运作，制定融资融券合同的标准文本，确定对具体客户的授信额度，对分支机构的业务操作进行审批、复核和监督

B. 公司应建立完备的融资融券业务管理制度、决策与授权体系、操作流程和风险识别、评估与控制体系

C. 分支机构在公司总部的集中监控下，按照公司的统一规定和决定，具体负责客户征信、签约、开户、保证金收取和交易执行等业务操作

D. 董事会负责制定融资融券业务的基本管理制度，确定与融资融券业务有关的部门设置及各部门职责，确定融资融券业务的总规模

51. 个人客户申请开立信用证券账户和信用资金账户应向证券公司提交的材料不包括(　　)。

A. 专用于信用交易的银行卡

B. 银行及客户已盖章、签字的客户信用资金存管协议

C. 本人普通资金账户卡(或开户协议原件)、普通证券账户卡原件及复印件

D. 担保人身份证明原件及复印件

52. 客户通过其信用证券账户申报卖券，结算时卖出证券所得资金直接划转至证券公司融资专用账户的一种还款方式是(　　)。

A. 股票还款　　B. 直接还款　　C. 卖券还款　　D. 间接还款

53. 客户融资买入证券时，融资保证金比例不得低于(　　)。

A. 40%　　B. 50%　　C. 60%　　D. 65%

54. 开展债券回购交易业务的主要场所不包括(　　)。

A. 上海证券交易所　　B. 深圳证券交易所

C. 郑州期货市场　　D. 全国银行间同业拆借中心

55. 2002 年 12 月 30 日和 2003 年 1 月 3 日，上海证券交易所和深圳证券交易所分别推出了(　　)。

A. 质押式回购交易　　B. 政策性金融债回购交易

C. 分离债回购交易　　D. 企业债券回购交易

56. 下列关于证券交易所债券质押式回购交易流程说法不正确的是(　　)。

A. 应当要求投资者提交质押券，填写"质押券提交申请表"

B. 证券公司营业部接受投资者的债券质押式回购交易委托时，应事先向投资者提交《债券回购交易风险提示书》

C. 营业部应对投资者证券账户内可用于债券回购的标准券余额进行检查。标准券余额不足的，债券回购的申报无效

D. 债券回购交易申报中，融资方按"卖出"(S)予以申报，融券方按"买入"(B)予以申报

57. 经中国人民银行批准、可在全国银行间债券市场交易的政府债券、中央银行债券和金融债券等记账式债券是(　　)。

A. 地方银行间债券市场回购的债券　　B. 金融债券市场回购的债券

C. 中央银行债券市场回购的债券　　D. 全国银行间债券市场回购的债券

58. 《全国银行间债券市场债券交易规则》规定，全国银行间债券市场回购期限最短为____，最长为____。(　　)

A. 1 天；1 年　　B. 2 天；1 年　　C. 5 天；2 年　　D. 1 天；2 年

59. 某客户持有上海证券交易所上市 96 国债(6)现券 1 万手。该国债当日收盘价为 115.06 元，当月的标准券折算率为 1.28。该客户最多可回购融入的资金是(不考虑交易费用)(　　)。

A. 1150.6 万元　　B. 1280 万元　　C. 1472.8 万元　　D. 640 万元

60. 关于变更登记，下列相关的表述错误的是(　　)。

A. 其他变更登记包括证券司法冻结、质押、权证创设与注销、权证行权、可转换公司债券转股、可转换公司债券赎回或回售、交易型开放式指数基金申购或赎回等引起的变更登记

B. 变更登记包括证券过户登记和其他变更登记

C. 变更登记指由证券登记结算机构执行并确认记名证券过户的行为

D. 集中交易过户登记是指符合法律规定和程序的因股份协议转让、司法扣划、行政划拨、继承、捐赠、财产分割、公司购并、公司回购股份和公司实施股权激励计划等原因，发生的记名证券在出让人、受让人或账户之间的变更登记

二、多项选择题(本大题共 40 小题，每小题 1 分，共 40 分。以下各小题所给出的 4 个选项中，至少有两项符合题目要求。)

1. 下列属于政府债券的有(　　)。

A. 建设债券　　B. 可转换债券　　C. 国债　　D. 地方债

2. 下列关于证券交易主要特征的表述中，正确的有(　　)。

A. 证券只有通过流动才具有较强的变现能力

B. 证券的流动性、收益性和安全性三者之间互相联系

C. 证券所具有的变现能力，在一定程度上关系到证券持有者收益的实现

D. 证券在流动中也存在因其价格变化给持有者带来损失的风险

3. 证券市场流动性包含(　　)方面的要求。

A. 高效率　　B. 成交速度　　C. 成交价格　　D. 低成本

4. 金融衍生工具交易包括(　　)。

A. 权证交易　　B. 金融期货交易　　C. 金融期权交易　　D. 可转换债券交易

5. 委托指令根据委托时效限制的分类分为(　　)。

A. 当日委托　　B. 开市委托　　C. 收市委托　　D. 当周委托

6. 证券交易所在证券交易中接受报价的方式主要有(　　)。

A. 电脑报价　　B. 书面报价　　C. 口头报价　　D. 市场报价

7. 下列各项中，属于委托指令的基本要素的是(　　)。

A. 证券账号　　B. 交易单元代码　　C. 证券数量　　D. 买卖方向

8. 证券交易所竞价的结果有下列(　　)几种可能。

A. 全部成交　　B. 推迟成交　　C. 部分成交　　D. 不成交

9. 证券交易所终止证券上市交易，并予以摘牌的情形有(　　)。

A. 证券上市期届满　　B. 证券亏损严重

C. 依法不再具备上市条件　　D. 净资产价值不足

10. 证券交易所证券交易全部或部分不能正常进行是指(　　)等情形。

A. 无法正常开始交易　　B. 交易结果异常

C. 交易无法正常结束　　D. 无法连续交易

11. 下列关于一级交易商的表述正确的是(　　)。

A. 是指经过上海证券交易所核准，在固定收益平台交易中持续提供双边报价及对询价提供成交报价的交易商

B. 一级交易商对固定收益证券做市时，应该选定做市品种

C. 一级交易商对做市品种的双边报价，应当是确定报价

D. 是指经过上海证券交易所核准，取得固定收益平台交易参与资格的证券公司、基金管理公司、财务公司、保险资产管理公司及其他机构

12. 上海证券交易所目前公布的指数包括(　　)。

A. 上证 A 股指数　B. 上证国债指数　C. 上证 100 指数　D. 上证红利指数

13. 下列关于证券经纪业务特点的表述正确的是(　　)。

A. 客户的权威性，证券经纪商有义务严格按照委托人的要求办理委托事务，如证券经纪商无故违反委托人的指令并使委托人遭受损失，证券经纪商应承担赔偿责任

B. 证券经纪业务是一种代理活动，证券经纪商可以以自己的资金进行证券买卖，承担交易中证券价格涨跌的风险

C. 所有上市交易的股票和债券都是证券经纪业务的对象

D. 证券经纪商泄露客户资料而造成客户损失，证券经纪商应承担赔偿责任

14. 在具备证券账户的基础上，客户与证券经纪商建立特定的经纪关系，这一关系的建立过程包括(　　)。

A. 客户在证券营业部开立证券交易资金账户

B. 证券经纪商向客户讲解有关业务规则、协议内容和揭示风险，并请客户签署《风险揭示书》和《客户须知》

C. 客户与证券经纪商签订《证券交易委托代理协议书》

D. 与其选择的指定商业银行、证券经纪商签订《客户交易结算资金第三方存管协议书》

15. 在证券经纪关系中，客户是(　　)。

A. 代理人　B. 受托人　C. 授权人　D. 委托人

16. 在证券经纪业务中，证券经纪商的义务主要有(　　)。

A. 必须忠实办理受托业务　B. 按规定收取服务费用

C. 坚持为客户保密制度　D. 如实记录客户资金和证券的变化

17. 证券账户管理包括(　　)。

A. 证券账户的开立　B. 证券账户卡挂失补办

C. 证券账户的合并与注销　D. 非交易过户

18. 办理客户交易结算资金三方存管业务的模式有(　　)。

A. 一步式开户　B. 多步式开户　C. 二步式开户　D. 托管式开户

19. 新股网上定价发行与网上竞价发行的不同之处主要有(　　)。

A. 认购成功者的确认方式不同　B. 发行场所的确定方式不同

C. 发行价格的确定方式不同　D. 发行时间的确定方式不同

20. 股票网上发行的优点包括(　　)。

A. 经济性　B. 连续性　C. 封闭性　D. 高效性

21. 证券公司受期货公司委托从事介绍业务，应当提供的服务有(　　)。

A. 协助办理开户手续　B. 期货经纪业务

C. 提供期货行情信息，交易设施　D. 接受投资者的保证金

22. 同时满足(　　)条件的股份转让公司，股份实行每周 5 次(周一至周五)的转让的方式。

A. 股东净利润为正值

B. 规范履行信息披露义务

C. 股东权益为正值

D. 最近年度财务报告未被注册会计师出具否定意见或拒绝发表意见

23. 根据证券公司自营业务的特点和管理要求，自营业务运作管理重点主要有下列(　　)方面。

A. 确定运作原则　B. 规避市场风险　C. 建立运作流程　D. 专人负责清算

24. 根据证券公司自营业务的特点和管理要求，应明确自营部门在日常经营中(　　)等原则。

A. 项目集中度控制　B. 资产配置比例控制

C. 自营总规模的控制　D. 单个项目规模控制

25. 证券公司加强自律管理的主要措施包括(　　)。

A. 为上市公司提供服务的人员与自营业务决策的人员分离

B. 在思想上提高认识，自觉地不利用内幕信息从事证券自营买卖，维护市场的正常交易秩序

C. 严格保密纪律，有机会获取内幕信息的从业人员不泄露、不利用内幕信息，非参与企业服务的人员自觉做到不打听内幕信息

D. 加强员工内部管理，严禁从业人员炒买炒卖股票，也严禁为他人的证券交易提供不符合国家法规和证券公司制度规定的便利，一经发现即严肃处理

26. 根据中国证监会《证券公司证券资产管理业务试行办法》的规定，证券公司从事资产管理业务应当遵守的原则包括(　　)。

A. 守法合规　B. 公平公正　C. 分散管理　D. 风险控制

27. 集合资产管理业务的特点有(　　)。

A. 较严格的信息披露　B. 客户资产可以进行托管

C. 证券公司与客户是一对多　D. 通过专门账户投资运作

28. 下列关于定向资产管理业务运作中的客户资产管理账户说法正确的是(　　)。

A. 代理客户办理专用证券账户，应当由证券公司向证券登记结算机构申请办理

B. 证券公司应当自专用证券账户开立之日起5个交易日内，将专用证券账户报证券交易所备案。未报备前，可以使用该账户进行交易

C. 同一客户只能办理一个上海证券交易所专用证券账户和一个深圳证券交易所专用证券账户

D. 定向资产管理合同应当就客户授权证券公司开立、使用、注销、转换专用证券账户事宜作出明确约定

29. 证券公司定向资产管理业务的投资决策应当符合的要求包括(　　)。

A. 建立有效的投资风险评估与管理制度

B. 具有合理的投资依据，重要投资要有详细的研究报告和风险分析支持，并有决策记录

C. 建立科学的管理业绩评价体系，包括是否符合合同约定和决策程序、投资绩效归属分析等内容

D. 严格遵守法律、行政法规和中国证监会的规定，符合定向资产管理合同约定的投资目标、投资范围和投资限制等要求

30. 深圳证券交易所关于集合资产管理计划的规定包括(　　)。

A. 会员应当在深圳证券交易所网站“会员之家”网页的“业务在线—资产管理”栏目下报备的信息包括集合资产管理计划名称、设立日期、存续期、类别(限定性或非限定性)、组合投资比例

B. 一个集合资产管理计划应当使用多个专用交易单元

C. 会员集合资产管理计划的证券交易活动应当通过自有专用交易单元进行

D. 单个会员管理的由同一托管机构托管的所有集合资产管理计划应当使用同一个专用交易单元

31. 客户融入证券后、归还证券前，在下列(　　)情形下应当按照融券数量对证券公司进行补偿。

A. 证券发行人派发现金红利的，融券客户应当向证券公司补偿对应金额的现金红利

B. 融券客户融入证券买卖赢利的，应给予证券公司一定比例的补偿

C. 证券发行人向原股东配售股份的，或者证券发行人增发新股以及发行权证、可转换债券等证券时原股东有优先认购权的，由证券公司和融券客户根据双方约定处理

D. 证券发行人派发股票红利或权证等证券的，融券客户应当根据双方约定向证券公司补偿对应数量的股票红利或权证等证券，或以现金结算方式予以补偿

32. 证券公司融资融券业务客户信用风险的控制包括(　　)。

A. 建立客户选择与授信制度

B. 严格合同管理、履行风险提示

C. 建立客户信用评估制度

D. 建立健全预警补仓和强制平仓制度

33. 下列关于证券公司融资融券业务市场风险控制的说法正确的是(　　)。

A. 证券公司应当按照交易所的要求，对融资融券交易进行监控，并主动、及时地向交易所报告其客户的异常融资融券交易行为

B. 融资融券交易存在异常交易行为的，交易所可以视情况采取限制相关账户交易等措施

C. 单只标的证券的融资余额达到该证券上市可流通市值的25%时，交易所可以在次一交易日暂停其融资买入，并向市场公布

D. 单只标的证券的融券余量达到该证券上市可流通量的20%时，交易所可以在次一交易日暂停其融券卖出，并向市场公布

34. 对市场风险可能给证券公司造成的损失，证券公司一般根据市场波动情况及交易所的信息披露和风险提示，采取的控制措施有(　　)。

A. 调整维持担保比例

B. 调整担保品范围及品种

C. 调整保证金比例

D. 调整可充抵保证金有价证券的折算率

35. 上海证券交易所实行标准券制度的债券质押式回购种类包括(　　)。

A. 1天、2天

B. 3天、4天

C. 7天、14天

D. 28天、91天、182天

36. 下列属于全国银行间债券回购参与者的是(　　)。

A. 经中国人民银行批准经营人民币业务的外国银行分行

B. 在中国境内具有法人资格的商业银行及其授权分支机构

C. 在中国境内具有法人资格的非银行金融机构和非金融机构

D. 在中国境内有保证资金的个人客户

37. 下列关于上海证券交易所买断式回购的履约金制度的特点表述正确的是（　　）。

A. 双方均需缴纳履约金，而在银行间市场，是否引入保证金或保证券由交易双方协商

B. 违约方承担的违约责任只以支付履约金为限，实际履约义务可以免除

C. 履约金比率由证券交易所确定，而在银行间市场，保证金或保证券的金额也由双方协商

D. 履约金到期归属按规则判定，而银行间市场则没有此类规则

38. 证券登记按证券种类可以划分为（　　）。

A. 债券登记　　B. 变更登记　　C. 基金登记　　D. 权证登记

39. 下列关于清算和交收说法正确的是（　　）。

A. 清算是对应收、应付证券及价款的计算，其结果是确定应收、应付数量或金额，并不发生财产实际转移

B. 从时间发生及运作的次序来看，交收是清算的基础和保证，清算是交收的后续与完成

C. 交收是根据清算结果办理证券和价款的收付，发生财产实际转移（虽然有时不是实物形式）

D. 清算结果正确才能确保交收顺利进行；而只有通过交收，才能最终完成证券或资金收付，结束整个交易过程

40. 证券交易的结算流程包括（　　）等环节。

A. 发送交收结果　　B. 交易数据接收

C. 证券交收和资金交收　　D. 结算参与人划回款项

三、判断题（本大题共 60 小题，每小题 0.5 分，共 30 分。判断以下各小题的对错，正确的为 A，错误的为 B。）

1. 证券交易的特征主要表现为证券的流动性、收益性和风险性。（　　）
2. 股票交易只可以在证券交易所进行。（　　）
3. 从基金的基本类型看，基金一般可以分为封闭式与开放式两种。（　　）
4. 根据有关规定，目前，在我国证券交易过程中不允许信用交易。（　　）
5. 我国的证券登记结算机构是中国证券登记结算有限责任公司。（　　）
6. 期货交易是非标准化的，可在场内市场进行，也可在场外市场进行。（　　）
7. 根据《深圳证券交易所席位与交易单元管理细则》的规定，深圳证券交易所会员取得席位后，可根据业务需要向交易所申请设立 1 个或 1 个以上的交易单元。（　　）
8. 委托指令根据委托价格限制分类分为整数委托和零数委托。（　　）
9. 市场禁入者可以开立基金账户。（　　）
10. 限价委托的缺点是：成交速度慢，有时甚至无法成交。在证券价格变动较大时，投资者采用限价委托容易失去成交机会。（　　）
11. 在债券全价交易的情况下，成交价格与债券的应计利息是分解的。（　　）
12. 根据竞价原则，在证券买卖撮合中，同价位申报竞价依照申报时序决定优先顺序。（　　）
13. 开立证券账户的基本原则是合法性和保密性。（　　）
14. 投资者可采用的非柜台委托形式有人工电话委托或传真委托、自助和电话自动委托和网上委托。（　　）
15. 中小企业板股票连续竞价期间有效竞价范围为最近成交价的上下 5%。（　　）
16. 在证券交易所开盘集合竞价期间未成交的买卖申报，自动失效。（　　）

17. 固定收益平台主要进行固定收益证券的交易，包括交易商之间的交易和交易商与客户之间的交易两种。(　　)
18. 根据市场发展需要，证券公司可以调整即时行情发布的方式和内容。(　　)
19. 证券经纪商与投资者签订的证券买卖代理协议的事项之一是双方的责任及免赔条款。(　　)
20. 证券经纪商对委托人的一切委托事项有保密义务，不得向任何人泄露。(　　)
21. 证券经纪商对委托人的委托买卖内容及缴纳交易结算资金和证券库存的变化，必须有真实的凭证和翔实的记录。(　　)
22. 为方便操作，资金岗位工作人员可兼职账户管理、委托买卖等岗位。(　　)
23. 证券公司经纪业务的营销是市场营销管理与证券经纪业务相结合的产物。证券经纪业务营销是以证券类金融产品为载体的金融服务营销。(　　)
24. 客户服务是证券公司营销的重要组成部分，贯穿于证券公司营销活动的始终。(　　)
25. 在证券公司经纪业务营销活动中，集中性市场营销策略指公司根据不同的目标市场采用不同的营销策略，甚至设计不同的产品来满足不同目标市场上的不同需求。(　　)
26. 现阶段我国规定，B 股的配股权证不挂牌交易，不允许转托管。(　　)
27. 股份公司以股东所持有的股份数为认购权，按一定比例向股东配售该公司新发行的股票称为配股。(　　)
28. 非上市开放式基金分额的转托管业务包含两种类型，系统内转托管和跨系统转托管。(　　)
29. 在可转换债券“债转股”的操作中，即日进行的可转换债券当日可申请转股。(　　)
30. 根据现行规定，可转换债券“债转股”通过柜台交易系统进行。(　　)
31. 净利润为正值是指最近会计年度经审计的扣除非经常性损益后的利润为正值。(　　)
32. 为了对固定收益平台交易进行严格规范，询价交易方式下，被询价报价后不得撤销其报价。(　　)
33. 自营业务中涉及自营规模、风险限额、资产配置、业务授权等方面的重大决策，应当经过集体决策并采取书面形式，由相关人员签字确认后存档。(　　)
34. 建立客户关系是客户招揽的最后一个环节。(　　)
35. 证券公司应当将集合资产管理计划设定为均等份额。客户按其所拥有的份额在集合资产管理计划资产中所占的比例享有利益、承担风险。(　　)
36. 证券公司参与 1 个集合计划的自有资金，不得超过计划成立规模的 20%，并且不得超过 3 亿元；参与多个集合计划的自有资金总额，不得超过证券公司净资本的 15%。(　　)
37. 定向资产管理业务的投资风险由证券公司和客户共同承担，证券公司可以对取得最低收益作出承诺。(　　)
38. 客户委托资产应当交由依法可以从事客户交易结算资金存管业务的商业银行或者中国银监会认可的其他资产托管机构托管。(　　)
39. 证券公司应当在集合资产管理计划说明书、集合资产管理合同等有关材料中向投资者进行明确的风险提示，说明集合资产管理计划的投资风险由投资者承担。(　　)
40. 对于记名证券而言，完成了清算和交收，证券交易过程也就结束了。(　　)
41. 证券公司办理定向资产管理业务，应当保证客户资产与其自有资产、不同客户的资产相互独立，对不同客户的资产分别设置账户，独立核算、分账管理。(　　)

42. 有经营融资融券业务所需的专业人员、技术条件、资金和证券属于证券公司经营融资融券业务应当具备的条件之一。(　　)

43. 证券公司申请融资融券业务试点，应当向中国证监会提交材料包括董事会成员名单和身份证复印件及资信证明。(　　)

44. 证券公司经营融资融券业务，应当以自己的名义，在商业银行分别开立融券专用证券账户、客户信用交易担保证券账户。(　　)

45. 客户申请开展融资融券业务要在证券公司开立实名信用资金台账和信用证券账户，在指定商业银行开立实名信用资金账户。(　　)

46. 客户要在证券公司开展融资融券业务，可以由他人代理向证券公司营业部提出申请。(　　)

47. 证券公司与客户签订融资融券业务合同后，应当根据客户的申请，按照证券登记结算机构的规定，为其开立实名信用证券账户。客户用于1家证券交易所上市证券交易的信用证券账户只能有1个。(　　)

48. 客户融资买入或融券卖出时所使用的保证金可以超过其保证金可用余额。(　　)

49. 证券交易所应当按照业务规则，采取措施，对融资融券交易的指令进行前端检查，对买卖证券的种类、融券卖出的价格等违反规定的交易指令，予以拒绝。(　　)

50. 融资融券业务合同应约定甲方从事融资融券交易的保证金比例及计算公式、保证金可用余额计算公式、可充抵保证金的有价证券范围和折算率、标的证券范围等。(　　)

51. 《上海证券交易所债券交易实施细则》规定，债券回购交易集中竞价时，申报单位为手，100元标准券为1手。(　　)

52. 全国银行间市场买断式回购的期限由交易双方确定，但最长不得超过91天。交易双方可以延长回购期限。(　　)

53. 全国银行间债券回购期间，交易双方不得动用质押的债券。回购到期应按照合同约定全额返还回购项下的资金，并解除质押关系。(　　)

54. 我国从2002年3月25日开始，国债交易率先采用全价交易。(　　)

55. 客户证券交易由证券公司及客户双方发起。(　　)

56. 证券交易所质押式回购，在回购交易存续期间，融资方需在质押库中存放足额的债券作为质押。(　　)

57. 我国证券市场目前已经在权证、ETF等一些创新品种实行了货银对付制度，但A股、基金等老品种的货银对付制度还在推行当中。(　　)

58. 有涨跌幅限制证券的大宗交易成交价格，由证券交易所在当日涨跌幅价格限制范围内确定。(　　)

59. 资金交收账户余额不能满足交收日交收所需要的资金时，结算参与人必须在当日交收截止时点之前将不足部分划入其资金交收账户；否则，构成资金交收违约。(　　)

60. 证券经纪商承担交易中的价格风险。(　　)

参考答案及解析

模拟试卷（一）

一、单项选择题

1.【答案】B　证券交易与证券发行有着密切的联系，两者相互促进、相互制约。一方面，证券发行为证券交易提供了对象，决定了证券交易的规模，是证券交易的前提；另一方面，证券交易使证券的流动性特征显示出来，从而有利于证券发行的顺利进行。

2.【答案】B　证券是用来证明证券持有人有权取得相应权益的凭证。证券交易是指已发行的证券在证券市场上买卖的活动。

3.【答案】D　证券交易的特征主要表现在三个方面，分别为证券的流动性、收益性和风险性。

4.【答案】C　证券交易的公开原则又称信息公开原则，指证券交易是一种面向社会的、公开的交易活动，其核心要求是实现市场信息的公开化。

5.【答案】B　1990 年 12 月 19 日和 1991 年 7 月 3 日，上海证券交易所和深圳证券交易所先后正式开业。

6.【答案】C　股票是一种有价证券，是股份有限公司签发的证明股东所持股份的凭证。股票交易可以在证券交易所进行，也可以在场外交易市场进行。前者通常称为上市交易，后者的常见形式是柜台交易。

7.【答案】C　金融衍生工具又称金融衍生产品，是与基础金融产品相对应的一个概念，指建立在基础产品或基础变量之上，其价格取决于后者价格（或数值）变动的派生金融产品。金融衍生工具交易包括权证交易、金融期货交易、金融期权交易、可转换债券交易等。

8.【答案】D　远期交易是双方约定在未来某一时刻（或时间段内）按照现在确定的价格进行交易。期货交易是在交易所进行的标准化的远期交易，即交易双方在集中性的市场以公开竞价方式所进行的期货合约的交易。而期货合约则是由交易双方订立的、约定在未来某日期按成交时约定的价格交割一定数量的某种商品的标准化协议。

9.【答案】C　证券公司要成为会员应具备一定的条件。一般来说，证券交易所是从证券公司的经营范围、承担风险和责任的资格及能力、组织机构、人员素质等方面规定入会的条件。上海证券交易所和深圳证券交易所对此的规定基本相同，故选项 C 说法错误。对于实行会员制的证券交易所，投资者是通过证券交易所会员来代理买卖证券的。上海证券交易所和深圳证券交易所都采取会员制。它们通过接纳证券公司入会，组成一个自律性的会员制组织。证券交易所会员应当设会员代表 1 名，组织、协调会员与证券交易所的各项业务往来。会员代表由会员高级管理人员担任。

10.【答案】C　在证券交易所市场，证券交易的基本过程包括开户、委托、成交、结算的步骤。

11.【答案】C　委托指令有多种形式，可以按照不同的依据来分类。根据委托时效限制，有当日委托、当周委托、无期限委托、开市委托和收市委托。

12.【答案】B　在订单匹配原则方面，根据各国(地区)证券市场的实践，优先原则主要有：价格优先原则、时间优先原则、按比例分配原则、数量优先原则、客户优先原则、做市商优先原则和经纪商优先原则等。

13.【答案】B　对于在上海证券交易所交易的证券，其托管制度是和指定交易制度联系在一起的，指定交易制度于1998年4月1日起推行。

14.【答案】B　我国证券交易所规定，股票单笔申报最大数量应当不超过100万股(份)。

15.【答案】D　已计息天数是指“起息日”至“成交日”实际日历天数，因此题中已计息天数为168天。

16.【答案】C　市价指令是指按当前价格执行的指令，其特点是成交效率高，但投资人不能控制成交价格。故根据题意冯先生最可能使用的是市价指令。

17.【答案】A　按照我国现行制度规定，无论买入或卖出，股票(含A、B股)、基金类证券在一个交易日内的交易价格相对上一个交易日收市价格的涨跌幅度不得超过10%，其中ST股票和＊ST股票价格涨跌幅度不得超过5%。

18.【答案】A　上海证券交易所接受大宗交易的时间为每个交易日9:30~11:30、13:00~15:30。但如果在交易日15:00前处于停牌状态的证券，则不受理其大宗交易的申报。每个交易日15:00~15:30，交易所交易主机对买卖双方的成交申报进行成交确认。

19.【答案】C　基金大宗交易单笔买卖申报数量不低于300万份，或交易金额不低于300万元。

20.【答案】D　为了促进中小企业板上市公司规范发展，保护投资者合法权益，深圳证券交易所根据相关法律和规章制度，于2006年11月制定了《中小企业板股票暂停上市、终止上市特别规定》。

21.【答案】D　按照题干要求，根据除权(息)参考价的计算公式，可得：除权(息)参考价＝[(前收盘价－现金红利)＋配股价格×股份变动比例]÷(1＋股份变动比例)＝[(11.05－0.15)＋6.40×0.5]÷(1＋0.5)＝9.40(元)

22.【答案】D　深圳证券交易所目前公布的股票价格指数有样本指数类、综合指数类和分类指数类三大类。样本指数类包括深证成分股指数、深证A股指数、深证B股指数、深证100指数；综合指数类包括深证综合指数、深证新指数、中小企业板指数；分类指数类包括农林牧渔指数、采掘业指数、制造业指数、水电煤气指数、建筑业指数、运输仓储指数、信息技术指数、批发零售指数、金融保险指数、房地产指数、社会服务指数、传播文化指数、综合类指数。公布的基金价格指数有深证基金指数。

23.【答案】A　在证券经纪业务中包含的要素有委托人、证券经纪商、证券交易所和证券交易对象。

24.【答案】B　在证券经纪业务中，代理委托关系建立的一个环节是开户，另一个环节是委托。

25.【答案】C　营业部应当妥善保存客户开户资料、委托记录、交易记录和与内部管理、业务经营有关的各项资料，不得遗失、隐匿、伪造、篡改或损毁。上述资料在客户账户销户后20年内不得销毁。

26.【答案】D　境内法人申请开立证券账户的，客户应填写机构证券账户注册申请表。

27.【答案】C　在证券经纪业务营销活动中，招揽客户的前提和基础是目标市场与营销渠道选择。

28.【答案】B　证券经纪业务营销活动中，按照行为因素细分是指根据投资者的投资动机、投资偏好、交易行为、持仓结构等行为特征来细分客户，然后根据不同的行为特征所对应的不同需求，为其提供差异化的服务。

29.【答案】A　证券公司诱使客户进行不必要的证券交易，或者从事证券资产管理业务时，使用客户资产进行不必要的证券交易的，依照《证券法》第二百一十条的规定处罚，即"责令改正。处以1万元以上10万元以下的罚款，给客户造成损失的，依法承担赔偿责任"。

30.【答案】C　网上竞价发行与网上定价发行的区别有：(1)发行价格的确定方式不同；(2)认购成功者的确认方式不同。

31.【答案】B　自2005年1月1日起，我国开始实行首次公开发行股票的询价制度。

32.【答案】C　深圳证券交易所规定，申购单位为500股，每一证券账户申购委托不少于500股，超过500股的必须是500股的整数倍，但不得超过主承销商在发行公告中确定的申购上限，且不超过999999500股。

33.【答案】C　根据现行有关部门制度规定，T日为申购日，上海证券交易所上市的A股现金红利派发权益登记日为T+3日。

34.【答案】B　新股申购过程中，在验资结束后，将根据最终的有效申购总量对有效申购按时间先后顺序进行统一的连续配号。

35.【答案】B　股票网上发行具有以下优点：(1)经济性。网上发行大大减轻了发行组织工作压力，减少了许多不必要的环节，为社会节省了大量的人力、物力和财力资源。(2)高效性。网上发行是借助证券交易所遍布全国各地的交易网络进行的，因此整个发行过程安全、高效。

36.【答案】B　配股权证是上市公司给予其老股东的一种认购该公司股份的权利证明。在现阶段，我国A股的配股权证不挂牌交易，不允许转托管。

37.【答案】C　只有经中国证监会批准经营证券自营的证券公司才能从事证券自营业务。从事证券自营业务的证券公司其注股资本最低限额应达到1亿元人民币，净资本不得低于5000万元人民币。故C项说法错误。

38.【答案】C　董事会是证券公司自营业务的最高决策机构，在严格遵守监管法规中关于自营业务规模等风险控制指标规定的基础上，根据公司资产、负债、损益和资本充足等情况确定自营业务规模、可承受的风险限额等，并以董事会决议的形式进行落实。自营业务具体投资运作管理由董事会授权公司投资决策机构决定。

39.【答案】C　自营业务必须以证券公司自身名义，通过专用自营席位进行，并由非自营业务部门负责自营账户的管理，包括开户、销户、使用登记等。

40.【答案】D　持有一种权益类证券的市值与其总市值的比例不得超过5%，但因包销导致的情形和中国证监会另有规定的除外，故D项表述错误。

41.【答案】A　为单一客户办理定向资产管理业务的特点是：(1)证券公司与客户必须是一对一的；(2)具体投资方向应在资产管理合同中约定；(3)必须在单一客户的专用证券账户中经营运作。专项资产管理业务的特点是：综合性，即证券公司与客户可以是一对一，也可以是一对多。特定性，即要设定特定的投资目标。故A项符合题意。

42.【答案】C　证券公司从事资产管理业务应当符合的条件之一是：资产管理业务人员具有证券业从业资格，无不良行为记录，其中，具有 3 年以上证券自营、资产管理或者证券投资基金管理从业经历的人员不少于 5 人。

43.【答案】B　证券公司可以自有资金参与本公司设立的集合资产管理计划。证券公司参与 1 个集合计划的自有资金，不得超过计划成立规模的 5%，并且不得超过 2 亿元；参与多个集合计划的自有资金总额，不得超过证券公司净资本的 15%。

44.【答案】B　客户资产托管是指资产托管机构根据证券公司、客户的委托，对客户的资产进行保管，办理资金收付事项、监督证券公司投资行为等。

45.【答案】B　证券公司不得接受本公司董事、监事、从业人员及其配偶成为定向资产管理业务客户。

46.【答案】B　在集合资产管理计划中，客户主要享有的权利包括 ACD 项内容，B 项属于客户在集合资产管理计划中主要承担的义务。

47.【答案】D　根据《证券公司融资融券业务试点管理办法》规定，证券公司开展融资融券业务试点，必须经中国证监会批准。未经证监会批准，任何证券公司不得向客户融资融券，也不得为客户与客户、客户与他人之间的融资融券活动提供任何便利和服务。

48.【答案】D　证券公司经营融资融券业务，应当以自己的名义，在证券登记结算机构分别开立融券专用证券账户、客户信用交易担保证券账户、信用交易证券交收账户和信用交易资金交收账户；在商业银行分别开立融资专用资金账户和客户信用交易担保资金账户。(1)融券专用证券账户，用于记录证券公司持有的拟向客户融出的证券和客户归还的证券，该账户不得用于证券买卖。(2)客户信用交易担保证券账户，用于记录客户委托证券公司持有、担保证券公司因向客户融资融券所生债权的证券。(3)信用交易证券交收账户，用于客户融资融券交易的证券结算。(4)信用交易资金交收账户，用于客户融资融券交易的资金结算。(5)融资专用资金账户，用于存放证券公司拟向客户融出的资金及客户归还的资金。(6)客户信用交易担保资金账户，用于存放客户交存的、担保证券公司因向客户融资融券所生债权的资金。

49.【答案】C　证券公司应当健全业务隔离制度，确保融资融券业务与证券资产管理、证券自营、投资银行等业务在机构、人员、信息、账户等方面相互分离、独立运行。这属于证券公司从事融资融券业务应遵守的独立运行原则。

50.【答案】B　融资融券业务的决策与授权体系原则上按照“董事会—业务决策机构—业务执行部门—分支机构”的架构设立和运行。

51.【答案】B　业务集中度严格控制在监管部门的有关规定范围内：(1)对单一客户融资业务规模不得超过净资本的 5%。(2)对单一客户融券业务规模不得超过净资本的 5%。(3)接受单只担保股票的市值不得超过该只股票总市值的 20%。故 B 项表述错误。

52.【答案】B　证券交易所债券质押式回购实行标准券制度。标准券是由不同债券品种按相应折算率折算形成的回购融资额度。

53.【答案】B　全国银行间债券市场债券质押式回购业务是指以商业银行等金融机构为主的机构投资者之间以询价方式进行的债券交易行为。

54.【答案】C　对已在证券交易所上市的、可用以进行回购交易的国债、企业债和其他债券，中国结算公司一般在每星期三收市后根据“标准券折算率计算公式”计算下一星期适用的标准券折算率。

55.【答案】D　全国银行间债券市场回购期限是首次交收日至到期交收日的实际天数，以天为单位，含首次交收日，不含到期交收日。计算利息的基础天数为365天，故D项说法错误。

56.【答案】C　根据题意，该公司标准券余额＝面值×标准券折算率＝500×1.18＝590（万元）。

57.【答案】D　全国银行间市场规定进行买断式回购，任何一家市场参与者单只券种的待返售债券余额应小于该只债券流通量的20%，任何一家市场参与者待返售债券总余额应小于其在中央结算公司托管的自营债券总额的200%。

58.【答案】A　对于我国证券交易所市场实行多边净额清算的证券交易，证券登记结算机构（即中国结算公司）是承担相应交易交收责任的所有结算参与人的共同对手方。

59.【答案】C　计算如下：（1）买股票应付资金＝50×23＝1150（万元）；（2）申购新股应付资金＝600×5＝3000（万元）；（3）应付资金总额＝1150＋3000＝4150（万元）；（4）需回购融入资金＝4150－4000＝150（万元）。

60.【答案】C　双边净额清算指将结算参与人相对于另一个交收对手方的证券和资金的应收、应付额加以轧抵，得出该结算参与人相对于另一个交收对手方的证券和资金的应收、应付净额。

二、多项选择题

1.【答案】ABCD　按照交易对象的品种划分，证券交易种类有股票交易、债券交易、基金交易以及其他金融衍生工具的交易等。

2.【答案】CD　基金交易是指以基金为对象进行的流通转让活动。从基金的基本类型看，一般可以分为封闭式与开放式两种。

3.【答案】ABCD　政府债券是国家为了筹措资金而向投资者出具的，承诺在一定时期支付利息和到期还本的债务凭证。政府债券的发行主体是中央政府和地方政府。中央政府发行的债券称为国债，地方政府发行的债券称为地方债。

4.【答案】ABCD　我国证券交易所规定的会员必须承担的义务包括：（1）遵守国家的有关法律法规、规章和政策，依法开展证券经营活动。（2）遵守证券交易所章程、各项规章制度，执行证券交易所决议。（3）派遣合格代表入场从事证券交易活动（深圳证券交易所无此项规定）。（4）维护投资者和证券交易所的合法权益，促进交易市场的稳定发展。（5）按规定缴纳各项经费和提供有关信息资料，以及相关的业务报表和账册。（6）接受证券交易所的监督等。

5.【答案】BCD　上海证券账户当日开立，次一交易日生效。深圳证券账户当日开立，当日即可用于交易。故A项错误。

6.【答案】BC　证券经纪商为投资者办理经纪业务的前提条件之一，是投资者必须事先到中国结算公司或其开户代理机构开立证券账户。开立证券账户的基本原则是合法性和真实性。

7.【答案】ABCD　委托指令的基本要素包括证券账号、日期、品种、买卖方向、数量、价格、时间、有效期、签名和其他内容。

8.【答案】ABD　对委托人撤销的委托，证券经纪商须及时将冻结的资金或证券解冻，故C项说法不正确。

9.【答案】ABC　深圳证券交易所协议平台接受交易用户申报的类型包括意向申报、定价申报、双边报价、成交申报和其他申报。

10.【答案】BCD　根据《上海证券交易所交易规则》的规定，在上海证券交易所进行的证券买卖符合以下条件的，可以采用大宗交易方式：(1)A股单笔买卖申报数量应当不低于50万股，或者交易金额不低于300万元人民币。(2)B股单笔买卖申报数量应当不低于50万股，或者交易金额不低于30万美元。(3)基金大宗交易的单笔买卖申报数量应当不低于300万份，或者交易金额不低于300万元人民币。(4)国债及债券回购大宗交易的单笔买卖申报数量应当不低于1万手，或者交易金额不低于1000万元人民币。(5)其他债券单笔买卖申报数量应当不低于1000手，或者交易金额不低于100万元人民币。

11.【答案】ABCD　证券经纪业务的特点为业务对象的广泛性、证券经纪商的中介性、客户指令的权威性和客户资料的保密性。

12.【答案】ABCD　《上海证券交易所交易规则》规定，上海证券交易所对可能影响证券交易价格或者证券交易量的异常交易行为，予以重点监控，除了ABCD项外还包括：(1)可能对证券交易价格产生重大影响的信息披露前，大量买入或者卖出相关证券。(2)以同一身份证明文件、营业执照或其他有效证明文件开立的证券账户之间，大量或者频繁进行互为对手方的交易。(3)委托、授权给同一机构或者同一个人代为从事交易的证券账户之间，大量或者频繁进行互为对手方的交易。(4)频繁申报或频繁撤销申报，以影响证券交易价格或其他投资者的投资决定。(5)在同一价位或者相近价位大量或者频繁进行回转交易。(6)大量或者频繁进行高买低卖交易。(7)进行与自身公开发布的投资分析、预测或建议相背离的证券交易。(8)在大宗交易中进行虚假或其他扰乱市场秩序的申报。(9)证券交易所认为需要重点监控的其他异常交易。

13.【答案】CD　所谓证券经纪商，是指接受客户委托、代客买卖证券并以此收取佣金的中间人。证券经纪商是证券市场的中坚力量，其作用主要表现在：(1)充当证券买卖的媒介。(2)提供信息服务。A项为证券经纪商向客户提供服务以收取佣金作为报酬；B项为证券经纪业务的特点之一。

14.【答案】ABC　D项应为最近一个会计年度的审计结果显示，公司违法违规为其控股股东及其他关联方提供的资金余额超过2000万或者占净资产值的50%以上。

15.【答案】ABCD　在证券经纪业务中，委托人的资料关系到其资产安全和投资决策的实施，证券经纪商有义务为客户保密，但法律另有约定的除外。保密的资料包括：客户开户的基本情况，如股东账户和资金账户的账号和密码；客户委托的有关事项，如买卖哪种证券、买卖证券的数量和价格等；客户股东账户中的库存证券种类和数量、资金账户中的资金余额等。如因证券经纪商泄露客户资料而造成客户损失，证券经纪商应承担赔偿责任。

16.【答案】ABC　在委托买卖证券的过程中，证券经纪商作为受托人，享有一定的权利。主要有：(1)有拒绝接受不符合规定的委托要求的权利，即客户的委托要求应符合有关法律和规章制度的规定。(2)有按规定收取服务费用的权利，如收取交易佣金等。(3)对违约或损害经纪商自身权益的客户，经纪商有通过留置其资金、证券或司法途径要求其履约或赔偿的权利。D项为证券经纪商的义务之一。

17.【答案】ABCD　根据我国《证券法》等相关法律法规和中国证券业协会《证券业从业人员执业行为准则》的规定，证券公司在从事证券经纪业务过程中的禁止行为除了ABCD项外还包括：(1)挪用客户所委托买卖的证券或者客户账户上的资金；或将客户的资金和证券借与他人，或者作为担保物或质押物；或违规向客户提供资金或有价证券。(2)侵占、损害客户的合法权益。(3)未经客户的委托，擅自为客户买卖证券，或者假借客户的名义买卖证券；违背客户的委托为其买卖证券；接受客户的全权委托而决定证券买卖、选择证券种类、决定买卖数量或者买卖价格；代理买卖法律规定不得买卖的证券。(4)以任何方式对客户证券买卖的收益或者赔偿证券买卖的损失作出承诺。(5)编造、传播虚假或者误导投资者的信息；散布、泄漏或利用内幕信息。(6)从事或协同他人从事欺诈、内幕交易、操纵证券交易价格等非法活动。(7)泄露客户资料。

18.【答案】ABCD　经纪业务营运管理的主要内容包括账户管理(包括证券财产和资产账户管理)、证券委托买卖、清算交割、投资者教育与适当性管理、证券投资顾问服务等。

19.【答案】ABCD　初始转股价格可因公司送红股、增发新股、配股或降低转股价格进行调整，具体调整情况公司应予以公告。

20.【答案】BC　股份转让的委托申报时间为转让日 9:30～11:30、13:00～15:00，之后进行集合竞价配对成交，故 A 项错误。投资者委托股份转让和非转让过户(挂失除外)，应当按规定缴纳印花税和手续费。故 D 项错误。

21.【答案】ABCD　投资者办理身份验证并激活网上用户名后，即可参加今后各有关上市公司股东大会网络投票。流程如下：(1)登录网站 www. chinaclear. cn；(2)输入网上用户名、密码及附加码；(3)点击“投票表决”下的“网上行权”；(4)浏览股东大会列表，选择具体的投票参与方式；(5)进行投票。

22.【答案】ABCD　在权证交易中，禁止的事项有：权证发行人不得买卖自己发行的权证；标的证券发行人不得买卖标的证券对应的权证；禁止内幕信息知情人员利用内幕信息进行权证交易活动，获取不正当利益；禁止任何人直接操纵权证价格；禁止任何人通过操纵标的证券价格影响其对应权证的价格；禁止任何人通过操纵权证价格影响其对应的标的证券价格。

23.【答案】ABCD　证券自营买卖的对象主要有两大类：(1)依法公开发行的证券。这类证券主要是股票、债券、权证、证券投资基金等，这是证券公司自营买卖的主要对象。(2)中国证监会认可的其他证券。这类证券的自营买卖主要通过银行间市场、证券公司的营业柜台实现。

24.【答案】BCD　证券公司自营买卖业务的决策的自主性特点主要表现在：(1)交易行为的自主性。证券公司自主决定是否买入或卖出某种证券。(2)选择交易方式的自主性。证券公司在买卖证券时，是通过证券交易所买卖还是通过其他场所买卖，由证券公司在法规规定范围内依一定的时间、条件自主决定。(3)选择交易品种、价格的自主性。证券公司在进行自营买卖时，可根据市场情况，自主决定买卖品种、价格。A 项属于证券公司自营买卖业务交易的风险性。

25.【答案】BCD　证券公司应建立健全自营业务内部报告制度。报告内容包括但不限于：投资决策执行情况、自营资产质量、自营盈亏情况、风险监控情况和其他重大事项等。A 项为自营业务信息报告制度。

26.【答案】BCD　资产管理业务主要有如下三种：(1)为单一客户办理定向资产管理业务。(2)为多个客户办理集合资产管理业务。(3)为客户特定目的办理专项资产管理业务。

27.【答案】ABCD　证券公司从事资产管理业务，应当获得中国证监会批准的资产管理业务资格。证券公司申请资产管理业务资格，应当向中国证监会提交下列材料：(1)申请书。(2)经营证券业务许可证和企业法人营业执照副本复印件。(3)净资本计算表和经具有证券相关业务资格的会计师事务所审计的最近1期财务报表。(4)负责资产管理业务的高级管理人员的情况登记表。(5)资产管理业务人员、风险控制岗位人员的名单、简历、证券业从业资格证书和身份证明复印件。(6)申请人出具的资产管理业务人员无不良行为记录的证明。(7)内部控制和风险管理制度文本及由具有证券相关业务资格的会计师事务所出具的内控评审报告。(8)资产管理业务计划书和业务操作规程。(9)中国证监会要求提交的其他材料。

28.【答案】ABCD　集合资产管理合同应当对集合资产管理计划开始运作的条件和日期、资产托管机构的职责、托管方式与托管费用、客户资产净值的估算、投资收益的确认与分派等事项作出约定；应当对客户参与和退出集合资产管理计划的时间、方式、价格、程序等事项作出明确约定。

29.【答案】ABC　证券公司开展定向资产管理业务，接受单一客户委托资产净值的最低限额应当符合中国证监会的规定。证券公司可以在规定的最低限额的基础上，提高本公司客户委托资产净值最低标准。故D项错误。

30.【答案】ABCD　在集合资产管理计划投资运作前5个工作日，应通过会籍办理系统报备下列材料：(1)中国证监会出具的集合资产管理计划同意批复或无异议函；(2)集合资产管理计划说明书；(3)集合资产管理合同；(4)负责资产管理计划主办人员情况；(5)集合资产管理计划使用的专用交易单元和专用证券账户；(6)集合资产管理计划托管机构名称。

31.【答案】ABCD　证券公司经营融资融券业务应当具备的条件包括：(1)证券公司治理结构健全，内部控制有效。(2)风险控制指标符合规定，财务状况、合规状况良好。(3)有经营融资融券业务所需的专业人员、技术条件、资金和证券。(4)有完善的融资融券业务管理制度和实施方案。(5)国务院证券监督管理机构规定的其他条件。

32.【答案】BCD　取得融资融券业务试点资格的证券公司在开展融资融券业务前还应向交易所申请融资融券交易权限。证券公司申请融资融券交易权限应当向交易所提交下列书面文件：(1)中国证监会颁发的获准开展融资融券业务试点的经营证券业务许可证及其他有关批准文件。(2)融资融券业务试点实施方案、内部管理制度的相关文件。(3)负责融资融券业务的高级管理人员与业务人员名单及其联络方式。(4)交易所要求提交的其他文件。A项属于证券公司申请融资融券业务试点应当向证监会提交的材料之一。

33.【答案】ABCD　客户征信调查内容一般应包括：(1)客户基本资料。(2)投资经验。(3)诚信记录。(4)还款能力。(5)融资融券需求。

34.【答案】ABCD　融资融券业务合同中甲乙双方的声明与保证除了ABCD项外还包括：(1)甲方从事融资融券交易、乙方从事融资融券业务的主体资格的合法性。(2)甲方未经乙方书面同意，不以任何方式转让合同项下的各项权利与义务。

35.【答案】CD　客户信用资金账户是证券公司客户信用交易担保资金账户的二级账户，用于记载客户交存的担保资金的明细数据，故A项错误。客户用于1家证券交易所上市证券交易的信用证券账户只能有1个，故B项错误。

36.【答案】BCD　证券公司应当在每一月份结束后10个工作日内，向中国证监会、注册地证监会派出机构和证券交易所书面报告当月的下列情况：(1)融资融券业务客户的开户数量。(2)对全体客户和前10名客户的融资、融券余额。(3)客户交存的担保物种类和数量。(4)强制平仓的客户数量、强制平仓的交易金额。(5)有关风险控制指标值。(6)融资融券业务盈亏状况。(7)要求报告的其他信息。A项表述错误。

37.【答案】ABC 《上海证券交易所债券交易实施细则》规定，债券回购交易集中竞价时，其申报应当符合的要求包括申报价格最小变动单位为0.005元或其整数倍。故D项错误。

38.【答案】AB 全国银行间市场对买断式回购采取了如下风险控制措施：(1)保证金或保证券制度。(2)仓位限制。

39.【答案】ABCD 我国证券市场清算与交易的原则包括净额清算原则、共同对手方制度、货银对付原则、分级结算原则。

40.【答案】ABCD 证券结算风险是证券登记结算机构在组织结算过程中所面临的风险，根据成因大致可以分为信用风险、流动性风险、操作风险、法律风险和结算银行风险。

三、判断题

1.【答案】A

2.【答案】B 证券交易所设总经理，负责日常事务。总经理由国务院证券监督管理机构任免。

3.【答案】B 境外证券经营机构设立的驻华代表处，若符合条件，经申请可以成为我国上海证券交易所和深圳证券交易所的特别会员。

4.【答案】B 证券交易机制中，指令驱动的特点有：(1)证券交易价格由买方和卖方的力量直接决定；(2)投资者买卖证券的对手是其他投资者。报价驱动的特点有：(1)证券成交价格的形成由做市商决定；(2)投资者买卖证券都以做市商为对手，与其他投资者不发生直接关系。

5.【答案】A

6.【答案】B 证券交易所为了保证证券交易正常、有序地进行，要对会员取得的交易席位实施严格管理。证券交易所会员不得共有席位，席位也不得退回证券交易所。未经证券交易所同意，会员不得将席位出租、质押，或将席位所属权益以其他任何方式转给他人。

7.【答案】A

8.【答案】B 目前我国通过证券交易所进行的股票交易均采用电脑报价。

9.【答案】A

10.【答案】B 市价委托方式的优点是：没有价格上的限制，证券经纪商执行委托指令比较容易，成交迅速且成交率高。题中描述的是限价委托的优点。

11.【答案】A

12.【答案】A

13.【答案】B 过户费是委托买卖的股票、基金成交后，买卖双方为变更证券登记所支付的费用。这笔收入属于中国结算公司的收入，由证券经纪商在同投资者清算交收时代为扣收。

14.【答案】A

15.【答案】B 大宗交易不纳入证券交易所即时行情和指数的计算，成交量在大宗交易结束后计入当日该证券成交总量。

16.【答案】A

17.【答案】A

18.【答案】B 我国证券指数的编制遵循公开透明原则。

19.【答案】A

20.【答案】B 每个合格境外机构投资者可分别在上海、深圳证券交易所委托3家境内证券公司进行证券交易。

21.【答案】B　在证券经纪业务中，证券公司不垫付资金，不赚差价，只收取一定比例的佣金作为业务收入。

22.【答案】A

23.【答案】A

24.【答案】A

25.【答案】A

26.【答案】B　证券公司在开展证券经纪业务营销时，既可以营销本公司提供的经纪业务服务及与经纪业务相联结的其他服务产品，也可以受他人委托代销其他公司产品及服务。

27.【答案】B　我国新股网上竞价发行低价是由发行人确定的。

28.【答案】B　申购配号根据实际有效申购进行，每一有效申购单位配一号，对所有有效申购单位按时间顺序排名连续配号。

29.【答案】B　上市公司要进行网络投票的，要提前30天刊登公告。

30.【答案】A

31.【答案】A

32.【答案】A

33.【答案】B　证券公司进行证券自营买卖，其收益主要来源于低买高卖的价差，但这种收益有很大的不确定性。

34.【答案】A

35.【答案】A

36.【答案】B　证券公司注册地中国证监会派出机构应当按照有关规定对申报材料进行审查，并自中国证监会决定受理其申报材料后10个工作日内，将对申报材料的书面意见报送到中国证监会。

37.【答案】A

38.【答案】B　集合资产管理计划推广期间，应当由托管银行负责托管与集合资产管理计划推广有关的全部账户和资金。

39.【答案】A

40.【答案】B　客户资产管理合同中证券公司不得以任何方式向客户保证交易收益或者承诺赔偿客户的投资损失。

41.【答案】A

42.【答案】B　证券公司从事资产管理业务，应当符合下列条件：净资本不低于2亿元人民币，且符合中国证监会关于经营证券资产管理业务的各项风险监控指标的规定。

43.【答案】A

44.【答案】B　证券公司申请融资融券业务试点，应当具备的条件之一是：公司及其董事、监事、高级管理人员最近2年内未因违法违规经营受到行政处罚和刑事处罚，且不存在因涉嫌违法违规正被证监会立案调查或者正处于整改期间的情形。

45.【答案】A

46.【答案】A

47.【答案】B　证券公司融资融券业务的决策和主要管理职责应集中于证券公司总部。公司应建立完备的融资融券业务管理制度、决策与授权体系、操作流程和风险识别、评估与控制体系。

48.【答案】A

49.【答案】B　证券交易所应当对证券公司报送的信息进行汇总、统计，并在次一交易日开市前予以公告。

50.【答案】B　客户只能与 1 家证券公司签订融资融券合同，向 1 家证券公司融入资金和证券。

51.【答案】A

52.【答案】B　中国人民银行是全国银行的债券市场的主管部门。

53.【答案】A

54.【答案】B　见款付券指在到期交收日正回购方按合同约定将资金划至逆回购方指定账户后，双方解除债券质押关系的交收方式。

55.【答案】A

56.【答案】B　全国银行间市场债券交易交易成交前，进入对话报价的双方可在规定的次数内轮流向对手方报价。超过规定的次数仍未成交的对话，必须进入另一次询价过程。

57.【答案】B　全国银行间债券回购合同在办理质押登记后生效。合同一经成立，交易双方应全面履行合同规定的义务，不得擅自变更或解除合同。

58.【答案】A

59.【答案】B　为办理证券登记业务，中国结算公司设立了电子化证券登记簿记系统。证券登记簿记系统的主要功能是根据证券账户的记录，办理证券持有人名册的登记。

60.【答案】B　我国内地市场目前存在两种滚动交收周期，T+1 滚动交收目前适用于我国内地市场的 A 股、基金、债券、回购交易等；T+3 滚动交收适用于 B 股(人民币特种股票)。

模拟试卷（二）

一、单项选择题

1.【答案】C　2005 年 10 月，重新修订的《中华人民共和国证券法》经第十届全国人民代表大会常务委员会第十八次会议通过后颁布，并于 2006 年 1 月 1 日起正式实施。2009 年 10 月 30 日，创业板在深圳证券交易所开市。2010 年 3 月 31 日，上海证券交易所和深圳证券交易所开始接受融资融券交易的申报。2010 年 4 月 16 日，我国股指期货开始上市交易。

2.【答案】C　证券的流动性是证券市场生存的条件。如果证券市场缺乏流动性，或者说不能提供充分的流动性，证券市场的功能就要受到影响。从积极的意义上看，证券市场流动性为证券市场有效配置资源奠定了基础。

3.【答案】A　2004 年 5 月中国证券监督管理委员会批准了深圳证券交易所在主板市场内开设中小企业板块，并核准了中小企业板块的实施方案。

4.【答案】C　债券也是一种有价证券，是社会各类经济主体为筹集资金而向债券投资者出具的、承诺按一定利率定期支付利息并到期偿还本金的债权债务凭证。债券交易就是以债券为对象进行的流通转让活动。根据发行主体的不同，债券主要有政府债券、金融债券和公司债券三大类。

5.【答案】B　根据交易合约的签订与实际交割之间的关系，证券交易的方式有现货交易、远期交易和期货交易。

6.【答案】C　信用交易是投资者通过交付保证金取得经纪商信用而进行的交易，也称为融资融券交易。

7.【答案】B　证券公司经营证券承销与保荐、证券自营、证券资产管理、其他证券业务四项业务之一的，注册资本最低限额为人民币1亿元，经营上述业务中两项以上的，注册资本最低限额为人民币5亿元。

8.【答案】D　证券交易所会员可享有某些权利，上海证券交易所和深圳证券交易所在这方面的规定基本一致，主要有以下几方面：(1)参加会员大会。(2)有选举权和被选举权。(3)对证券交易所事务的提议权和表决权。(4)参加证券交易所组织的证券交易，享受证券交易所提供的服务。(5)对证券交易所事务和其他会员的活动进行监督。(6)按规定转让交易席位等。

9.【答案】C　在证券交易市场发展的早期，柜台市场(又称"店头市场")是一种重要的形式，许多有价证券的买卖是在银行或证券公司等金融机构的柜台上进行的。

10.【答案】C　在订单匹配原则方面，各证券交易所普遍以价格优先原则为第一优先原则，故A项表述错误。我国采用价格优先和时间优先原则，故B项错误。优先原则也包括做市商优先原则和经纪商优先原则，故D项错误。

11.【答案】C　证券账户是指中国结算公司为申请人开出的记载其证券持有及变更的权利凭证。开立证券账户是投资者进行证券交易的先决条件。

12.【答案】A　客户在办理委托买卖证券时，需要向证券经纪商下达委托指令。委托指令有不同的具体形式，可以分为柜台委托和非柜台委托两大类。非柜台委托主要有人工电话委托或传真委托、自助和电话自动委托、网上委托等形式。我国现行的法规规定，证券经纪商不得接受代替客户决定买卖证券数量、种类、价格及买入或卖出的全权委托。

13.【答案】D　交易日挂牌显示的应计利息额，根据应计利息的计算公式可得：应计利息额＝债券面值×票面利率÷365(天)×已计息天数＝100×5%÷365×167＝2.28(元)。

14.【答案】B　沪、深证券交易所现行的集合竞价时间为每个交易日上午9:15～9:25。

15.【答案】D　股票申报价格不高于前收盘价格的900%，且不低于前收盘价的50%；基金、债券交易申报价格最高不高于前收盘价的150%，且不低于前收盘价的70%。

16.【答案】B　A股账户按持有人分为自然人证券账户、一般机构证券账户、证券公司自营证券账户和基金管理公司的证券投资基金专用证券账户等。B股账户按持有人可以分为境内投资者证券账户和境外投资者证券账户。

17.【答案】A　从交易价格的组成看，债券交易有两种：全价交易和净价交易。全价交易是指买卖债券时，以含有应计利息的价格申报并成交的交易。净价交易是指买卖债券时，以不含有应计利息的价格申报并成交的交易。

18.【答案】A　根据深圳证券交易所现行大宗交易规定，A股大宗交易的申报最低限额为数量不低于50万股。

19.【答案】C　对于B股，过户费称为结算费。在上海证券交易所为成交金额的0.5‰；在深圳证券交易所亦为成交金额的0.5‰，但最高不超过500港元。

20.【答案】D　根据我国现行的交易规则，证券交易所证券交易的开盘价为当日该证券的第一笔成交价。证券的开盘价通过集合竞价方式产生。不能产生开盘价的，以连续竞价方式产生。

21.【答案】A　按照题干要求，根据除权(息)参考价的计算公式，可得：除权(息)参考价 = [(前收盘价 - 现金红利) + 配股价格 × 股份变动比例] ÷ (1 + 股份变动比例) = [(12.25 - 0.25) + 6.80 × 0.5] ÷ (1 + 0.5) = 10.27(元)

22.【答案】C　证券交易所对 A 股和基金每日涨跌幅比例大于等于 7% 的前三只股票，要公布其成交金额最大的 5 家会员营业部或交易单元的名称及成交金额。

23.【答案】D　在证券经纪业务中，客户是委托人，证券经纪商是受托人。委托人的指令具有权威性，证券经纪商必须严格地按照委托人指定的证券、数量、价格和有效时间买卖证券，不能自作主张，擅自改变委托人的意愿。

24.【答案】D　同一证券公司在同时接受两个以上委托人就相同种类、相同数量的证券按相同价格分别作委托买入和委托卖出时，不得自行对冲成交，必须分别进场申报竞价成交。

25.【答案】B　证券经纪商必须承担一定的义务。这些义务主要体现了为委托人服务和公平买卖的原则。证券经纪商应承担下列义务：(1)在客户办理开户手续时，证券经纪商应指定专人向客户讲解有关业务规则和合同内容，并以书面方式向其揭示投资风险，提醒客户了解并注意从事证券投资存在的风险。(2)按规定与客户签订载入中国证券业协会统一制定的必备条款的《证券交易委托代理协议书》，并严格遵守协议约定。(3)坚持客户适当性管理原则。(4)必须忠实办理受托业务。(5)坚持为客户保密制度。(6)如实记录客户资金和证券的变化。(7)不接受全权委托。B 项为证券经纪商的权利之一。

26.【答案】B　证券营业部应实行前后台分离。前台人员负责市场营销，后台人员负责业务运行操作及管理，前后台人员不得兼职；营业部后台电脑管理、会计核算与经纪业务操作等部门或岗位的人员要严格分开，不得兼职或混合操作；电脑管理、会计核算人员不得兼办清算业务。故 B 项表述错误。

27.【答案】D　在证券经纪业务营销活动中，客户关系建立是客户招揽的保证。目标客户是证券经纪业务营销人员在市场细分的基础上确定的重点客户群。选定了目标客户，证券经纪业务营销人员就应当搜集客户信息，了解客户并与之建立关系。

28.【答案】C　证券经纪业务营销活动中，有效市场细分必须具备的条件包括：(1)可度量性；(2)有价值；(3)可接近性；(4)差异性；(5)可行性。其中，差异性是指细分市场在观念上要能够被区别，并且对不同的营销组合因素和方案应有不同的反应。

29.【答案】B　一般客户投诉的目的是希望他们的问题得到重视和解决、损失得到补偿或得到更好的服务等。客户投诉最根本的原因是客户没有得到预期的服务，即实际情况与客户期望有差距。

30.【答案】C　2006 年 5 月 19 日，深圳证券交易所和中国结算公司共同发布《资金申购上网定价公开发行股票实施办法》。

31.【答案】C　如果有效申购总量大于该次股票发行量的，主承销商将于申购日后的第二个交易日(T + 2 日)组织摇号抽签，确认摇号中签结果。

32.【答案】B　上市公司分红派息须在每年决算并经审计之后，由董事会根据公司盈利水平和股息政策确定分红派息方案，提交股东大会审议。随后，董事会根据审议结果向社会公告分红派息方案，并规定股权登记日。故 B 项表述错误。

33.【答案】B　沪深证券交易所进行网络投票，采用申报股数来代表表决意见，在委托数量项下填报表决意见，1 股代表同意，2 股代表反对，3 股代表弃权。

34.【答案】B　深圳证券交易所上市开放式基金合同生效后进入封闭期，封闭期一般不超过3个月。封闭期内，基金不受理赎回。

35.【答案】C　单笔权证买卖申报数量不得超过100万份，申报价格最小变动单位为0.001元人民币。权证买入申报数量为100份的整数倍。当日买进的权证，当日可以卖出。

36.【答案】C　采用网上申购一般程序，T日为申购日，资金冻结时间为申购日后的第一个交易日（T+1日）。

37.【答案】D　证券自营业务决策的自主性表现在：交易行为的自主性；交易方式的自主性；选择交易品种、价格的自主性。

38.【答案】A　《证券法》明确列示操纵证券市场的手段包括：(1)单独或者通过合谋，集中资金优势、持股优势或者利用信息优势联合或者连续买卖，操纵证券交易价格或者证券交易量；(2)与他人串通，以事先约定的时间、价格和方式相互进行证券交易，影响证券交易价格或者证券交易量；(3)在自己实际控制的账户之间进行证券交易，影响证券交易价格或者证券交易量；(4)以其他手段操纵证券市场。

39.【答案】D　自营业务的管理和操作由证券公司自营业务部门专职负责，非自营业务部门和分支机构不得以任何形式开展自营业务。

40.【答案】C　证券公司自营业务的内部控制措施除了ABD项外还包括：(1)应建立完善的投资决策和投资操作档案管理制度，确保投资过程事后可查证。(2)通过建立实时监控系统全方位监控自营业务的风险，建立有效的风险监控报告机制。(3)建立健全自营业务风险监控缺陷的纠正与处理机制。(4)建立完备的业绩考核和激励制度。(5)稽核部门定期对自营业务的合规运作、盈亏、风险监控等情况进行全面稽核，出具稽核报告。(6)加强自营业务人员的职业道德和诚信教育，强化自营业务人员的保密意识、合规操作意识和风险控制意识。C项属于证券自营业务信息报告的要求。

41.【答案】C　根据中国证监会《证券公司证券资产管理业务试行办法》的规定，证券公司从事资产管理业务应当遵守的原则有：(1)守法合规。(2)公平公正。(3)资格管理。(4)约定运作。(5)集中管理。(6)风险控制。

42.【答案】C　证券公司办理定向资产管理业务，接受单个客户的资产净值不得低于人民币100万元。证券公司可以在规定的最低限额的基础上，提高本公司客户委托资产净值的最低限额。

43.【答案】D　证券公司设立集合资产管理计划的，应当自中国证监会出具无异议意见或者作出批准决定之日6个月内启动推广工作，并在60个工作日内完成设立工作并开始投资运作。集合资产管理计划设立完成前，客户的参与资金只能存入资产托管机构，不得动用。

44.【答案】C　定向资产管理业务的投资风险由客户自行承担，证券公司不得以任何方式对客户资产本金不受损失或者取得最低收益作出承诺。

45.【答案】B　在集合资产管理计划投资运作前5个工作日，应通过会籍办理系统报备下列材料：(1)中国证监会出具的集合资产管理计划同意批复或无异议函；(2)集合资产管理计划说明书；(3)集合资产管理合同；(4)负责资产管理计划主办人员情况；(5)集合资产管理计划使用的专用交易单元和专用证券账户；(6)集合资产管理计划托管机构名称。

46.【答案】D　如果客户采用自助委托方式，则当其输入相关的账号和正确的密码后，即视同确认了身份。

47.【答案】C　中国证监会印发《关于开展证券公司融资融券业务试点工作的指导意见》对首批申请试点的证券公司应当满足的条件作出的规定是：要求证券公司最近6个月净资本均在50亿元以上。

48.【答案】A　融资融券交易中，融券卖出的申报价格不得低于该证券的最新成交价；当天没有产生成交的，申报价格不得低于其前收盘价。低于上述价格的申报为无效申报。

49.【答案】B　标的证券为股票的，应当符合的条件之一是：在交易所上市交易满3个月。故B项错误。

50.【答案】B　证券公司向客户融资融券，应当向客户收取一定比例的保证金。保证金可以标的证券以及交易所认可的其他证券充抵。

51.【答案】B　证券公司或其分支机构未经批准擅自经营融资融券业务的，依照《证券法》规定处罚，即"没收违法所得，暂停或者撤销相关业务许可，并处以非法融资融券等值以下的罚款。对直接负责的主管人员和其他直接责任人员给予警告，撤销任职资格或者证券业从业资格，并处以三万元以上三十万元以下的罚款。"

52.【答案】D　业务规模及集中度风险主要是指证券公司融资融券规模失控，对单个客户融资融券规模过大、期限过长，而造成证券公司资产流动性不足、净资本规模和比例不符合监管规定的可能性。

53.【答案】B　深圳证券交易所现有实行标准券制度的债券质押式回购有1天、2天、3天、4天、7天、14天、28天、63天、91天、182天、273天11个品种，代码分别为R001、R002、R003、R004、R007、R014、R028、R063、R091、R182和R273；实行标准券制度的质押式企业债回购有1天、2天、3天、7天4个品种，代码分别为RC－001、RC－002、RC－003和RC－007。

54.【答案】D　全国银行间债券市场回购期限是首次交收日至到期交收日的实际天数，以天为单位，含首次交收日，不含到期交收日。回购利率是正回购方支付给逆回购方在回购期间融入资金的利息与融入资金的比例，以年利率表示。计算利息的基础天数为365天。

55.【答案】A　以交易系统生成的成交单、电报和电传作为回购成交合同，业务公章和法定代表人(或授权人)签字可不作为必备条款。故A项错误。

56.【答案】B　所谓债券买断式回购交易(亦称"开放式回购"，简称"买断式回购")，是指债券持有人(正回购方)将一笔债券卖给债券购买方(逆回购方)的同时，交易双方约定在未来某一日期，再由卖方(正回购方)以约定价格从买方(逆回购方)购回相等数量同种债券的交易行为。

57.【答案】B　见券付款指在首次交收日完成债券质押登记后，逆回购方按合同约定将资金划至正回购方指定账户的交收方式。

58.【答案】B　送股是指股份公司将其拟分配的红利转增为股本；公积金转增股本是指股份公司将公积金的一部分按每股一定比例转增为股本。故B项错误。

59.【答案】C　滚动交收目前已被各国(地区)证券市场广泛采用。从现实情况来看，各市场采用的滚动交收周期时间长短不一，美国证券市场采取T+3，我国香港市场采取T+2。

60.【答案】B　净额清算又称差额清算，指在一个清算期中，对每个结算参与人价款的清算只计其各笔应收、应付款项相抵后的净额，对证券的清算只计每一种证券应收、应付相抵后的净额。

二、多项选择题

1.【答案】BCD　证券交易的原则是反映证券交易宗旨的一般法则，应该贯穿于证券交易的全过程。为了保障证券交易功能的发挥，以利于证券交易的正常运行，证券交易必须遵循“公开、公平、公正”三个原则。

2.【答案】ABD　我国《证券法》规定，证券登记结算机构是为证券交易提供集中登记、存管与结算服务，不以营利为目的的法人。设立证券登记结算机构必须经国务院证券监督管理机构批准。

3.【答案】BD　从交易时间的连续特点划分，证券交易机制分为定期交易和连续交易。定期交易的特点有：(1)批量指令可以提供价格的稳定性；(2)指令执行和结算的成本相对比较低。连续交易的特点有：(1)市场为投资者提供了交易的即时性；(2)交易过程中可以提供更多的市场价格信息。BD 项属于连续交易的特点，故其符合题意。

4.【答案】ABD　我国《证券法》规定，证券交易所、证券公司和证券登记结算机构的从业人员、证券监督管理机构的工作人员以及法律、行政法规禁止参与股票交易的其他人员，在任期或者法定限期内，不得直接或者以化名、借他人名义持有、买卖股票，也不得收受他人赠送的股票。C 项就股票趋势提出自己的看法不属于禁止的行为。

5.【答案】BD　委托指令根据委托订单的数量分为整数委托和零数委托。

6.【答案】ABCD　按照账户用途划分，证券账户的种类为人民币普通股票账户、人民币特种股票账户、证券投资基金账户、创业板交易账户和其他账户等。

7.【答案】ABCD　限价委托是指投资者要求证券经纪商在执行委托指令时，必须按限定的价格或比限定价格更有利的价格买卖证券，即必须以限价或低于限价买进证券，以限价或高于限价卖出证券。

8.【答案】ABCD　上海证券交易所和深圳证券交易所在过户费的收取上略有不同。在上海证券交易所，A 股的过户费为成交面额的1‰，起点为 1 元；深圳证券交易所的过户费包含在交易经手费中，不向投资者单独收取。对于 B 股，虽然没有过户费，但中国结算公司要收取结算费。在上海证券交易所，结算费是成交金额的 0. 5‰；在深圳证券交易所，称为“结算登记费”，是成交金额的 0. 5‰，但最高不超过 500 港元。

9.【答案】ACD　证券的回转交易是指投资者买入的证券，经确认成交后，在交收完成前全部或部分卖出。根据我国现行有关交易制度规定，债券竞价交易和权证交易实行当日回转交易，即投资者可以在交易日的任何营业时间内反向卖出已买入但未完成交收的债券和权证；B 股实行次交易日起回转交易。深圳证券交易所对专项资产管理计划收益权份额协议交易也实行当日回转交易。

10.【答案】AD　根据我国现行的交易规则，证券交易所证券交易的开盘价为当日该证券的第一笔成交价。证券的开盘价通过集合竞价方式产生。不能产生开盘价的，以连续竞价方式产生。故 B 项表述不正确。上海证券交易所证券交易的收盘价为当日该证券最后一笔交易前 1 分钟所有交易的成交量加权平均价(含最后一笔交易)。当日无成交的，以前收盘价为当日收盘价。故 C 项表述不正确。

11.【答案】ABCD　固定收益平台交易采用报价交易和询价交易两种方式。报价交易中，交易商可以匿名或实名方式申报；询价交易中，交易商须以实名方式申报。报价交易中，交易商的每笔买卖报价应标明采用确定报价或待定报价，固定收益平台对确定报价和待定报价按照价格高低顺序进行排列。询价交易中，询价方每次可以向 5 家被询价方询价，被询价方接受询价时提出的报价采用确定报价。

12. 【答案】ABCD　深圳证券交易所规定，开盘、收盘集合竞价期间的即时行情内容包括：证券代码、证券简称、集合竞价参考价格、匹配量和未匹配量等。

13. 【答案】ABCD　在证券经纪业务中包含的要素有委托人、证券经纪商、证券交易所和证券交易对象。

14. 【答案】ABC　证券经纪商有义务为客户保密，保密的资料包括：客户开户的基本情况，如股东账户和资金账户的账号和密码；客户委托的有关事项，如买卖哪种证券，买卖证券的数量和价格等；客户股东账户中的库存证券种类和数量，资金账户中的资金余额。

15. 【答案】ABCD　定向资产管理合同应当包括下列基本事项：客户资产的种类和数额；投资范围、投资限制和投资比例；投资目标和管理期限；客户资产的管理方式和管理权限；各类风险揭示；资产管理信息的提供及查询方式；当事人的权利与义务；客户所持有证券的权利的行使和义务的履行；管理费、托管费、业绩报酬等费用的支付标准、计算方法、支付方式和支付时间；与资产管理有关的其他费用的提取、支付方式；合同解除、终止的条件、程序及客户资产的清算返还事宜；违约责任和纠纷的解决方式；中国证监会规定的其他事项。

16. 【答案】ACD　客户作为委托合同的委托人，在享受权利时也必须承担下列相应的义务：(1)认真阅读证券经纪商提供的《风险揭示书》和《证券交易委托代理协议》，了解从事证券投资存在的风险，按要求签署有关协议和文件，并严格遵守协议约定。(2)按要求如实提供有关证件，填写开户书，并接受证券经纪商的审核。(3)了解交易风险，明确买卖方式。(4)按规定缴存交易结算资金。(5)确定委托手段。(6)接受交易结果。(7)履行交割清算义务。B 项为委托人的权利。

17. 【答案】ABC　为经办人于收到登记结算公司非交易过户确认单的下一个工作日将该确认单交申请人，并扣除实际发生的费用。故 D 项错误。

18. 【答案】ABCD　资金账户管理的一般规定除了包括 ABCD 项外还包括：营业部必须对客户的证券账户复印件、有效身份证明文件复印件、所签署的《证券交易委托代理协议书》等各类协议书、风险揭示书、买者自负承诺函、业务申请书(表)、代理人身份证复印件等要求留存的各类资料一并归档，按资金账号进行排序，妥善保管，要配备专库并由专人管理。

19. 【答案】ABC　同一交易日内多次申报转股的，将合并计算转股数量。D 项表述错误。

20. 【答案】ABCD　证券公司根据客户融资融券申请、提交的保证金额度及客户征信调查等情况，确定对客户融资融券的授信，包括融资融券额度、期限、方式、利(费)率等。证券公司对客户融资融券的比例不低于 50%，期限不超过 6 个月。

21. 【答案】CD　当日申购的基金份额，同日可以卖出，但不得赎回，故 A 项错误；当日买入的基金份额，同日可以赎回，但不得卖出，故 B 项错误。

22. 【答案】ACD　根据中国证券业协会发布的有关证券公司代办股份转让服务试点办法规定，主办券商的主办业务除了 ACD 项外还包括：(1)办理所推荐的股份转让公司挂牌事宜，包括向中国证券业协会提交推荐文件，办理所推荐公司股权确认，确定及调整所推荐公司的股份转让方式等。(2)发布关于所推荐股份转让公司的分析报告，包括在挂牌前发布推荐报告，在公司披露定期报告后的 10 个工作日内发布对定期报告的分析报告，以及在董事会就公司股本结构变动、资产重组等重大事项作出决议后的 5 个工作日内发布分析报告，客观地向投资者揭示公司存在的风险。(3)根据中国证券业协会要求，调查或协助调查指定事项。(4)中国证券业协会许可的其他业务。B 项为其代办业务范围。

23.【答案】ACD　证券公司自营业务的风险主要有合规风险、市场风险和经营风险。

24.【答案】ABCD　证券公司自营业务的禁止行为包括：内幕交易；操纵市场；假借他人名义或者以个人名义进行自营业务；违反规定委托他人代为买卖证券；违反规定购买本证券公司控股股东或者与本证券公司有其他重大利害关系的发行人发行的证券；将自营账户借给他人使用；将自营业务与代理业务混合操作；法律、行政法规或中国证监会禁止的其他行为。

25.【答案】ACD　证券交易内幕信息的知情人除了 ACD 项外，还包括：(1)持有公司 5% 以上股份的股东及其董事、监事、高级管理人员，公司的实际控制人及其董事、监事、高级管理人员。(2)发行人控股的公司及其董事、监事、高级管理人员。(3)证券监督管理机构工作人员以及由于法定职责对证券的发行、交易进行管理的其他人员。(4)国务院证券监督管理机构规定的其他人。B 项表述错误。

26.【答案】ABD　为单一客户办理定向资产管理业务的特点是：(1)证券公司与客户必须是一对一的；(2)具体投资方向应在资产管理合同中约定；(3)必须在单一客户的专用证券账户中经营运作。专项资产管理业务的特点是：综合性，即证券公司与客户可以是一对一，也可以是一对多。特定性，即要设定特定的投资目标。

27.【答案】ACD　证券公司应当在每个年度结束之日起 60 日内，完成资产管理业务合规检查年度报告、内部稽核年度报告和定向资产管理业务年度报告，并报注册地中国证监会派出机构备案。故 B 项错误。

28.【答案】ACD　证券公司办理定向资产管理业务，接受单个客户的资产净值不得低于人民币 100 万元。证券公司可以在规定的最低限额的基础上，提高本公司客户委托资产净值的最低限额。故 B 项错误。

29.【答案】ABD　证券公司将委托资产投资于本公司、资产托管机构以及与本公司、资产托管机构有关联方关系的公司发行的证券，应当事先将相关信息以书面形式通知客户和资产托管机构，并要求客户按照合同约定在指定期限内答复。故 C 项错误。

30.【答案】ABCD　证券公司定向资产管理业务的研究工作应当符合下列要求：(1)保持独立、客观。(2)建立严密的研究工作业务流程，运用科学、有效的研究方法。(3)建立和完善投资对象备选库制度，建立和维护备选库。(4)建立研究与投资决策之间的交流制度，保持交流渠道畅通。

31.【答案】ABCD　证券公司申请融资融券业务试点，应当向证监会提交的材料除了 ABCD 项外，还包括：(1)股东会(股东大会)关于经营融资融券业务的决议。(2)公司合规总监出具的专项合规意见。(3)证监会要求提交的其他文件。

32.【答案】ABD　客户信用资金账户是客户在存管银行开立的用于记载客户交存的担保资金的明细数据的账户。该账户是证券公司客户信用交易担保资金账户的二级账户。故 C 项错误。

33.【答案】BCD　融资融券业务合同应载明的事项包括订立合同的目的和依据，故 A 项表述错误。

34.【答案】ABCD　机构客户申请开立信用证券账户和信用资金账户应向证券公司提交的材料除了 ABCD 项外还有：(1)营业执照副本等有效身份证明文件原件及复印件。(2)授权经办人身份证明原件及复印件。(3)机构普通资金账户卡(或开户协议原件)、普通证券账户卡原件及复印件。(4)填妥并加盖机构公章的“信用证券账户开户申请表”和“信用资金账户开户申请表”。(5)银行及机构盖章的客户信用资金存管协议。

35.【答案】ABC　中国证监会及其派出机构、中国证券业协会、证券交易所、证券登记结算机构依照规定履行证券公司融资融券业务监管或者自律管理职责，可以要求证券公司提供与融资融券业务有关的信息、资料。

36.【答案】ABD　证券公司融资融券业务的风险主要包括：(1)客户信用风险。(2)市场风险。(3)业务规模及集中度风险。(4)业务管理风险。(5)信息技术风险。

37.【答案】ABCD　如今，全国银行间同业拆借中心开办了国债、政策性金融债等债券的回购业务，参与主体是银行间市场会员，主要是商业银行、保险公司、财务公司、证券投资基金等金融机构。

38.【答案】ACD　资金方面，T 日，中国结算公司上海分公司完成 T－1 日所有证券交易、有效认购的资金交收后，进行 T＋0 资金预交收，故 B 项错误。

39.【答案】ABCD　证券登记簿记系统的主要功能是根据证券账户的记录，办理证券持有人名册的登记。记录的信息包括但不限于以下内容：证券持有人姓名或名称、证券账户号码、有效身份证明文件号码、证券持有人通讯地址、持有证券名称、持有证券数量、证券托管机构以及限售情况、司法冻结、质押登记等证券持有状态。

40.【答案】ABCD　我国的结算风险防范和管理措施主要包括：事前防范措施、本金风险的防范、价差风险的防范、流动性风险的防范、其他风险的防范。

三、判断题

1.【答案】B　证券交易的特征主要表现在三个方面，分别为证券的流动性、收益性和风险性。

2.【答案】B　证券交易与证券发行有着密切的联系，两者相互促进、相互制约。一方面，证券发行为证券交易提供了对象，决定了证券交易的规模，是证券交易的前提；另一方面，证券交易使证券的流动性特征显示出来，从而有利于证券发行的顺利进行。

3.【答案】A

4.【答案】B　证券公司成为证券交易所会员，可以向证券交易所提出申请购买席位，并缴纳席位费才能取得交易席位。

5.【答案】A

6.【答案】B　2009 年 10 月 3 日创业板在深圳证券交易所开市。

7.【答案】A

8.【答案】A

9.【答案】B　在成交价格确定方面，一种情况是通过买卖双方直接竞价形成交易价格；另一种情况是交易价格由交易商报出，投资者接受交易商的报价后即可与交易商进行证券买卖。

10.【答案】B　证券托管一般指投资者将持有的证券委托给证券公司保管，并由后者代为处理有关证券权益事务的行为。

11.【答案】B　客户在办理网上委托的同时，也应当开通柜台委托、电话委托等其他委托方式，当证券公司网上证券委托系统出现网络中断、高峰拥挤或网上委托被冻结等异常情况时，客户可采用其他委托方式下达委托指令。故网上委托不能替代柜台委托、电话委托等其他委托方式。

12.【答案】A

13.【答案】A

14.【答案】B　证券公司与其客户之间的资金清算交收由证券公司自行负责完成。

15.【答案】B　根据深圳证券交易所有关综合协议平台的规定，公司债券的大宗交易成交确认时间为每交易日 9:15～11:30、13:00～15:30。
16.【答案】B　证券停牌时，证券交易所发布的行情中包括该证券的信息；证券摘牌后，行情信息中无该证券信息。
17.【答案】B　上海证券交易所固定收益平台的交易商分为两种：一种称交易商，一种称一级交易商。其中只要求后者必须具备做市能力。
18.【答案】B　固定收益平台采用报价交易和询价交易两种方式。报价交易中，交易商可以以匿名或实名方式申报；询价交易中，交易商须以实名方式提交。
19.【答案】B　合格境外机构投资者可以参与新股发行、可转换债券发行、股票增发和配股的申购。
20.【答案】A
21.【答案】B　证券经纪商向客户提供服务以收取佣金作为报酬。
22.【答案】A
23.【答案】B　合伙企业、创业投资企业申请注销：企业依法解散的，清算人应当自清算结束之日起 15 日内申请注销。
24.【答案】A
25.【答案】B　根据我国《证券法》等相关法律法规的规定，证券经纪商在从事证券经纪业务时不得挪用客户所委托买卖的证券或者客户账户上的资金。
26.【答案】A
27.【答案】B　每只新股发行，每个证券账户在参与申购中，以交易系统确认的该投资者的第一笔申购为有效申购，其余申购均为无效申购。
28.【答案】A
29.【答案】B　权证存续期满前 5 个交易日，权证终止交易，但可以行权。
30.【答案】B　股份转让公司应当而且只能委托 1 家证券公司办理股份的转让，并与证券公司签订委托协议。
31.【答案】A
32.【答案】A
33.【答案】B　证券公司应建立健全相对集中、权责统一的投资决策与授权机制。自营业务决策机构原则上应当按照“董事会—投资决策机构—自营业务部门”的三级体制设立。
34.【答案】B　自营业务资金的出入必须以公司名义进行，禁止以个人名义从自营账户中调入调出资金，禁止从自营账户中提取现金。
35.【答案】B　根据《证券交易所管理办法》的规定，每年 6 月 30 日和 12 月 31 日过后的 30 日内，向中国证监会报送各家会员截止到该日的证券自营业务情况。
36.【答案】A
37.【答案】B　证券公司设立集合资产管理计划，办理集合资产管理业务，设立限定性集合资产管理计划的净资本不低于 3 亿元人民币，设立非限定性集合资产管理计划的净资本不低于 5 亿元人民币。
38.【答案】A
39.【答案】B　证券公司从事定向资产管理业务，买卖证券交易所的交易品种，应当使用定向资产管理专用证券账户。专用证券账户应当以客户名义开立，客户也可以申请将其普通证券账户转换为专用证券账户。

40.【答案】B　证券公司应当在定向资产管理合同失效、被撤销、解除或者终止后 15 日内，向证券登记结算机构代为申请注销专用证券账户，或者根据客户要求，代理客户向证券登记机构申请将专用证券账户转换为普通证券账户。

41.【答案】B　建立集合资产管理计划投资主办人员须具有 3 年以上证券自营、资产管理或证券投资基金从业经历，且应当具备良好的职业道德，无不良行为记录。

42.【答案】A

43.【答案】B　托管银行、证券交易所应当对集合资产管理计划的投资范围和投资组合进行监控，发现有重大违规行为的，须及时报告中国证监会。

44.【答案】B　《证券公司融资融券业务试点管理办法》规定，证券公司开展融资融券业务试点，必须经中国证监会批准。未经证监会批准，任何证券公司不得向客户融资融券，也不得为客户与客户、客户与他人之间的融资融券活动提供任何便利和服务。

45.【答案】B　证监会派出机构应当自收到证券公司提交的申请融资融券业务试点的申请材料之日起 10 个工作日内，向中国证监会出具是否同意申请人开展融资融券业务试点的书面意见。

46.【答案】A

47.【答案】A

48.【答案】B　证券公司应按《证券公司融资融券业务试点管理办法》规定的有关条件和征信的要求，从关联关系来看要求是非证券公司股东或关联人。

49.【答案】A

50.【答案】B　证券公司向客户融资融券，应当向客户收取一定比例的保证金。充抵保证金的有价证券，在计算保证金金额时，应当以证券市值按折算率进行折算，其中的国债折算率最高不超过 95%。

51.【答案】A

52.【答案】B　单只标的证券的融券余量达到该证券上市可流通量的 25% 时，证券交易所可以在次一交易日暂停其融券卖出，并向市场公布。当该标的证券的融券余量降低至 20% 以下时，证券交易所可以在次一交易日恢复其融券卖出，并向市场公布。

53.【答案】A

54.【答案】B　证券交易所质押式回购实行质押库制度。当日购买的债券，当日可用于质押券申报，并可进行相应的债券回购交易业务。当日申报转回的债券，当日可以卖出。

55.【答案】B　证券交易所质押式回购的报价方式以每百元资金的到期年收益率进行报价。

56.【答案】A

57.【答案】B　全国银行间债券市场回购期限最短为 1 天，最长为 1 年。参与者可在此区间内自由选择回购期限，回购到期时参与者必须按规定办理资金与债券的反向交割，不得展期。

58.【答案】B　同业中心负责买断式回购交易的日常监测工作，中央结算公司负责买断式回购结算的日常监测工作。

59.【答案】B　根据规定，证券应当登记在证券持有人本人名下，但符合法律、行政法规和中国证监会规定的，可以登记在名义持有人名下。目前，境内多数投资者持有的股票均登记在持有者本人名下。

60.【答案】A

模拟试卷（三）

一、单项选择题

1. 【答案】C　证券交易的特征主要表现在三个方面，分别为证券的流动性、收益性和风险性。
2. 【答案】C　1999 年 7 月 1 日，《中华人民共和国证券法》正式开始实施，标志着维系证券交易市场运作的法规体系趋向完善。
3. 【答案】B　证券投资基金按照其设立后规模是否允许变动，可以分为封闭式基金和开放式基金。封闭式基金设立后规模不变，因此它可以像股票那样在证券交易所上市交易，所以 A 项错误；开放式基金设立后其规模可以变化，这种变化一般是通过投资者对基金的申购和赎回实现的，所以 C 项错误；按照过去一般的做法，开放式基金的申购和赎回都是在场外进行的，即通过基金管理人及其代销机构办理开放式基金的认购、申购与赎回业务，所以 D 项错误。对于封闭式基金来说，在成立后，基金管理人可以申请其基金在证券交易所上市。
4. 【答案】D　可转换债券是指其持有者可以在一定时期内按一定比例或价格将之转换成一定数量的另一种证券的债券。可转换债券交易就是以这种债券为对象进行的流通转让活动。在通常情况下，可转换债券转换成普通股票，因此它具有债权和期权的双重特性。
5. 【答案】A　我国过去是禁止信用交易的。2005 年 10 月重新修订后的《中华人民共和国证券法》取消了证券公司不得为客户交易融资融券的规定。
6. 【答案】C　证券公司的注册资本应当是实缴资本。国务院证券监督管理机构根据审慎监管原则和各项业务的风险程度可以调整注册资本最低限额，但不得少于《中华人民共和国证券法》规定的限额。
7. 【答案】B　我国上海证券交易所和深圳证券交易所都采用会员制，设会员大会、理事会和专门委员会。理事会是证券交易所的决策机构，理事会下面可以设立其他专门委员会。证券交易所设总经理，负责日常事务。总经理由国务院证券监督管理机构任免。
8. 【答案】B　证券市场的稳定性是指证券价格的波动程度。由于各种信息是影响证券价格的主要因素，因此，提高市场透明度是加强证券市场稳定性的重要措施。
9. 【答案】B　报价驱动是一种连续交易商市场，或称“做市商市场”。在这一市场中，证券交易的买价和卖价都由做市商给出，做市商将根据市场的买卖力量和自身情况进行证券的双向报价。投资者之间并不直接成交，而是从做市商手中买进证券或向做市商卖出证券。做市商的收入来源是买卖证券的差价。
10. 【答案】B　零数委托是指客户委托证券经纪商买卖证券时，买进或卖出的证券不足证券交易所规定的 1 个交易单位。我国只在卖出证券时才有零数委托。
11. 【答案】C　在净价交易的情况下，成交价格与债券的应计利息是分解的，价格随行就市，应计利息则根据票面利率按天计算。
12. 【答案】B　证券经纪商在收到客户委托后，经审查符合要求后，才能接受委托。验证主要是对客户委托时提交的相关证件（如身份证件等）进行核实，审单主要是检查客户填写的委托单。
13. 【答案】D　证券经纪商在收到客户委托后，应对委托人身份、委托内容、委托卖出的实际证券数量及委托买入的实际资金余额进行审查。经审查符合要求后，才能接受委托。证券买卖委托受理过程主要包括：(1)验证与审单。(2)查验资金及证券。

14.【答案】C　按照我国现行制度规定，无论买入或卖出，股票(含 A、B 股)、基金类证券在一交易日内的交易价格相对上一交易日收市价格的涨跌幅度不得超过 10%，其中 ST 股票和＊ST 股票价格涨跌幅度不得超过 5%。

15.【答案】A　上海证券交易所和深圳证券交易所在过户费的收取上略有不同。在上海证券交易所，A 股的过户费为成交面额的 1‰，起点为 1 元；在深圳证券交易所，免收 A 股的过户费。

16.【答案】D　证券交易所在证券交易中接受报价的方式主要有口头报价、书面报价和电脑报价三种。目前，我国通过证券交易所进行的证券交易均采用电脑报价方式。

17.【答案】B　章阿姨购买了 500 股的 F 股票，成交价为 10.92 元的 F 股票成交金额是 5460 元。深圳证券交易所免收 A 股过户费，按成交金额 2.8‰计算的佣金为 15.29 元，按税制规定对受让方不征收印花税。于是，买入 F 股票的实际付出为：5460 + 15.29 = 5475.29 元。

18.【答案】A　证券的开盘价通过集合竞价方式产生。不能产生开盘价的，以连续竞价方式产生。按集合竞价产生开盘价后，未成交的买卖申报仍然有效，并按原申报顺序自动进入连续竞价。

19.【答案】C　根据题意，现金红利为 0，根据除权(息)参考价的计算公式，可得：
除权(息)参考价 = [(前收盘价 − 现金红利) + 配股价格 × 股份变动比例] ÷ (1 + 股份变动比例) = [(32 − 0) + 12 × 0.5] ÷ (1 + 0.5) = 25.33 元。

20.【答案】C　交易异常情况出现后，证券交易所可视情况需要单独或同时采取技术性停牌、临时停市、暂缓进入交收等措施。证券交易所采取这些措施，要及时报告中国证监会。

21.【答案】B　在我国，合格境外机构投资者境内证券投资制度启动于 2002 年年底。2006 年 8 月中国证监会、中国人民银行和国家外汇管理局又重新发布了《合格境外机构投资者境内证券投资管理办法》。

22.【答案】C　上海证券交易所目前公布的股票价格指数有样本指数类、综合指数类和分类指数类三大类。

23.【答案】C　所谓证券经纪商，是指接受客户委托、代客买卖证券并以此收取佣金的中间人。证券经纪商以代理人的身份从事证券交易，与客户是委托代理关系。

24.【答案】A　A 项应为“客户在证券公司开立的资金账户”。

25.【答案】D　证券营业部日常经营管理的主要内容就是经纪业务的营运管理。营业部经纪业务的营运管理主要是通过制定标准化的经纪业务操作规程，规范经纪业务操作程序，并合理、有效地组织实施来实现的。

26.【答案】B　在证券经纪业务营销中，客户服务主要包括交易通道服务、有形服务和信息咨询服务等附加服务，而交易通道服务是证券经纪业务服务的核心。

27.【答案】B　目前，我国证券公司的营销渠道基本上是直接营销渠道，包括证券公司营业部、网络证券营销和证券公司内部人员。

28.【答案】A　证券公司委托证券经纪人开展证券经纪业务营销的，应当对证券经纪人进行不少于 60 个小时的执业前培训，其中法律法规和职业道德的培训时间不少于 20 个小时。

29.【答案】A　在证券经纪业务内部控制建立健全客户回访制度中回访内容应当包括但不限于客户身份核实、客户账户变动确认、证券营业部及证券从业人员是否违规代客户操作账户、是否向客户充分揭示风险、是否存在全权委托行为等情况。客户回访应当留痕，相关资料应当保存不少于3年。

30.【答案】A　上海证券交易所规定，每一申购单位为1000股，申购数量不少于1000股，超过1000股的必须是1000股的整数倍，但最高不得超过当次社会公众股上网发行总量的1‰，且不得超过9999.9万股。

31.【答案】C　新股网上定价发行时，申购日后的第三个交易日(T+3日)，主承销商公布中签结果，中国结算公司对未中签部分的申购款予以解冻，并按规定进行新股认购款划付，即从结算参与人的资金交收账户上扣收新股认购款项，再划付给主承销商。

32.【答案】B　B股现金红利的派发日程与A股稍有不同，程序如下：(1)申请材料送交日为T-5日前。(2)中国结算公司上海分公司核准答复日为T-3日前。(3)向交易所提交公告申请日为T-1日前。(4)公告刊登日为T日。(5)最后交易日为T+3日。(6)权益登记日为T+6日。(7)现金红利发放日为T+11日。

33.【答案】D　上市公司要进行网络投票的，召开股东大会的上市公司要提前30天刊登公告，在公告中说明是否要进行网络投票。

34.【答案】C　由证券交易所指定主办券商的退市公司，未与主办券商签订委托代办股份转让协议，或不履行基本信息披露义务的退市公司，其股份实行每周星期五转让1次的方式。退市公司如与主办券商签订股份转让协议，且披露经审计的最近年度财务报告，其股份可调整为每周转让3次的方式。

35.【答案】D　根据《证券公司从事代办股份转让主办券商业务资格管理办法(试行)》的规定，证券公司申请从事代办股份转让服务业务，应当符合的条件之一是：有20家以上营业部，且布局合理。

36.【答案】C　根据我国《上市公司证券发行管理办法》的规定，可转换公司债券在发行结束6个月后，方可转换为公司股票，而具体转股期限应由发行人根据可转换债券的存续期及公司财务情况确定。

37.【答案】D　自2008年6月1日起施行的《证券公司监督管理条例》规定，证券公司的证券自营账户，应当自开户之日起3个交易日内报证券交易所备案。

38.【答案】C　根据《证券法》的规定，操纵证券市场的，责令依法处理非法持有的证券，没收违法所得，并处以违法所得1倍以上5倍以下的罚款。

39.【答案】B　要求会员按月编制库存证券报表，并于次月5日前报送证券交易所，故B项说法错误。

40.【答案】C　自营业务的风险主要有：合规风险、市场风险、经营风险。经营风险主要是指证券公司在自营业务中，由于投资决策失误、规模失控，管理不善、内控不严或操作失误而使自营业务受到损失的风险。

41.【答案】C　根据规定，证券公司将其所管理的客户资产投资于一家公司发行的证券，不得超过该证券发行总量的10%。一个集合资产管理计划投资于一家公司发行的证券不得超过该计划资产净值的10%。

42.【答案】C　会员应当在集合资产管理计划运作期间向深圳证券交易所履行持续报告义务，每个会计年度结束后4个月内以书面形式向深圳证券交易所报送集合资产管理计划的单项审计意见，故C项说法不正确。

43.【答案】D　集合资产管理计划说明书的主要内容除了包括 ABC 项内容外还有：(1)集合计划的名称和类型、投资目标和特点、投资范围和投资组合设计、集合计划的目标规模、存续期间、推广时间、推广机构和推广方式等；(2)委托人参与集合计划的时间、方式、价格、程序及最终确认等；(3)投资决策依据、投资程序与风险控制；(4)投资限制，主要列明《证券公司证券资产管理业务试行办法》、《证券公司集合资产管理业务实施细则》、集合资产管理合同及其他有关规定禁止的事项；(5)集合计划的账户管理、资产的构成、资产的处分等；(6)集合计划的资产估值方法、程序等；(7)集合计划应承担的各项费用的计提标准、计提方法、支付方式等；(8)集合计划收益的构成、收益分配的原则和方式等；(9)集合计划存续期间，委托人退出集合计划的方式、价格、程序等事项；(10)集合计划应当终止的情形、清算及资产分派方式；(11)信息披露，主要明确管理人、托管人向委托人提供资产管理和资产托管报告的时间、方式和内容，委托人查询的时间、方式和途径；(12)风险揭示，充分揭示集合计划的市场风险、管理风险、流动性风险及其他风险等。

44.【答案】B　证券公司申请设立集合资产管理计划时，其申报材料主要包括：(1)申请书。(2)计划说明书。(3)集合资产管理合同文本。(4)资产托管协议及与资产托管机构的联机联网测试报告。(5)推广方案及推广代理协议。(6)证券公司、代理推广机构与证券登记结算机构的联机联网测试报告及服务协议。(7)证券公司负责集合资产管理业务的高级管理人员、资产管理部门负责人及投资主办人签署的承诺书。(8)法律意见书。(9)中国证监会要求提交的其他材料。故 B 项错误。

45.【答案】B　证券公司应当制作《风险揭示书》，充分揭示客户参与定向资产管理业务的市场风险、管理风险、流动性风险及其他风险，以及上述风险的含义、特征、可能引起的后果。

46.【答案】D　资产管理业务主要有如下三种：(1)为单一客户办理定向资产管理业务。(2)为多个客户办理集合资产管理业务。(3)为客户特定目的办理专项资产管理业务。

47.【答案】C　在以证券公司名义开立的客户信用交易担保证券账户和客户信用交易担保资金账户内，应当为每一客户单独开立信用账户，故 C 项说法错误。

48.【答案】C　证券公司应当于每个交易日 22：00 前向证券交易所报送当日各标的证券融资买入额、融资还款额、融资余额，以及融券卖出量、融券偿还量和融券余量等数据。

49.【答案】B　充抵保证金的有价证券，在计算保证金金额时，应当以证券市值按下列折算率进行折算：(1)上证 180 指数成分股股票及深证 100 指数成分股股票折算率最高不超过 70%，其他股票折算率最高不超过 65%。(2)交易所交易型开放式指数基金折算率最高不超过 90%。(3)国债折算率最高不超过 95%。(4)其他上市证券投资基金和债券折算率最高不超过 80%。故 B 项说法不正确。

50.【答案】A　在客户融资融券期间，证券持有人的权益按“客户融资买入证券的权益归客户所有、客户融券卖出证券的权益归证券公司所有”的原则处理。

51.【答案】C　证券公司在融资融券业务中对业务管理风险的控制包括：(1)制定完备的内部控制制度、业务操作规范、风险管理措施等，并加强对相关业务人员进行管理制度和业务知识的培训。(2)对重要的业务环节，如征信调查、合同签署、开立账户、担保品审核、授信审批等实行双人双岗复核、审批，并强制留痕。(3)公司总部对业务经营情况、主要风险指标和每个客户的账户动态进行实时监控，并明确相应的处置措施，发现问题按相关规定及时处置。(4)公司业务合规和风险管理部门对营业部和融资融券业务管理部门的业务操作进行定期或不定期检查或稽核。C 项属于证券公司在融资融券业务中对业务规模和集中度风险的控制。

52.【答案】D　证券交易所可以对每一证券的市场融资买入量和融券卖出量占其市场流通量的比例、融券卖出的价格做出限制性规定。由此可知 D 项说法错误。

53.【答案】A　深圳证券交易所规定，债券回购交易的申报单位为张，100 元标准券为 1 张；最小报价变动为 0.01 元或其整数倍；申报数量为 10 张及其整数倍，单笔申报最大数量应当不超过 10 万张。

54.【答案】C　结算代理人是指经中国人民银行批准，代理其他参与者办理债券交易和结算的金融机构。目前，具有结算代理人资格的金融机构主要有各全国性商业银行、烟台住房储蓄银行和部分符合条件的城市商业银行。

55.【答案】C　质押登记是指中央结算公司按照回购双方通过中央债券簿记系统发送并相匹配的回购结算指令，在融资方债券托管账户将回购成交合同指定的债券进行冻结的行为。以债券为质押进行回购交易，应办理质押登记。

56.【答案】A　全国银行间市场买断式回购的期限由交易双方确定，但最长不得超过 91 天。交易双方不得以任何方式延长回购期限。故 A 项说法错误。

57.【答案】B　对于买断式回购到期购回结算，中国结算公司上海分公司按成交记录完成买断式回购到期购回交收。国债买断式回购到期购回结算的交收时点为 R + 1 日(R 为到期日)14:00。

58.【答案】C　共同对手方(Central Counter Party，CCP)是指在结算过程中，同时作为所有买方和卖方的交收对手并保证交收顺利完成的主体，一般由结算机构充当。

59.【答案】D　在面临资金或证券交收违约时，证券登记结算机构需要垫付资金或证券给守约方。证券登记结算机构一旦出现流动性风险，后果将十分严重，很可能导致证券登记结算系统无法正常运转，证券市场被迫闭市。

60.【答案】A　货银对付通过实现资金和证券的同时划转，可以有效规避结算参与人交收违约带来的风险，大大提高证券交易的安全性。故 A 项错误。

二、多项选择题

1.【答案】ACD　我国证券交易所特别会员享有的权利有：(1)列席证券交易所会员大会。(2)向证券交易所提出相关建议。(3)接受证券交易所提供的相关服务。

2.【答案】ACD　债券交易就是以债券为对象进行的流通转让活动。根据发行主体的不同，债券主要有政府债券、金融债券和公司债券三大类。这三类债券都是债券市场上的交易品种。

3.【答案】ABCD　证券交易所对会员的证券交易行为实行实时监控，重点监控会员可能影响证券交易价格或者证券交易量的异常交易行为。证券交易所在会员监管过程中，对存在或者可能存在问题的会员，可以根据需要采取下列措施：(1)口头警示。(2)书面警示。(3)要求整改。(4)约见谈话。(5)专项调查。(6)暂停受理或者办理相关业务。(7)提请中国证监会处理。

4.【答案】AC　证券交易从交易时间的连续特点划分，有定期交易和连续交易。定期交易的特点有：(1)批量指令可以提供价格的稳定性；(2)指令执行和结算的成本相对比较低。连续交易的特点有：(1)市场为投资者提供了交易的即时性；(2)交易过程中可以提供更多的市场价格信息。

5. 【答案】ABCD　深圳证券交易所交易证券的托管制度可概括为：自动托管，随处通买，哪买哪卖，转托不限。

6. 【答案】BD　在证券交易中，从委托价格的限制形式看，可以将委托分为市价委托和限价委托。市价委托是指客户向证券经纪商发出买卖某种证券的委托指令时，要求证券经纪商按证券交易所内当时的市场价格买进或卖出证券。限价委托是指客户要求证券经纪商在执行委托指令时，必须按限定的价格或比限定价格更有利的价格买卖证券，即必须以限价或低于限价买进证券，以限价或高于限价卖出证券。

7. 【答案】ABCD　委托指令的有效期间，如果委托指令未能成交或未能全部成交，证券经纪商应继续执行委托。委托有效期满，委托指令自然失效。委托指令有效期一般有当日有效与约定日有效两种。当日有效是指从委托之时起至当日证券交易所营业终了之时止的时间内有效；约定日有效是指委托人与证券公司约定，从委托之时起到约定的营业日证券交易所营业终了之时止的时间内有效。如不在委托单上特别注明，均按当日有效处理。我国现行规定的委托期为当日有效。

8. 【答案】ACD　连续竞价是指对买卖申报逐笔连续撮合的竞价方式。连续竞价时，成交价格的确定原则为：(1)最高买入申报与最低卖出申报价位相同，以该价格为成交价。(2)买入申报价格高于即时揭示的最低卖出申报价格时，以即时揭示的最低卖出申报价格为成交价。(3)卖出申报价格低于即时揭示的最高买入申报价格时，以即时揭示的最高买入申报价格为成交价。B 项是集合竞价的原则。

9. 【答案】ABCD　在证券交易所的交易制度中，特殊交易事项包括开盘价与收盘价的确定；挂牌、摘牌、停牌与复牌；除权与除息；交易异常情况处理。

10. 【答案】BC　固定收益平台交易采用报价交易和询价交易两种方式。报价交易中，交易商可以匿名或实名方式申报；询价交易中，交易商须以实名方式申报。

11. 【答案】ABCD　连续竞价期间，上海证券交易所和深圳证券交易所的即时行情内容包括：证券代码、证券简称、前收盘价格、最新成交价格、当日最高成交价格、当日最低成交价格、当日累计成交数量、当日累计成交金额、实时最高 5 个买入申报价格和数量、实时最低 5 个卖出申报价格和数量。

12. 【答案】ABCD　证券交易所会员如果发现投资者的证券交易出现异常交易行为，对情节严重的异常交易行为，证券交易所可以视情况采取的措施有：(1)口头或书面警示；(2)约见谈话；(3)要求相关投资者提交书面承诺；(4)限制相关证券账户交易；(5)报请中国证监会冻结相关证券账户或资金账户；(6)上报中国证监会查处。

13. 【答案】BCD　由于证券交易方式的特殊性、交易规则的严密性和操作程序的复杂性，决定了广大投资者不能直接进入证券交易所买卖证券，而只能由经过批准并具备一定条件的证券经纪商进入交易所进行交易，投资者则需委托证券经纪商代理买卖来完成交易过程。

14. 【答案】BCD　客户开立资金账户须本人到证券营业部柜台办理。办理时客户须按证券营业部要求如实填写开户申请表，提交身份证明、证券账户、银行结算账户等资料并签署相关协议、风险提示书、授权委托书等法律文件。

15. 【答案】ABC　根据客户与证券经纪业务营销人员的关系来划分，客户可分为 3 种主要类型：直接关系型、间接关系型和陌生关系型。针对 3 种不同类型的客户群，营销人员常用的寻找潜在客户的方法有缘故法、介绍法和陌生拜访法。

16.【答案】ACD 证券公司总部应对经纪业务的交易、清算、客户账户、操作权限和风险监控等实行集中管理。

17.【答案】ABCD 在代理开立证券账户的过程中，经办人要查验申请人所提供资料的真实性、有效性、完整性及一致性。

18.【答案】ABCD 投资者教育和适当性管理应重点突出的内容除 ABCD 项还包括：(1)要持续地采取各种有效方式让投资者充分理解“买者自负”的原则，真正明白“股市有风险，入市须谨慎”的警示。(2)要了解自己的客户，要根据客户尤其是新入市的中小客户的身份、财产与收入状况、证券投资经验等，对客户进行风险偏好和风险承受能力评估，向客户提供适当的产品和服务，引导客户从风险承受能力等自身实际情况出发，审慎投资，合理配置金融资产。

19.【答案】AD 分红派息主要是上市公司向其股东派发红利和股息的过程，也是股东实现自己权益的过程。分红派息的形式主要有现金股利和股票股利两种。

20.【答案】ACD 证券公司申请从事代办股份转让服务业务应具备的条件之一是：最近 2 年内不存在重大违法违规行为，B 项错误。

21.【答案】ABCD 股份转让与现有代办股份转让系统的股份转让和证券交易所市场的股票交易不同之处有挂牌公司属性、转让方式、信息披露标准和结算方式。

22.【答案】ABC 证券公司代办股份转让服务，应该遵守公正、公平、公开的原则，不得损害投资者的合法权益。

23.【答案】ABC 证券公司应当按照监管部门和证券交易所的要求报送自营业务信息。报告的内容包括：(1)自营业务账户、席位情况。(2)涉及自营业务规模、风险限额、资产配置、业务授权等方面的重大决策。(3)自营风险监控报告。(4)其他需要报告的事项。D 项为自营业务内部报告的内容。

24.【答案】BD 证券自营业务的特点包括决策的自主性、交易的风险性、收益的不确定性。AC 项表述错误。

25.【答案】ABC 常见的内幕交易包括：内幕信息的知情人利用内幕信息买卖证券或者根据内幕信息建议他人买卖证券；内幕信息的知情人向他人透露内幕信息，使他人利用该信息进行内幕交易；非法获取内幕信息的人利用内幕信息买卖证券或者建议他人买卖证券。

26.【答案】BCD 专项资产管理业务的特点是：(1)综合性，即证券公司与客户可以是一对一，也可以是一对多。也就是说，既可以采取定向资产管理的方式，也可以采取集合资产管理的方式办理该项业务。(2)特定性，即要设定特定的投资目标。(3)通过专门账户经营运作。

27.【答案】ABCD 资产管理业务存在较大风险，主要有合规风险、市场风险、经营风险和管理风险。

28.【答案】ABCD 资产托管机构办理集合资产管理计划资产托管业务应当履行下列职责：(1)安全保管集合资产管理计划资产。(2)执行证券公司的投资或者清算指令，并负责办理集合资产管理计划资产运营中的资金往来。(3)监督证券公司集合资产管理计划的经营运作，发现证券公司的投资或清算指令违反法律、行政法规、中国证监会的规定或者集合资产管理合同约定的，应当要求改正；未能改正的，应当拒绝执行，并向中国证监会报告。(4)出具资产托管报告。(5)集合资产管理合同约定的其他事项。

29.【答案】ACD　在集合资产管理计划中，客户承担的义务除了ACD项外还包括：(1)不得转让有关集合资产管理合同或所持集合资产管理计划的份额。(2)按照合同的约定支付管理费、托管费及其他费用。B项在集合资产管理计划中，属于客户主要的权利。

30.【答案】BCD　投资主办人员须具有3年以上证券自营、资产管理或证券投资基金从业经历，且应当具备良好的职业道德，无不良行为记录。A项表述错误。

31.【答案】ACD　证券公司申请融资融券业务试点，应当具备的条件之一是：经营证券经纪业务已满3年，且已被中国证券业协会评审为创新试点类证券公司。故B项错误。

32.【答案】ABCD　证券公司应当按《证券公司融资融券业务试点管理办法》规定的有关条件和征信的要求制定选择客户的具体标准。一般主要包括以下几方面：(1)从事证券交易时间：要求客户在申请开展融资融券业务的证券公司所属营业部开设普通证券账户并从事交易满半年以上(试点初期一般都要求满18个月以上)。(2)账户状态：客户开户手续齐全、资料完备，资金账户与证券账户对应关系清晰，交易结算状态正常。(3)信誉状况：客户信誉良好，无重大违约记录。(4)资产状况：具有符合要求的担保品和较强的还款能力。(5)投资风格及业绩：投资风格稳健，无重大失误和损失，有一定的风险承受能力。(6)关联关系：非证券公司股东或关联人。

33.【答案】BCD　融资融券业务合同中约定融资融券特定的财产信托关系，具体包括：(1)信托目的。(2)信托财产范围。(3)信托的成立和生效。(4)信托财产的管理。(5)信托财产的处分。(6)信托的终止。

34.【答案】ABCD　《融资融券交易风险揭示书》应包括的内容除了ABCD项外还包括：(1)提示客户在从事融资融券交易期间，如果不能按照约定的期限清偿债务，或上市证券价格波动导致担保物价值与其融资融券债务之间的比例低于维持担保比例，且不能按照约定的时间、数量追加担保物时，将面临担保物被证券公司强制平仓的风险。(2)提示客户在从事融资融券交易期间，如果中国人民银行规定的同期金融机构贷款基准利率调高，证券公司将相应调高融资利率或融券费率，客户将面临融资融券成本增加的风险。(3)提示客户在从事融资融券交易期间，如果因自身原因导致其资产被司法机关采取财产保全或强制执行措施，或者出现丧失民事行为能力、破产、解散等情况时，客户将面临被证券公司提前了结融资融券交易的风险，可能会给客户造成经济损失。(4)提示客户在从事融资融券交易期间，如果发生融资融券标的证券范围调整、标的证券暂停交易或终止上市等情况，客户将可能面临被证券公司提前了结融资融券交易的风险，可能会给客户造成经济损失。(5)提示客户在从事融资融券交易期间，证券公司将以《融资融券合同》约定的通知与送达方式及通讯地址，向客户发送通知。通知发出并经过约定的时间后，将视作证券公司已经履行对客户的通知义务。客户无论因何种原因没有及时收到有关通知，都会面临担保物被证券公司强制平仓的风险，可能会给客户造成经济损失。

35.【答案】ABCD　证券登记按证券种类可以划分为股份登记、基金登记、债券登记、权证登记、交易型开放式指数基金登记等；按性质划分可以分为初始登记、变更登记、退出登记等。

36.【答案】ABCD　开展融资融券业务试点的证券公司从事融资融券业务应遵守以下原则：(1)合法合规原则。(2)集中管理原则。(3)独立运行原则。(4)岗位分离原则。

37.【答案】ABD　全国银行间市场债券交易采用询价交易方式，包括自主报价、格式化询价、确认成交3个交易步骤。

38.【答案】ABCD 《全国银行间债券市场交易管理办法》第三十四条规定，债券回购业务参与者有下列行为之一的，由中国人民银行给予警告，并可处3万元人民币以下的罚款，可暂停或取消其债券交易业务资格；(1)擅自从事借券、租券等融券业务。(2)擅自交易未经批准上市债券。(3)制造并提供虚假资料和交易信息。(4)操纵债券交易价格，或制造债券虚假价格。(5)不遵守有关规则或协议并造成严重后果。(6)违规操作对交易系统和债券簿记系统造成破坏。

39.【答案】ABCD 按照证券类别和发行情况，可以对证券初始登记进一步划分为股份初始登记、基金募集登记、债券发行登记、权证发行登记和交易型开放式指数基金发行登记。股份登记包括首次公开发行登记、增发新股登记、送股(或转增股本)登记和配股登记等。

40.【答案】AC 证券交易从结算的时间安排来看，可以分为滚动交收和会计日交收。

三、判断题

1.【答案】B 申请设立的证券公司的主要股东应满足的条件之一是主要股东具有持续盈利能力，信誉良好，最近3年无重大违法违规记录，净资产不低于人民币2亿元。

2.【答案】A

3.【答案】A

4.【答案】B 证券公司在证券交易活动中发挥着重要的作用。一方面，证券公司为投资者提供代理证券买卖的中介服务；另一方面，证券公司也是证券市场上的机构投资者。

5.【答案】B 1990年12月19日和1991年7月3日，上海证券交易所和深圳证券交易所先后正式开业。

6.【答案】B 中国证券登记结算有限责任公司是我国的证券登记结算机构，该公司在上海和深圳两地各设一个分公司，其中上海分公司主要针对上海证券交易所的上市证券，为投资者提供证券登记结算服务；深圳分公司主要针对深圳证券交易所的上市证券，为投资者提供证券登记结算服务。

7.【答案】B 证券的流动性是证券市场生存的条件。如果证券市场缺乏流动性，或者说不能提供充分的流动性，证券市场的功能就要受到影响。从积极的意义上看，证券市场流动性为证券市场有效配置资源奠定了基础。

8.【答案】B 证券交易的基本过程包括开户、委托、成交和结算等步骤。

9.【答案】A

10.【答案】A

11.【答案】B 证券营业部接受客户委托后应按“时间优先”“客户优先”的原则进行申报。

12.【答案】B 证券公司负责根据中国结算公司发送的结算数据和存管银行发送的客户资金存取数据完成客户资金的清算。

13.【答案】B 上海证券交易所规定，接受会员竞价交易申报的时间为每个交易日9:15～9:25，9:30～11:30，13:00～15:00，题干描述的是深圳证券交易所的规定。

14.【答案】A

15.【答案】A

16.【答案】B 现行交易规则规定，出现无法申报的交易席位数量超过证券交易所已开通席位总数的10%以上的交易异常情况，证券交易所要实行临时停市。

17.【答案】B 证券指数设置和编制的具体方法由证券交易所规定。

18.【答案】B　每个合格境外机构投资者只能委托一个托管人，并可以更换托管人。

19.【答案】B　上市公司出现符合撤销退市风险警示的情形，可以向深圳证券交易所提出撤销退市风险警示的申请。

20.【答案】B　我国B股实行次交易日起回转交易。

21.【答案】A

22.【答案】B　目前，按照我国相关证券市场法律法规的规定，证券公司在开展经纪业务的过程中，可以代销基金产品或开展期货中间介绍业务。

23.【答案】A

24.【答案】A

25.【答案】B　证券营业部负责人应当至少每3年强制离岗一次，强制离岗时间应当连续不少于10个工作日。

26.【答案】B　证券经纪业务是一种代理活动，证券经纪商不以自己的资金进行证券买卖，也不承担交易中证券价格涨跌的风险。

27.【答案】B　深圳证券交易所规定，申购单位为500股，每一证券账户申购委托不少于500股，超过500股的必须是500股的整数倍，但不得超过主承销商在发行公告中确定的申购上限，且不超过999999500股。

28.【答案】A

29.【答案】B　所谓代办股份转让服务业务，是指证券公司以其自有或租用的业务设施，为非上市公司提供的股份转让服务业务。

30.【答案】A

31.【答案】A

32.【答案】B　买卖、申购、赎回ETF的基金份额时，当日申购的基金份额，当日买入的基金份额，同日可以赎回，但不得卖出。

33.【答案】A

34.【答案】B　根据《证券法》的规定，证券公司从事证券自营业务，应当以公司名义建立证券自营账户，并报中国证监会备案。

35.【答案】A

36.【答案】B　为单一客户办理定向资产管理业务是指证券公司与单一客户签订定向资产管理合同，通过该客户的账户为客户提供资产管理服务的一种业务。这种业务的特点是：(1)证券公司与客户必须是一对一的；(2)具体投资方向应在资产管理合同中约定；(3)必须在单一客户的专用证券账户中经营运作。

37.【答案】A

38.【答案】A

39.【答案】B　证券公司应当按照证券投资基金的结算模式办理集合资产管理计划的结算业务。证券公司、托管机构应当按照证券登记结算机构的有关规定承担集合资产管理计划交易结算的最终交收责任。

40.【答案】B　集合资产管理计划申购新股，不设申购上限，但所申报的金额不得超过该计划的总资产，所申报的数量不得超过拟发行股票公司本次发行股票的总量。

41.【答案】A

42.【答案】B　证券公司未经批准，用多个客户的资产进行集合投资，或者将客户资产专项投资于特定目标产品的，依照《证券法》第二百一十九条的规定处罚，即责令改正，没收违法所得，并处以违法所得1倍以上5倍以下的罚款；没有违法所得或者违法所得不足30万元的，处以30万元以上60万元以下罚款；情节严重的，责令关闭。

43.【答案】A

44.【答案】A

45.【答案】B　证券公司应当加强对分支机构融资融券业务活动的控制，禁止分支机构未经总部批准向客户融资融券，禁止分支机构自行决定签约、开户、授信、保证金收取等应当由总部决定的事项。

46.【答案】A

47.【答案】B　证券公司对客户融资融券的经例不低于50%，期限不超过6个月。

48.【答案】B　在证券融资融券交易中，未了结相关融券交易前，客户融券卖出所得价款除买券还券外不得他用。

49.【答案】B　在融资融券交易中，标的证券为股票的，融资买入标的股票的流通股本不少于1亿股或流通市值不低于5亿元，融券卖出标的股票的流通股本不少于2亿股或流通市值不低于8亿元。

50.【答案】B　证券交易所可根据市场情况调整可充抵保证金证券的名单和折算率。证券公司公布的可充抵保证金证券的名单，不得超出证券交易所公布的可充抵保证金证券范围。

51.【答案】A

52.【答案】B　在以证券公司名义开立的客户信用交易担保证券账户和客户信用交易担保资金账户内，应当为每一客户单独开立信用账户。

53.【答案】B　在债券质押式回购交易中，融资方是指在债券回购交易中融入资金、出质债券的一方；融券方是指在债券回购交易中融出资金、享有债券质权的一方。

54.【答案】B　遇中国人民银行调整存款利率的，中国结算公司统一按结息日的利率计算利息，不分段计算。

55.【答案】A

56.【答案】A

57.【答案】B　证券交易所买断式回购采用“一次成交、两次结算”的方式。两次结算包括初始结算与到期结算。

58.【答案】B　2008年，上海证券交易所规定国债、企业债、公司债等可参与回购的债券均可折成标准券，并可合并计算，不再区分国债回购和企业债回购。深圳证券交易所仍维持原状，规定国债、企业债折成的标准券不能合并计算，因此需要区分国债回购和企业债回购。

59.【答案】B　净额清算又称差额清算，分为双边净额清算和多边净额结算。

60.【答案】A

模拟试卷（四）

一、单项选择题

1.【答案】B　政府债券是国家为了筹措资金而向投资者出具的，承诺在一定时期支付利息和到期还本的债务凭证。政府债券的发行主体是中央政府和地方政府。中央政府发行的债券称为国债，地方政府发行的债券称为地方债。金融债券是指银行及非银行金融机构依照法定程序发行并约定在一定期限内还本付息的有价证券。公司债券是公司依照法定程序发行，约定在一定期限还本付息的有价证券。

2. 【答案】D　2005 年 10 月，重新修订的《中华人民共和国证券法》经第十届全国人民代表大会常务委员会第十八次会议通过后颁布，并于 2006 年 1 月 1 日起正式实施。2009 年 10 月 30 日，创业板在深圳证券交易所开市。2010 年 3 月 31 日，上海证券交易所和深圳证券交易所开始接受融资融券交易的申报。2010 年 4 月 16 日，我国股指期货开始上市交易。

3. 【答案】B　按照交易对象的品种划分，证券交易的种类有股票交易、债券交易、基金交易和金融衍生工具交易。

4. 【答案】B　金融期货交易是指以金融期货合约为对象进行的流通转让活动。

5. 【答案】C　证券公司经营证券承销与保荐、证券自营、证券资产管理、其他证券业务四项业务之一的，注册资本最低限额为人民币 1 亿元，经营上述业务中两项以上的，注册资本最低限额为人民币 5 亿元。

6. 【答案】A　从证券交易时间的连续特点划分，有定期交易和连续交易。在证券连续交易中，并非意味着交易一定是连续的，而是指在营业时间里订单匹配可以连续不断地进行。因此，两个投资者下达的买卖指令，只要符合成交条件就可以立即成交，而不必再等待一段时间定期成交。连续交易的特点有：(1)市场为投资者提供了交易的即时性；(2)交易过程中可以提供更多的市场价格信息。

7. 【答案】C　证券市场的稳定性是指证券价格的波动程度。一般来说，稳定性好的市场，其价格波动性比较小，或者说其调节平衡的能力比较强。证券市场的稳定性可以用市场指数的风险度来衡量。

8. 【答案】C　证券交易方式可以从不同的角度来认识。如果投资者买卖证券时允许向经纪商融资或融券，则发生信用交易。信用交易是投资者通过交付保证金取得经纪商信用而进行的交易，也称为融资融券交易。

9. 【答案】B　证券交易所的组织形式有会员制和公司制两种。我国上海证券交易所和深圳证券交易所都采用会员制，设会员大会、理事会和专门委员会。

10. 【答案】D　投资者需要通过经纪商的代理才能在证券交易所买卖证券。投资者向经纪商下达买进或卖出证券的指令，称为委托。

11. 【答案】D　证券交易所交易系统接受申报后，要根据订单的成交规则进行撮合配对。符合成交条件的予以成交，不符合成交条件的继续等待成交，超过了委托时效的订单失效，故 D 项说法错误。

12. 【答案】B　按我国现行的做法，投资者入市应事先到证券登记结算公司及其代理点开立证券账户。在具备了证券账户的基础上，投资者就可以与证券经纪商建立特定的经纪关系，成为该经纪商的客户。

13. 【答案】A　A 项应该为 A 股账户是我国目前用途最广、数量最多的一种通用型证券账户，故 A 项说法错误。

14. 【答案】D　品种指客户委托买卖证券的名称，也是填写委托单的第一要点。填写证券名称的方法有全称、简称和代码三种(有些证券品种没有全称和简称的区别，仅有一个名称)。

15.【答案】A　在证券交易的方式中，回购交易更多地具有短期融资的属性。从运作方式看，它结合了现货交易和远期交易的特点，通常在债券交易中运用。债券回购交易就是指债券买卖双方在成交的同时，约定于未来某一时间以某一价格双方再进行反向交易的行为。

16.【答案】C　证券营业部接受投资者委托后应按时间优先，客户优先原则进行申报竞价。

17.【答案】A　实践中，对于证券公司与客户之间的证券清算交收，一般由中国结算公司根据成交纪律按照业务规则自动办理。

18.【答案】C　大宗交易不纳入证券交易所即时行情和指数的计算，成交量在大宗交易结束后计入当日该证券成交总量。

19.【答案】A　证券交易所证券交易的收盘价为当日该证券最后一笔交易前 1 分钟所有交易的成交量加权平均价。

20.【答案】D　根据我国现行的交易规则，证券交易所证券交易的开盘价为当日该证券的第一笔成交价。证券的开盘价通过集合竞价方式产生。不能产生开盘价的，以连续竞价方式产生。

21.【答案】A　固定收益平台的交易时间为 9：30～11：30，13：00～14：00。

22.【答案】B　证券的开盘价通过集合竞价方式产生，不能产生开盘价的，以连续竞价方式产生。

23.【答案】C　在证券经纪业务中，证券公司不赚取买卖差价，只收取一定比例的佣金作为业务收入。

24.【答案】C　资金账户是指客户在证券公司开立的专门用于证券交易结算的账户，即客户交易结算资金第三方存管协议中的客户证券资金台账。

25.【答案】A　客户开立资金账户时必须签署《证券贸易委托代理协议书》、《风险揭示书》、《买者自负承诺函》以及《客户资金第三方存管协议书》等文件。

26.【答案】C　境内法人申请开立资金账户时，经办人需通过证券登记结算系统查验客户提交的证券账户的状态，并核对该账户在登记结算系统登记的账户信息。

27.【答案】C　自然人客户资金管理账户开户申请的方法有：(1)客户本人办理开户：客户提交有效身份证明及复印件、证券账户卡及复印件、拟指定存管银行的借记卡，签署《证券交易委托代理协议书》等相关协议书、承诺函等必备文件。(2)委托他人代办开户：代办人提交经公证的委托开立资金账户代办书、委托人有效身份证明及复印件、委托人证券账户卡及复印件、代办人有效身份证明文件及复印件。(3)授权他人代理证券交易：委托人与代理人一起到营业部，同时提交委托人有效身份证明及复印件、委托人证券账户卡及复印件、代理人有效身份证明及复印件，由委托人本人提出授权委托申请，填写客户授权委托书。

28.【答案】D　非交易过户属于证券账户的管理。故 D 项错误。

29.【答案】D　客户招揽是证券公司通过营销渠道，采取多种促销方式，与客户建立关系并促成交易的过程，是证券经纪业务营销活动的第一个环节。

30.【答案】B　投资者通过上海证券交易所交易系统投票买卖方向均选择买入。

31.【答案】B　初始转股价格可因公司送红股、增发新股、配股或降低转股价格进行调整，具体调整情况公司予以公告。若出现不足转换 1 股的可转换债券余额时，在 T+1 日交收时由公司通过中国登记结算公司以现金兑付。

32.【答案】A　股票网上发行是利用证券交易所的交易系统，新股发行主承销商在证券交易所挂牌销售，投资者通过证券经纪商进行申购的发行方式。股票网上发行方式按发行价格决定机制划分，有网上定价发行和网上竞价发行。在我国，绝大多数股票采用了网上定价发行。

33.【答案】D　B股现金红利的派发日程与A股稍有不同，程序如下：(1)申请材料送交日为T-5日前。(2)中国结算公司上海分公司核准答复日为T-3日前。(3)向交易所提交公告申请日为T-1日前。(4)公告刊登日为T日。(5)最后交易日为T+3日。(6)权益登记日为T+6日。(7)现金红利发放日为T+11日。

34.【答案】C　投资者通过深圳证券交易所交易系统投票的要点中，对于采用累积投票制的议案，在"委托数量"下填报表决意见，1股代表同意，2股代表反对。

35.【答案】B　代办股份转让的基本规则要求，股份转让公司的股份必须按照有关规定重新确认、登记和托管后方可进行股份转让。这些工作由股份转让公司负责办理。

36.【答案】A　所谓代办股份转让服务业务是指证券公司以其自有或租用的业务设施，为非上市公司提供的股份转让服务业务。

37.【答案】A　证券自营业务的特点包括决策的自主性、交易的风险性、收益的不确定性。

38.【答案】B　证券自营业务原始凭证以及有关业务文件、资料、账册、报表和其他必要的材料应至少妥善保存20年。

39.【答案】B　所谓操纵市场是指机构或个人利用其资金、信息等优势，影响证券交易价格或交易量，制造证券交易假象，诱导或者致使投资者在不了解事实真相的情况下作出证券投资决定，扰乱证券市场秩序，以达到获取利益或减少损失的目的的行为。

40.【答案】A　证券公司违反规定委托他人代为买卖证券；情节严重的，暂停或者撤销其相关证券业务许可。对直接负责的主管人员和其他直接责任人员，给予警告，并处以3万元以上10万元以下的罚款；情节严重的，撤销任职资格或者证券从业资格。故A项错误。

41.【答案】D　证券公司从事定向资产管理业务，买卖证券交易所的交易品种应当使用定向资产管理专用证券账户。专用证券账户应当以客户名义开立，客户也可以申请将其普通证券账户转换为专用证券账户。

42.【答案】B　证券公司开展定向资产管理业务应遵循以下基本原则：(1)公平公正，诚实守信。(2)健全制度，规范运作。(3)投资风险，客户自担。

43.【答案】A　上海证券交易所规定，发生投资者巨额退出或出现其他可能对集合资产管理计划的持续运作产生重大影响的，应在有关事实发生之日起2个工作日内以书面形式向上海证券交易所报告有关情况，故A项说法错误。

44.【答案】B　证券公司已申报的集合资产管理计划尚在审核期间或者已核准的集合资产管理计划未开始运作之前，中国证监会暂不受理其设立新的集合资产管理计划的申请。故B项错误。

45.【答案】C　证券公司从事证券资产管理业务，接受一个客户的单笔委托资产价值低于规定的最低限额；投资范围或者投资比例违反规定的，责令改正，给予警告，没收违法所得，并处以违法所得1倍以上5倍以下的罚款；没有违法所得或者违法所得不足10万元的，处以10万元以上30万元以下的罚款；情节严重的，暂停或者撤销其相关证券业务许可。对直接负责的主管人员和其他直接责任人员，给予警告，并处以3万元以上10万元以下的罚款；情节严重的，撤销任职资格或者证券业从业资格。

46.【答案】C　证券公司在开展资产管理业务中禁止的行为包括：未经客户允许，将定向资产管理客户委托资产用于融资或者担保，将集合资产管理计划资产用于资金拆借、贷款、抵押融资或者对外担保等用途。故C项符合题意。

47.【答案】B　证券公司、托管机构应当至少每3个月向客户提供一次准确、完整的资产管理报告、资产托管报告，对报告期内客户资产的配置状况、价值变动情况等作出详细说明；证券公司发生集合资产管理合同约定的、可能影响客户利益的重大事项时，应当及时告知客户。同时，证券公司、托管机构应当保证客户能够按照集合资产管理合同约定的时间和方式，至少每周披露一次集合计划份额净值。

48.【答案】A　国务院《证券公司监督管理条例》规定，融资融券业务是指在证券交易所或者国务院批准的其他证券交易场所进行的证券交易中，证券公司向客户出借资金供其买入证券或者出借证券供其卖出，并由客户交存相应担保物的经营活动。

49.【答案】A　证券公司申请融资融券业务试点，应当具备的条件之一是：财务状况良好，最近2年各项风险控制指标持续符合规定，最近6个月净资本均在12亿元以上。故A项表述错误。

50.【答案】A　业务执行部门负责融资融券业务的具体管理和运作，制定融资融券合同的标准文本，确定对具体客户的授信额度，对分支机构的业务操作进行审批、复核和监督。业务决策机构由有关高级管理人员及部门负责人组成，负责制定融资融券业务操作流程，选择可从事融资融券业务的分支机构，确定对单一客户和单一证券的授信额度、融资融券的期限和利率(费率)、保证金比例和最低维持担保比例、可充抵保证金的证券种类及折算率、客户可融资买入和融券卖出的证券种类。故A项错误。

51.【答案】D　个人客户申请开立信用证券账户和信用资金账户应向证券公司提交的材料除了ABC项外还包括：(1)本人身份证明原件及复印件。(2)填妥并由本人当面签名的“信用证券账户开户申请表”和“信用资金账户开户申请表”。

52.【答案】C　卖券还款是指客户通过其信用证券账户申报卖券，结算时卖出证券所得资金直接划转至证券公司融资专用账户的一种还款方式。

53.【答案】B　客户融资买入证券时，融资保证金比例不得低于50%。融资保证金比例是指客户融资买入时交付的保证金与融资交易金额的比例。

54.【答案】C　开展债券回购交易业务的主要场所为沪、深证券交易所及全国银行间同业拆借中心。

55.【答案】D　2002年12月30日和2003年1月3日，上海证券交易所和深圳证券交易所分别推出了企业债券回购交易。

56.【答案】D　债券回购交易申报中，融资方按“买入”(B)予以申报，融券方按“卖出”(S)予以申报。故D项错误。

57.【答案】D　《全国银行间债券市场债券交易管理办法》规定，全国银行间债券市场回购的债券是指经中国人民银行批准、可在全国银行间债券市场交易的政府债券、中央银行债券和金融债券等记账式债券。

58.【答案】A　2002年发布的《全国银行间债券市场债券交易规则》第6条规定，全国银行间债券市场回购期限最短为1天，最长为1年。参与者可在此区间内自由选择回购期限，回购到期时参与者必须按规定办理资金与债券的反向交割，不得展期。

59.【答案】B　因为回购可融入资金的额度取决于客户持有的标准券库存数量，而与其持有现券当时的市值无直接关系。交易单位：手(1 手 =1000 元面值)，根据题干该客户回购可融入资金量 =1000 ×1.28 =1280(万元)。

60.【答案】D　非交易过户登记是指符合法律规定和程序的因股份协议转让、司法扣划、行政划拨、继承、捐赠、财产分割、公司购并、公司回购股份和公司实施股权激励计划等原因，发生的记名证券在出让人、受让人或账户之间的变更登记。故 D 项表述错误。

二、多项选择题

1.【答案】CD　政府债券是国家为了筹措资金而向投资者出具的，承诺在一定时期支付利息和到期还本的债务凭证。政府债券的发行主体是中央政府和地方政府。中央政府发行的债券称为国债，地方政府发行的债券称为地方债。

2.【答案】ACD　证券交易的特征主要表现在三个方面，分别为证券的流动性、收益性和风险性。同时，这些特征又互相联系在一起。证券需要有流动机制，因为只有通过流动，证券才具有较强的变现能力。而证券所具有的变现能力，又在一定程度上关系到证券持有者收益的实现。同时，经济发展过程中存在许多不确定因素，所以证券在流动中也存在因其价格的变化给持有者带来损失的风险。

3.【答案】BC　证券的流动性是证券市场生存的条件。如果证券市场缺乏流动性，或者说不能提供充分的流动性，证券市场的功能就要受到影响。从积极的意义上看，证券市场流动性为证券市场有效配置资源奠定了基础。证券市场流动性包含两个方面的要求，即成交速度和成交价格。

4.【答案】ABCD　金融衍生工具交易包括权证交易、金融期货交易、金融期权交易和可转换债券交易。

5.【答案】ABCD　委托指令有多种形式，可以按照不同的依据来分类。从各国(地区)情况看，一般根据委托订单的数量，有整数委托和零数委托；根据委托时效限制的分类分为当日委托、当周委托、开市委托和收市委托；根据买卖证券的方向，有买进委托和卖出委托；根据委托价格限制，有市价委托和限价委托。

6.【答案】ABC　证券交易所在证券交易中接受报价的方式主要有口头报价、书面报价和电脑报价。

7.【答案】ACD　委托指令的基本要素包括证券账号、日期、品种、买卖方向、数量、价格、时间、有效期、签名和其他内容。

8.【答案】ACD　证券交易所竞价的结果有三种可能：全部成交，部分成交，不成交。

9.【答案】AC　证券上市期届满或依法不再具备上市条件，证券交易所要终止其上市交易，予以摘牌。

10.【答案】ABCD　证券交易所证券交易全部或者部分不能正常进行是指无法正常开始交易、无法连续交易、交易结果异常、交易无法正常结束等情形。

11.【答案】ABC　上海证券交易所固定收益平台的交易商有两种：一种称交易商，指经过上海证券交易所核准，取得固定收益平台交易参与资格的证券公司、基金管理公司、财务公司、保险资产管理公司及其他机构。另一种称一级交易商，指经过上海证券交易所核准，在固定收益平台交易中持续提供双边报价及对询价提供成交报价(以下简称“做市”)的交易商。根据规定，一级交易商对固定收益证券做市时，应选定做市品种至少应对在固定收益平台上挂牌交易的各关键期限国债中的一只基准国债进行做市。一级交易商对做市品种的双边报价，应当是确定报价，且双边报价对应收益率价差小于 10 个基点，单笔报价数量不得低于5000手(1手为1000元面值)。D项描述的是交易商不是一级交易商。

12.【答案】ABD　上海证券交易所目前公布的股票价格指数有样本指数类、综合指数类和分类指数类三大类。样本指数类包括上证成分股指数、上证50指数、上证红利指数等；综合指数类包括上证综合指数、新上证综合指数；分类指数类包括A股指数、B股指数及工业类指数、商业类指数、地产类指数、公用事业类指数、综合类指数。公布的债券价格指数和基金价格指数有上证国债指数、上证企业债指数、上证基金指数等。C项上海证券交易所没有对应指数。

13.【答案】ACD　B项应为证券经纪业务是一种代理活动，证券经纪商不以自己的资金进行证券买卖，也不承担交易中证券价格涨跌的风险，故B项表述错误。

14.【答案】ABCD　在具备了证券账户的基础上，客户与证券经纪商建立特定的经纪关系，这一关系的建立过程包括：证券经纪商向客户讲解有关业务规则、协议内容和揭示风险，并请客户签署《风险揭示书》和《客户须知》；客户与证券经纪商签订《证券交易委托代理协议书》，与其的选择指定商业存管银行、证券经纪商签订《客户交易结算资金第三方存管协议书》；客户在证券营业部开立证券交易资金账户。

15.【答案】CD　在证券经纪关系中，委托关系表现为：客户是授权人、委托人，证券经纪商是代理人、受托人。

16.【答案】ACD　证券经纪商的义务除了ACD项外还包括：(1)在客户办理开户手续时，证券经纪商应指定专人向客户讲解有关业务规则和合同内容，并以书面方式向其揭示投资风险，提醒客户了解并注意从事证券投资存在的风险。(2)按规定与客户签订载入中国证券业协会统一制定的必备条款的《证券交易委托代理协议》，并严格遵守协议约定。(3)坚持客户适当性管理原则。(4)不接受全权委托。B项为证券经纪商的权利之一。

17.【答案】ABCD　证券账户管理包括证券账户的开立、证券账户卡挂失补办、证券账户注册资料的查询与变更、证券账户的合并与注销、非交易过户。

18.【答案】AC　办理客户交易结算资金三方存管业务根据银行的不同要求一般采取二步式开户和一步式开户的两种模式。

19.【答案】AC　新股网上定价发行与网上竞价发行不同之处主要有发行价格的确定方式不同；认购成功者的确认方式不同。

20.【答案】ABD　股票网上发行的优点有经济性、高效性、市场性和连续性。

21.【答案】AC　证券公司受期货公司委托从事介绍业务，应当提供的服务为协助办理开户手续；提供期货行情信息，交易设施和中国证监会规定的其他服务。

22.【答案】ABCD　同时满足以下条件的股份转让公司，股份实行每周5次(周一至周五)的转让方式：(1)规范履行信息披露义务。(2)股东权益为正值或净利润为正值。(3)最近年度财务报告未被注册会计师出具否定意见或拒绝发表意见。

23.【答案】ACD　根据证券公司自营业务的特点和管理要求，自营业务运作管理重点主要有控制运作风险、确定运作原则、建立运作流程、专人负责清算。

24.【答案】ABCD　根据证券公司自营业务的特点和管理要求，应明确自营部门在日常经营中自营总规模的控制、资产配置比例控制、项目集中度控制和单个项目规模控制等原则。

25.【答案】ABCD　禁止内幕交易就要求证券公司加强自律管理，主要措施包括：(1)在思想上提高认识，自觉地不利用内幕信息从事证券自营买卖，维护市场的正常交易秩序。(2)为上市公司提供服务的人员与自营业务决策的人员分离。前者尽心尽力为企业服务，后者依据公司信息及市场行情作出证券买卖决定。(3)严格保密纪律，有机会获取内幕信息的从业人员不泄露、不利用内幕信息，非参与企业服务的人员自觉做到不打听内幕信息。(4)加强员工内部管理，严禁从业人员炒买炒卖股票，也严禁为他人的证券交易提供不符合国家法规和证券公司制度规定的便利，一经发现即严肃处理。

26.【答案】ABD　根据中国证监会《证券公司证券资产管理试行办法》的规定，证券公司从事资产管理业务应当遵守原则有：(1)守法合规。(2)公平公正。(3)资格管理。(4)约定运作。(5)集中管理。(6)风险控制。

27.【答案】ACD　集合资产管理业务的特点是：(1)集合性，即证券公司与客户是一对多。(2)投资范围有限定性和非限定性之分。(3)客户资产必须进行托管。(4)通过专门账户投资运作。(5)较严格的信息披露。

28.【答案】ACD　证券公司应当自专用证券账户开立之日起3个交易日内，将专用证券账户报证券交易所备案。未报备前，不得使用该账户进行交易。故B项错误。

29.【答案】ABCD　证券公司定向资产管理业务的投资决策应当符合的要求除了ABCD项外还包括健全投资决策授权制度，明确投资权限，严格遵守投资限制，防止越权决策。

30.【答案】ACD　深圳证券交易所有关规定之一是：一个集合资产管理计划应当使用1个专用交易单元。故B项错误。

31.【答案】ACD　客户融入证券后、归还证券前，在下列情形下应当按照融券数量对证券公司进行补偿：(1)证券发行人派发现金红利的，融券客户应当向证券公司补偿对应金额的现金红利。(2)证券发行人派发股票红利或权证等证券的，融券客户应当根据双方约定向证券公司补偿对应数量的股票红利或权证等证券，或以现金结算方式予以补偿。(3)证券发行人向原股东配售股份的，或者证券发行人增发新股以及发行权证、可转换债券等证券时原股东有优先认购权的，由证券公司和融券客户根据双方约定处理。

32.【答案】ABD　证券公司融资融券业务客户信用风险的控制包括：(1)建立客户选择与授信制度，明确规定客户选择与授信的程序和权限。(2)严格合同管理、履行风险提示。(3)证券公司应当在符合有关规定的基础上，确定可充抵保证金的证券的种类及折算率、客户可融资买入和融券卖出的证券的种类、保证金比例和最低维持担保比例，并在营业场所内公示。(4)建立健全预警补仓和强制平仓制度。

33.【答案】ABC　单只标的证券的融券余量达到该证券上市可流通量的25%时，证券交易所可以在次一交易日暂停其融券卖出，并向市场公布。故D项错误。

34.【答案】ABCD　对市场风险可能给证券公司造成的损失，证券公司一般根据市场波动情况及交易所的信息披露和风险提示，采取如下措施进行控制：(1)调整担保品范围及品种。(2)调整可充抵保证金有价证券的折算率。(3)调整保证金比例。(4)调整维持担保比例。

35.【答案】ABCD　上海证券交易所实行标准券制度的债券质押式回购分为1天、2天、3天、4天、7天、14天、28天、91天、182天9个品种，代码分别为：GC001、GC002、GC003、GC004、GC007、GC014、GC028、GC091和GCl82。

36.【答案】ABC　全国银行间债券回购参与者包括：(1)在中国境内具有法人资格的商业银

行及其授权分支机构。(2)在中国境内具有法人资格的非银行金融机构和非金融机构。(3)经中国人民银行批准经营人民币业务的外国银行分行。

37.【答案】ABCD　上海证券交易所买断式回购的履约金制度特点包括：(1)双方均需缴纳履约金，而在银行间市场，是否引入保证金或保证券由交易双方协商。(2)履约金比率由证券交易所确定，而在银行间市场，保证金或保证券的金额也由双方协商。(3)履约金到期归属按规则判定，而银行间市场则没有此类规则。(4)违约方承担的违约责任只以支付履约金为限，实际履约义务可以免除；而在银行间市场，保证金或保证券处置后仍不能弥补违约损失的，一般情况下守约方可以继续向违约方追索。

38.【答案】ACD　证券登记按证券种类可以划分为股份登记、基金登记、债券登记、权证登记、交易型开放式指数基金登记等。按性质划分可以分为初始登记、变更登记、退出登记等。

39.【答案】ACD　从时间发生及运作的次序来看，清算是交收的基础和保证，交收是清算的后续与完成。故B项错误。

40.【答案】ABCD　证券交易的结算流程包括交易数据接收、清算、发送清算结果、结算参与人组织证券或资金以备交收、证券交收和资金交收、发送交收结果、结算参与人划回款项、交收违约处理等八个环节。

三、判断题

1.【答案】A

2.【答案】B　股票交易就是以股票为对象进行的流通转让活动。股票交易可以在证券交易所进行，也可以在场外交易市场进行。前者通常称为上市交易，后者的常见形式是柜台交易。

3.【答案】A

4.【答案】B　2005年10月重新修订的《中华人民共和国证券法》取消了证券公司不得为客户交易融资融券的规定。

5.【答案】A

6.【答案】B　期货交易是在交易所进行的标准化的远期交易，即交易双方在集中性的市场以公开竞价方式所进行的期货合约的交易。

7.【答案】A

8.【答案】B　委托指令根据委托价格限制分类分为市价委托和限价委托。

9.【答案】B　市场禁入者不得开立任何账户，包括基金账户。

10.【答案】A

11.【答案】B　在净价交易的情况下，成交价格与债券的应计利息是分解的，价格随行就市，应计利息则根据票面利率按天计算。

12.【答案】A

13.【答案】B　开立证券账户的基本原则是合法性和真实性。

14.【答案】A

15.【答案】B　中小企业板股票连续竞价期间有效竞价范围为最近成交价的上下3%。

16.【答案】B　在证券交易所开盘集合竞价期间未成交的买卖申报，自动进入连续竞价。

17.【答案】A

18.【答案】B　根据市场发展需要，证券交易所可以调整即时行情发布的方式和内容。

19.【答案】A

20.【答案】B 证券经纪商对委托人的一切委托事项有保密义务，未经委托人许可严禁泄露。但监管、司法机关与证券交易所等查询不在此限。

21.【答案】A

22.【答案】B 重要岗位专人负责，严格操作权限管理，资金岗位工作人员和其他岗位的工作人员不得兼职或串岗操作。

23.【答案】A

24.【答案】A

25.【答案】B 在证券公司经纪业务营销活动中，差异性市场营销策略也称“多重细分市场策略”，是指公司根据不同的目标市场采用不同的营销策略，甚至设计不同的产品来满足不同目标市场上的不同需求。

26.【答案】B 现阶段我国规定，A 股的配股权证不挂牌交易、不允许托管。

27.【答案】A

28.【答案】B 上市开放式基金份额的转托管业务包含两种类型，即系统内转托管和跨系统转托管。

29.【答案】A

30.【答案】B 可转换债券“债转股”通过证券交易所交易系统进行。

31.【答案】A

32.【答案】B 在询价方接受前，被询价方可撤销其报价。

33.【答案】A

34.【答案】B 客户促成是客户招揽的最后一个环节。

35.【答案】A

36.【答案】B 证券公司参与 1 个集合计划的自有资金，不得超过计划成立规模的 5%，并且不得超过 2 亿元；参与多个集合计划的自有资金总额，不得超过证券公司净资本的 15%。

37.【答案】B 定向资产管理业务的投资风险由客户自行承担，证券公司不得以任何方式对客户资产本金不受损失或者取得最低收益作出承诺。

38.【答案】B 客户委托资产应当交由依法可以从事客户交易结算资金存管业务的商业银行或者中国证监会认可的其他资产托管机构托管。

39.【答案】A

40.【答案】B 对于记名证券而言，完成了清算和交收，还有一个登记过户的环节，完成了登记过户，证券交易过程才告结束。

41.【答案】A

42.【答案】A

43.【答案】B 证券公司申请融资融券业务试点，应当向中国证监会提交下列材料，同时抄报注册地证监会派出机构：(1)融资融券业务试点申请书。(2)股东会(股东大会)关于经营融资融券业务的决议。(3)融资融券业务试点实施方案。(4)内部管理制度。(5)负责融资融券业务的高级管理人员与业务人员的名册及资格证明文件。(6)公司合规总监出具的专项合规意见。(7)中国证监会要求提交的其他文件。

44.【答案】B 证券公司经营融资融券业务，应当以自己的名义，在证券登记结算机构分别开立融券专用证券账户、客户信用交易担保证券账户、信用交易证券交收账户和信用交易资金交收账户；在商业银行分别开立融资专用资金账户和客户信用交易担保资金账户。

45.【答案】A

46.【答案】B　客户要在证券公司开展融资融券业务，应由客户本人向证券公司营业部提出申请。

47.【答案】A

48.【答案】B　客户融资买入或融券卖出时所使用的保证金不得超过其保证金可用余额。

49.【答案】A

50.【答案】A

51.【答案】B　《上海证券交易所债券交易实施细则》规定，债券回购交易集中竞价时，申报单位为手，1000 元标准券为 1 手。

52.【答案】B　全国银行间市场买断式回购的期限由交易双方确定，但最长不得超过 91 天。交易双方不得以任何方式延长回购期限。

53.【答案】A

54.【答案】B　过去，我国证券交易所债券交易采用全价交易。从 2002 年 3 月 25 日开始，国债交易率先采用净价交易。

55.【答案】B　客户证券交易由证券公司单方发起。客户通过证券公司的资金账户及密码，采用证券公司提供的委托手段进行交易。

56.【答案】A

57.【答案】A

58.【答案】B　有涨跌幅限制证券的大宗交易成交价格，由买卖双方在当日涨跌幅价格限制范围内确定。

59.【答案】A

60.【答案】B　证券经纪商以代理人的身份从事证券交易，与客户是委托代理关系。证券经纪商必须遵照客户发出的委托指令进行证券买卖，并尽可能以最有利的价格使委托指令得以执行，但证券经纪商并不承担交易中的价格风险。